品读大连·第三季

味道大连美食

WEIDAO DALIAN MEISHI

王希君 著

大连出版社
DALIAN PUBLISHING HOUSE

图书在版编目(CIP)数据

味道 · 大连美食 / 王希君著 . — 大连 : 大连出版社 , 2013.4
(品读大连 · 第三季)
ISBN 978-7-5505-0439-4

Ⅰ . ①味… Ⅱ . ①王… Ⅲ . ①饮食 – 文化 – 大连市 Ⅳ . ① TS971

中国版本图书馆 CIP 数据核字(2013)第 056596 号

出 版 人 : 刘明辉
策划编辑 : 刘明辉　李 岩　张 波　卢 锋　郭朝晖
责任编辑 : 张 波
封面设计 : 林 洋
版式设计 : 阎 骋　王 岩
责任校对 : 金 琦
责任印制 : 徐丽红

出版发行者 : 大连出版社
地址 : 大连市西岗区长白街 12 号
邮编 : 116011
电话 : 0411-83620442/83627430
传真 : 0411-83610391
网址 : www.dlmpm.com
邮箱 : zb@dlmpm.com
印 刷 者 : 大连图腾彩色印刷有限公司
经 销 者 : 各地新华书店

幅面尺寸 : 170mm × 230mm
印　　张 : 16
字　　数 : 275 千字
出版时间 : 2013 年 4 月第 1 版
印刷时间 : 2013 年 4 月第 1 次印刷
书　　号 : ISBN 978-7-5505-0439-4
定　　价 : 48.00 元

我爱大连

大连出版社将要编辑出版“品读大连”系列丛书，我非常赞成。作为一个土生土长的大连人和曾经参与过这个城市建设与发展的领导人之一，我对大连总是有一种偏爱，总是觉得这个城市所蕴涵的文化值得我们去认真挖掘。这套丛书动员十几位作者，分十几个专题对大连的文化现象进行挖掘和梳理，我认为这项工作十分有价值。

大连是一座充满活力、现代感非常强、文化不断创新的城市，也是一座有着特殊历史和个性的城市。因此，如何在新的时期找出大连的文化定位，挖掘大连的文化内涵，突出大连的城市性格，使城市的根和魂能不断通过文化来体现，并最终提炼出大连的城市精神，既是城市的管理者、建设者所要关注的，也是所有文化工作者义不容辞的责任。另一方面，随着经济的飞速发展，中国的城市化进程不断加快，在这个过程中，我们也面临着“千城一面”的特色危机，很多城市面貌趋同，城市个性模糊。实际上，城市发展不仅仅是 GDP 的单纯增长，文化内涵的建设与发展也是一个重要方面，文化竞争力将决定城市未来的竞争力。

因此，我觉得此次大连市委宣传部和大连出版社共同策划出版“品读大连”系列丛书，可谓正当其时。从多层面多角度挖掘、整理、总结、诠释大连的风物人情、文化脉络、人文价值，并以图书的形式把这些宝贵的非物质财富积累、沉淀下来，无论是对于大连这座年轻却饱经沧桑的城市来说，还是对于 600 万大连市民乃至我们的子孙后代来说，都是一件功在当代、利在千秋的好事情。当然，在宣传城市、促进交流、满足各界人士阅读需求、提升市民文化素养、锻造城市品牌力等方面，也都具有重要意义。作为一个大连人，我对这套丛书充满期待。

与中国其他城市相比，大连建市时间较短，很多人以此认为她没有文化，甚至使用了“文化沙漠”这样的词汇来定义她，很多大连人往往也是一提到“文化底蕴”就没了自信。实际上，大连有自己独特的历史文化积淀，她缺的不是文化，而是发现的眼睛、挖掘的意识、提炼的行动。这正是我们应该做并且正在做的。

最后，我想借用一句大连的流行语来表达我的心情：

我爱大连，从未离开。

这句话揭示了每一个热爱故乡的大连人内心深藏的情感。作为其中的一员，我愿怀着赤诚之心为她作出自己绵薄的贡献。

中共辽宁省委副书记

目录
CONTENTS

目录

原汁原味

咸鲜口来自鲁菜

福山人带来胶东菜

城市最古老的建筑，就是一本城市历史。

我和董长作大师坐在大连最古老的百年老店大连宾馆一楼咖啡厅里，品着新疆雪菊。他细抿了一口，咕噜咕噜带着响声，竖起大拇指，笑了笑，开始娓娓道来。

我顿感一股轻松的暖流，在充满压力的身体上下纵横淌过。

大连女作家素素用一部文字优美的哲理随笔《流光碎影》，以城市建筑来诠释大连的历史文化发展轨迹，圈里圈外的人都叫好。文学圈里的人说，文学语言写城市历史更生动，哲学意义表现更形象，圈外的人说，一部城市历史文化的书这样写，新鲜、耐读有欣赏价值。比如眼前的大连宾馆，就是大连百年文化的象征。

大连女作家素素用一部文字优美的哲理随笔《流光碎影》，以城市建筑来诠释大连的历史文化发展轨迹，圈里圈外的人都叫好

我坐在被素素哲学历史化了的大连宾馆咖啡厅里，面对眼前这位大连餐饮发展变化的见证人，一想到要从这个具有象征意义的城市环境中心开始记录大连美食文化的历史印记，心情异样兴奋。

“要想知道大连菜是怎么发展的，就得知道大连人是怎么来的。”董长作大师的幽默等于在告诫我什么。

一部《闯关东》电视剧，让大连剧作家高满堂一炮走红九州大地。主人公朱开山家开的天天好饭店，那四道名菜朱记酱牛肉、鲁味活凤凰、满汉呈祥、富富有余，好长一段时间里都成为大连那些吃货们津津乐道的美味话题。

其实，闯关东真正漂洋过海

作者与董长作（右）

的山东人，在东北落脚最多的大厨，还是在大连。

来到大连的山东人有一个俗称，叫“海南丢子”。“海南丢”指的是山东到大连的移民，因为山东在大连的南边，在海的南边，所以，“海南丢子”说的就是山东人。更有人指出，所谓“海南家”，就是指山东龙口，过去叫黄县的地方。

有一种比较靠谱的说法，“海南丢子”移民的过程是相当艰难的。据说19世纪下半叶，大批山东人为生存而闯关东，开始了中国历史上一次重大的迁徙活动。山东一带连年战乱饥荒，日子过不下去了，一帮胆子大的就划着小船，抱着舢板向北漂，他们听说了北边有个地方挺好。虽然路上冻死饿死了一些人，有些意志不够坚强的人半道上还折回去了，但还是有大批的人往前走，终于到了这块热土。因此，到了这里的人应该说是经过优胜劣汰的，就像当年从非洲到美洲的黑人一样，大都体格不错，意志坚强。

大连是连接山东与东北主要的海路中转站，是他们最早的落脚地。他们一下船，有一些好奇心和征服欲很强的人继续往沈阳、吉林、哈尔滨方向走，而大部分“海南丢子”因为一路晕船饥饿加颠簸折腾，再也不想往前走了，就自然留了下来。在留下讨生活的群体中，不乏胶东帮一带的名厨高手，他们大都是中国著名鲁菜之乡山东福山的鲁菜师傅，在大连的酒馆饭店中亲自掌勺带徒，将从山东老家带来的精湛的鲁菜烹饪技艺开始广为传授，大连菜的鲁菜基础就这样历史性地形成了。

最顽强的生命，播种的一定是最茂盛而沉甸甸的收获。在中国八大菜系前历史上最早的四大菜系鲁菜、粤菜、川菜、苏菜中，据说鲁菜的生命力和拓展空间是最强势的。

鲁菜也称山东菜，位居我国四大菜系之首，早在春秋时期已久负盛名，是中国北方菜的绝对代表，其以选料考究、刀工精细、调和得当、工于火候、烹调技法全面，风味鲜咸适口、清香脆嫩而自成一格。鲁菜分为济南孔府菜和胶东海鲜菜两个分支，也称济南帮和胶东帮。位于孔子家乡的济南孔府菜，也叫济南官府菜，因孔子在中国帝王间的巨大影响力，而成为中国古代历朝历代达官显贵一直追崇的菜肴。胶东帮起源于福山、烟台、青岛等沿海地区，以烹饪海鲜见长，口味以鲜嫩为主，偏重清淡，讲究原汁原味。

大连地方菜就源于鲁菜系中的胶东帮。如今，大连许多有名的城市名菜，都有鲁菜胶东帮的印记。甚至还有人说，大连菜就是山东菜。这话当然有些绝对，也不是毫无道理。“东洋的女人西洋的楼，福山的大师傅压全球。”这句在胶东地区广泛流传的民间谚语已成为人们的口头禅。1985年第三期《中国烹饪》鲁菜专辑“鲁菜概述”中就强调指出：“胶东菜最早起源于福山，距今已有七百余年的历史。长期以来，福山县作为烹饪之乡，曾涌现出许多名厨高手，通过他们的努力，使福山菜得以流传于省内外，对鲁菜的传播和发展做出了重要的贡献。”这一论述应该说是非常贴切的。可见，鲁菜的顽强性是多么的让人钦佩，就像让人钦佩的勤劳、善良而又智慧、有些固执的山东人那样。

在这些闯关东来大连的胶东帮大厨里，你必须记住一个重要的名字——王杰臣。

“大连味”最早飘自群英楼

想一想有些可惜，“群英楼”这个曾在大连响彻了100年的品牌酒楼，如今人们只能偶尔在水饺、月饼的某些包装上看到这曾给大连餐饮带来无比辉煌的三个字，后一代人很少知道，她曾经是大连当年的四大餐饮名楼之一。

天津街东头连着的修竹街最南端，一幢小二楼。如今它已残垣涂壁，环堵肃然，茅室蓬户，斑驳陆离。站在小楼前，我依稀看见这个曾经骄傲的大连餐饮小楼，在100年前，门庭若市，车水马龙，商人官员外国使者来回穿梭的历史影像。眼下站在这里，你会觉得这就是给大连人留下餐饮历史重大价值的那个群英楼吗?

“原汁原味，鲜嫩鲜咸，这就是大连菜的味道特点。”董长作大师说，“记住这八个字，就知道了这是大连菜主要特点。而且，还要记住山东福山人王杰臣和群英楼。”

王杰臣何许人也?

2008年，大连名厨牟传仁老先生还在他儿子开业的牟传仁老菜馆坐镇主理老菜时，我是第一次从他的嘴里听到了王杰臣这个名字。后来又查阅了一些零星有限的资料，大致对王杰臣有了些模糊的认识。虽然如此，我还是知道了王杰臣和大连菜重要的历史渊源关系。

19世纪末，成批北上大连的胶东移民风起云涌，就像改革开放初期大批人到深圳闯天下一样，不少山东福山大厨闯生活来到大连。尽管战火硝烟浓雾四起，坐镇大连旅顺口的北洋水师却重振旗鼓日趋繁盛，客观上给大连经济带来了“一日看尽长安花”的盛景一刻。

一次准备充分的冒险，往往就抓住了一个人生辉煌的重要机会。对北上大连的胶东帮来说，这既是一次有准备的冒险，也是一次天赐良机。

1892年，胶东福山人王杰臣就在这样的背景下渡海来到大连，凭借一手鲁菜好厨艺，在修竹街开了间名为“春字号”的小饭馆。这个小馆子，就是眼前这个小二楼的雏形。

王杰臣是鲁菜高手，烹饪擅长鲁菜主要绝活爆、扒、蒸、烧、炸。他的出现，让大连餐饮头一次热闹起来。当时他的名菜能让很多商贾官宦倒背如流。有人后来把他的主要十大菜品编成了《十菜歌》:

“鸡锤海参”撩拨你上床，
“红烧海参”好看男女相，

鲜贝原鲍

"红鲤戏珠"妹要当新娘，
"鲜贝原鲍"害你身痒痒，
"橘子大虾"媳妇把你抢，
"盐爆双龙"胜过海龙王，
"一鱼三味"你成吹牛王，
"糖醋黄花鱼"甜蜜喜洋洋，
"虾仁蛋白汤"就像迷魂汤，
"海味全家福"亲情更滚烫。

这些鲁菜菜肴，大都体现清鲜肥嫩，原汁原味的特点，让当时在大连的中国人和外国人喜欢极了，加上菜肴歌谣的喜庆吉利色彩，春字号火得一塌糊涂。

十年后，即1902年，小小的春字号扩建为后来的群英楼。

"当时不扩建不行啊，就连不少外国人都总是上这里来。"后来成为群英楼名厨的牟传仁老先生在我采访他的时候对我说，"日本人侵占大连后，这个馆子简直就成他们的食堂了。别看是外国人，对咱山东福山的菜味照样喜欢得不得了，尤其对咱的大连海鲜更是喜欢。我都怀疑，现在日本人做的海鲜料理菜，有不少可能就是侵略咱大连后设计的，咱们大连海鲜好，营养和口感最棒，是亚洲不少国家公认的，要不他们怎么敢那么生猛地吃？"

鸡锤海参

我们可以把牟老的话当成他的一家之言，改革开放后日本人一个劲儿地从大连进口海胆鲍鱼海参赤贝可是活蹦乱跳的现实。

"要想吃好饭，围着福山转。群英楼饭店，天下美味传。"

大连人对群英楼美食当年就这么赞美。群英楼餐饮基本都是出自山东福山厨师的手，大连饮食文化的底子便是无数福山厨子从那时打造起来的。尽管处于日本的殖民统治下，群英楼和内地的经济一起还是客观上迎来了上世纪二三十年代的黄金时期。

王杰臣为了满足大连餐饮业当时的需要，还开设了亚东楼。不少后来大连鲁菜师傅的手艺，都是他在这里一手调教出来的。

历经了中日战争的炮火飞扬，公私合营的萧条沉浮，三年灾害的饥寒交迫，“文革”混乱的经济衰落，20世纪80年代末期，在中国改革开放总设计师邓小平同志“在中国的南海边画了一个圈”之后，随着百姓生活在逐渐向富裕中转变，中国老百姓封闭已久的食欲味蕾被调动起来，中国黄海边这个小小的群英楼和大连的餐饮业也迎来了她的重新崛起。

王杰臣去世后，群英楼在解放后变成了国营资本。有一段时间合并为修竹饭店，后来又改了回来。改姓为公后，群英楼当时响当当的大厨牟传仁当了总经理。这个迄今为止大连唯一一直存活的中华老字号餐饮企业，因为一个看似偶然的原因，一对老夫妇的出现，突然发生了很大的变化。

20世纪80年代末期，一对日本老夫妇慕名几次专程来群英楼吃牟传仁研发的海鲜鱼肉馅水饺，并产生了进口群英楼水饺到日本的念头。在这对老夫妇多次的鼓动下，反复犹豫了一阵的牟传仁，带着群英楼员工，开始试着加工出口海鲜鱼肉馅的速冻水饺——而此时此刻，许多国人尚不知速冻食品为何物。

当然他们成功了，他们让群英楼在催生新的动力时占据了复活的先机。即使在而后的城市大规模拆迁改造中群英楼元气大伤，也难抹去这段具有历史意义的餐饮记忆。

眼前修竹街上的老群英楼，已将

春字号与最早的群英楼旧址

沿街门面租给了几家小饭店小商铺，难辨的招牌，残耸的烟囱，贩夫走卒的脚步，海鲜小贩的吆喝，让这老群英楼有了几分明日黄花的凄凉色调。在经历20世纪90年代末天津街地区大规模拆迁改造后，大多老牌饭店停业搬家，无意中“与国际接轨”的群英楼却抓住了速冻食品这根救命稻草挺了过来。而天津街至今仍未完全恢复元气，不少老大连人对此始终难以释怀。

20世纪90年代末，大连饮食的多元化走向使得群英楼这类胶东老菜馆逐渐终结了统治地位，老一辈的厨子也淡出历史舞台，虽然在港湾街附近修建了新群英楼饭店，其影响力却早已不如从前。世界的历史变化是阻挡不了的，但在正常的历史前行中，那些优良的东西是应该在保留的基础上向前发展的，在这样的前行发展中不断注入新的时代内涵，就像杭州名店楼外楼，广东名菜佛跳墙，山西小吃刀削面，无论店怎么变，菜怎么改，小吃如何调理，主要的特征和味道是不会改变的，作为美食历史文化特色是不能消失的。我相信，总有一天群英楼会重现辉煌的。

老大连的馆子味儿

你如果问一问40岁以上的大连厨师，什么叫老大连的馆子味儿，他们都会说，就是80年代前用大豆油做出来的菜的味道。

在大连宾馆厨房，董长作大师用现在不少厨师都不用了的大豆油做了一道宫保鸡丁。宫保鸡丁虽然是一道川菜，但绝对是一道大连老菜。

我是在厨房看着他炒完这道菜的。大豆油下锅四五成熟，他就把葱姜蒜放进锅里爆锅，蒜香的味道首先浓浓地扑入我的鼻孔。他是大师级厨师，烹饪水平自然高，所以他是直接将切好的鸡丁和辅料下锅翻炒，不需要划油或滑水这道保住菜品品质的工序。对一般经验不足的小厨师来说，在做宫保鸡丁这道菜时，或是划油或是滑水，才敢将切好的鸡丁下锅，不然要么炒不透要么油溻锅，卖相不好看，味道也腻人。而他将炒好的宫保鸡丁高高举起出锅入盘那几秒钟，我注意到，那鸡丁是带着诱人的香气在四处弥漫，浸透了你的感觉时，端到你面前的。

我迫不及待地尝了一口：“鲜香，不易察觉的酸甜，混合一起的味道真是美妙死了，主体的香味是鸡肉的鲜香，让来自豆油的香味混搭着好极了！这就是八十年代前的大连馆子味儿！久违了！”

我有些激动了。我真的好久没有吃到儿时记忆中的馆子味儿了。记得小时候到天津街的山水楼、惠宾餐厅、王麻子锅贴、甘井子井冈山饭店这些老馆子吃过几次饭，就是这个味道。有人曾与我争辩，认为那时候馆子菜没有现在丰富，吃腻了想换老口味解馋了，才认为老味道好。我不这样看，我对他说，为什么这么多菜品味道就是不如以前了呢?

“告诉你，这就是大豆油的魅力。”董长作大师一语道破，“大豆油本来是好东西，现在不少人不用了，真可惜。现在大家都用色拉油，色拉油清色无味，跟大豆油比，就像少了些什么，质量差一点的油，做出的菜品就更不敢恭维了，是否健康呢？”

“老大连的馆子味儿，其实就是以大豆油为主炒出来的菜味儿。”这话听起来像是一种概括，虽不一定准确，但我在不少大连厨师圈子里都听到过这句话。

“有人说，大豆油脂肪酸太高，对人体健康不利？”我把听到的话说给他听。

“胡扯！”他摇摇头。

董长作大师有一个明显的特征，记性很好。他说，他看过这方面的资料，大豆油是中国人生活中主要食用油之一。豆油中的脂肪酸主要是不饱和脂肪酸，这是好的脂肪酸啊，其中亚油酸占52%，亚麻酸占6%，油酸占36%。大豆油的营养价值比较高，能降低胆固醇，含有卵磷脂和维生素E，有抗氧化作用，不易酸败，亚麻酸能减少高血压、血管栓塞、心脏病的并发率。大豆油中丰富的优质蛋白、铁、钙及B族维生素，是人的食品中优质蛋白质的重要来源。

噬啦噬啦的大豆油在锅里沸腾，厨师们把一道道经过拍粉拖蛋液的食材轻放进油锅，一会儿再轻轻捞起，放在盆盆罐罐上控油。有的厨师等油温达到了七八成熟，再将炸过的食材放进去。

董大师说，炸，是鲁菜多种烹饪技法中的一大傲慢。鲁菜中炸的菜占的比例几乎超过一半，清炸、干炸、软炸、板炸、酥炸、卷炸、脆炸、松炸等各种炸法，让人在炸出的香气中品咂不停。在济南官府菜和胶东帮海鲜菜制作过程中，炸的肉类菜和海鲜菜精彩恋蝶。

清炸是将原料经过加工处理后，无须上浆挂糊等工序，用调味料将原料腌渍入味，然后投入油锅旺火加热成熟，体现的是外焦脆、内鲜嫩、清香扑鼻的特点。就说清炸虾段吧，是鲁菜清炸菜中连炸带快炒的一道精制菜品，它很早就被山东李姓师傅带到了北京。过去是京城里有名的鲁菜经营者“八大楼”之一“按府楼”中的一道看家菜，也是当年胶东半岛鲁菜发祥地的一道代表菜。这道菜在大连多年都卖得不错，有人虽然改造过，换过不少新菜名，总体做法还是老菜特点。

干炸和软炸有些相似，都是把切配好的原料经腌渍入味后，再拍粉或挂糊，入油锅两次，投入旺火热油中加热成熟的烹调技法，特点是外焦里嫩，色泽金黄。不同的是，干炸挂糊用的是淀粉或面粉溶解成的“硬糊”，软炸是将质嫩而形状较小的原料先以调味料调和，再入热油锅中逐渐成熟的烹调技法。软炸出锅特点是外香软，里鲜嫩。干炸与软炸相比，都是炸两次，但油温比软炸高，而软炸首次油温不低于四五成热，原料逐片下锅，复炸上色，油温六七成热时，炸至浅黄色即可。要注意的是，初炸与复炸的间隔时间不宜过长，防止原料回软。操作中手的动作要轻拿轻放，防止原料碎裂及脱糊。

因为干炸与软炸的相似性，有的炸菜经常混淆。举个例子，大连人至今都很喜欢的软炸里脊，其实都是干炸里脊，而有不少菜馆一直写成“软炸里脊”，做法却就是干炸：将猪里脊肉切成长条，加入精盐，用料酒抓匀，挂上用鸡蛋、淀粉与面粉调制的“软糊”，勺内放油烧至六七成热时，放入挂匀糊的里脊肉，炸熟后捞出，等油温再升至七八成热时，再投入里脊冲一下，直到炸成金黄色时捞出，沥油装盘，带椒盐上桌。特点是色泽金黄，肉香外焦。

清炸虾段

董长作大师在厨房油锅前，一边做着示范，一边侃侃而谈。

“说板炸大连人不太懂，一提到造型漂亮的油炸菜品时，你就明白了。板炸关键在食材能改刀，有造型。”董大师又在解释鲁菜的板炸：将原料经刀工处理成片的形状，加调味料入味，然后拍淀粉、面粉或吉士粉等、鸡蛋液、面包渣，压紧按实，投入大量的热油中加热成熟，这就是板炸的烹调方法，盘式的特点是整齐划一，色金黄，外香脆，内软嫩。板炸菜品要求有造型，选用的原料宜于改刀成型，在保证菜肴质量的前提下，最适于

板炸富贵虾

大批量的制作了，存放的时间也相对较长，基本口味靠蘸酱，有点像西餐，蘸酱多是番茄沙拉、蛋黄酱等。

大连这片海的水温凉，主要靠渤海，渤海湾大对虾是最鲜美的了，这些年不断出口的渤海湾大对虾，让不少外国人早已耳熟能详，垂涎欲滴。

“咱就说一道大连人挺认的菜品炸黄金大虾吧，做法是将渤海湾大对虾去头去皮留尾，从脊背剖开至腹部，使虾成大片，剔去虾筋，在虾的肉面剞十字花刀，加入盐、胡椒粉、料酒、葱姜水腌渍入味，将大虾逐个沾匀淀粉，拖上蛋液，按上面包渣即成。勺内油烧至六成热时，将虾放入，中火炸到八成熟，捞出沥油，造型摆在盘中，带番茄沙拉上桌，造型美观和鲜咸香酥是它的一大特点。”

董大师在向我介绍这道菜时，嘴里不时撩动着吧嗒的诱惑声，那是一种发自感慨的享受的声音，绝非作秀。我转过身去，咽回险些流出的口水。

鲁菜的酥炸，是将处理好的食材，在调味煮熟或腌味蒸熟处理后，挂糊或拍粉，下入油锅炸透成菜。菜品特点是外酥香，内软嫩，肥而不腻。酥炸的食材很广泛，动植物食材都可以，“酥糊”特别重要，由面粉、蛋黄、老面或发粉、色拉油按一定比例调制而成，油炸后口感酥松，有别于脆皮糊。酥炸煮的原料在炸制前一定要控净水分晾干，防止在炸的过程中发生“水炸”伤人。蒸的原料应先用调味品腌渍，腌渍的时间应根据原料质地的老嫩而定，煮的原料直接加入调味料煮熟即可。像香酥虾仁，就是将处理好的虾仁用盐水腌渍

脆皮沙拉海鲜卷

后，挂酥糊，入七成热的油锅，炸成金黄色捞出沥油装盘，鲜香脆嫩，味道很足。

如果你想打动女孩子的心，就给她一道脆皮沙拉海鲜卷。

现在大多数女孩子都喜欢吃卷炸食品，大连的女孩子也是如此。卷炸美食像一汪清泉，让食客顿觉清新舒爽。炸春卷、炸三鲜盒子、炸韭菜盒子、炸鱼卷、炸甜品、脆皮沙拉海鲜卷等。鲁菜留下的卷炸技艺，是将加工成片、丝、条、粒形及泥蓉状的无骨原料，加入调味品拌匀，用皮料包裹或卷裹起来，再入油锅用温油炸熟的技法。特点是外酥脆，内软嫩。包卷的皮料分为两部分，可食用的皮料有鸡蛋皮、猪网油、腐皮、面皮、鸭皮、肉片、糯米纸。

不少厨师说，卷炸菜是女孩子的最爱，虽有些调侃，但我信。鲜爽软嫩，酥脆香甜，别说女孩子，大老爷们也喜欢!

“吃过脆皮大肠吗？”董大师问。

“吃过，肠皮酥脆，肠香嫩糯。”我回忆着形容。

“说得不错，你觉得它与九转大肠比有什么区别？”

“九转大肠香气的复合味儿较稠较重，入口酸、甜、香、辣、咸五味俱全，色泽红润，看着漂亮，质地软嫩，口感极佳。虽然是一道鲁菜名菜，菜名也很吉祥，但在现在人的眼里，有些过于味重腻人，不太符合现代健康饮食理念。我认为脆皮大肠是从九转大肠演变过来的，和九转大肠比工艺更简化、味道较清香、口感不腻人、健康理念好。”我试着发挥观点。“说得有点感觉，”董大师用漏勺捞出炸成金黄色的大肠段儿，控了会儿油，轻掂了几下，“脆皮大肠算是演绎过来的一道老菜，是一道脆炸菜，鲁菜中很响的。脆炸是将带皮的原料用开水稍烫一下，表面挂匀糖，晾干后放入热油锅中，慢火加热，炸至淡黄色，离火浸熟的一种烹调技法。脆炸菜的特点是外皮香脆，肉质鲜美。像整只鸡整只鸭等，都可以脆炸。脆炸与脆皮炸是两种不同的烹调技法，脆炸无需挂糊或拍粉。”

他接着说：“上海人的红烧圈子，有些接近鲁菜的九转大肠，浓油赤酱的沪菜特点颜色和九转大肠差不多，但口味没有九转大肠重。脆皮大肠大连人现在有时也叫‘炸圈子’，体现的是现代人清淡健康的饮食风格，所以，眼下挺流行。不过，我觉得脆炸菜用的油还应该是大豆油好，因为大豆油的香味饱和，炸出的馆子味儿很地道。”

我尝了尝大师亲手做的这道“炸圈子”，老菜的大肠香味依旧，真可谓“清香爽脆一相逢，便沉醉，美味意境。”

“师傅坏了！”正唠着，董大师的一位小徒弟突然惊叫起来。

我们急忙转过头去。

原来是准备做松炸菜，下进油锅的几块猪里脊肉要炸焦了。董大师火了，吼着喊：“快捞出来！松炸哪是这么炸的！”

我问什么叫松炸，他说，松炸是把原料加工成小型的片、块、条等形状，调味后挂上蛋清糊，用小火温油慢慢炸熟。他下意识地摇了摇头：“现在有些年轻人都不会干了。”

“炸的菜品这么多？”我惊奇地问。

“多着呢，还有一种炸统称辅助炸，也叫油浸、油淋、油泼，针对的食材主要是鲜嫩的原料。把鲜嫩的食材用调味品腌渍好，放在漏勺里，再放入七八成热的油锅中，等油烧到冒青烟时，用手勺将油不断地浇在食材上，称为油泼。随即把锅端离火口，再慢慢把食材浸熟，特点是操作简便，食材鲜嫩。”

这次进董大师的厨房真值，我知道了鲁菜仅炸菜一项就这么多烹饪技巧。更重要的是，老大连的味道就是这么烹饪出来的。

“讲了这么多鲁菜的炸，是因为油炸的菜在鲁菜中占的比例比较大，福山师傅将这些带到大连后留了很多给大连人，基本都成了大连有名的老菜，像炸蛎黄、软炸里脊、樱桃肉、生大烤、糖醋黄花鱼、炸虾仁、熘鱼块等，而老鲁菜用的油，基本就离不开大豆油。”

脆皮大肠

我恍然，炸的菜品和我们大连老菜关系这么大。这一道道的老鲁菜无论怎样变化，都离不开大豆油带来的香味。

他凭着多年的经验告诉我，植物油都有好消化、容易吸收、含有维生素E和其他抗氧化成分、不含胆固醇这几个优点。很多人以为只有某几种油不含胆固醇，只有橄榄油才容易吸收，这是上了广告的当。

炸、炖、煮的菜肴，用大豆油最好，炒菜的话尽量控制油温，别冒烟。棕榈油胡萝卜素最丰富，由于饱和程度高，耐热性相当好，长时间受热后氧化聚合少，用在各种煎炸食品当中最美味。花生油富含维生素E，风味好，耐热性也不错，适合用来做一般炒菜，缺点是经常用量一旦太大容易产生可致癌的黄曲霉毒素。橄榄油是名声最好的油脂，含有80%以上的不饱和脂肪酸，其中有70%以上的单不饱和脂肪酸，就是油酸，能降低血液中的“坏胆固醇”，升高其中的“好胆固醇”，所以特别受到世界人民的赞誉，橄榄油用来做凉拌菜清香可口，用来炒菜炖菜也完全没有问题。不过，市面上的进口橄榄油的掺假现象也要引起注意。茶籽油单不饱和脂肪酸即油酸的含量达到80%以上，比橄榄油高，还含有丰富的维生素E，耐热性较好，适合用来日常炒菜。玉米油以多不饱和脂肪酸占绝对优势外，亚油酸含量最高，通常不是非常耐热，适合用于加热时间较短或者加热温度不到发烟点的烹调，最适合用来做沙拉酱。米糠油是高档炒菜油，它的特殊优势是含有米胚中丰富的γ-氨基丁酸，有一定的抗焦虑作用，对血压控制有益。葵花籽油耐热性好，用于一般炒菜效果不错。芝麻油又称香油，是白芝麻或者黑芝麻中榨出的油脂，芝麻油的优势在于它沁人心脾的美妙香气，因为香油不能高温加热，只能用于凉拌、蘸料，或者做汤时添加，所以它也是健康低脂烹调的最佳配合。核桃油和芝麻油一样，食用时一定不要高温加热，最大限度地保持其健康成分。

好味道是离不开食用油来加工烹制的，好味道是飘越年轮与区域的，迷人的大连老菜好味道，多年后给大连留下了多少具有城市品牌魅力的老馆子?

西岗区，大连街不少老馆子的根儿

久远的弥香一旦飘至眼前，总是长久地悠然不去，让你在记忆和想象中，感动与思考。

站在天津街不太热闹的街心，我眼前老是浮现出连小朋友都知道的那幅《清明上河图》。虽是北宋一幅巨卷风俗画，但张择端用那精致的工笔描绘的清明时节北宋汴梁以及汴河两岸的繁华景象和自然风光，却是一般画家望尘莫及的。我印象最深的，是这幅长卷上那疏林薄雾之中，掩映着的茅舍、草桥、流水、老树、扁舟、繁忙的汴河码头、热闹的市区街道，街道上那些茶坊、酒肆、脚店、肉铺、庙宇、公廨……虽景物繁多，巨细无遗，却并不显得琐碎繁缛，反令人钦佩画家对大场面宏观把握的能力。这多么像20世纪二三十年代的大连天津街啊，大连酒馆饭店遍街林立，各家酒楼名厨大放异彩。老辈厨师讲，那是大连早期饮食业的黄金时代，那时才叫各种美味八面飘香哪。

那年月，大连人把饭店叫“饭馆”，把去饭店吃饭叫“下馆子”，这个叫法也是从山东传过来的。老大连人至今还把好的饭店叫做“好馆子”，一点不含糊。当时大连最有名气的四大饭馆有群英楼、泰华楼、共和楼和登瀛阁，也叫“三楼一阁”，以及辽东饭庄和扶桑仙馆等。遗憾的是，七八十年过去，四大饭馆早已人去楼空，成了旧梦远影。群英楼离开了天津街后名气大不如从前，民主广场附近的泰华楼也早早拉下时代的大幕，位于天津街新四川饭店对面附近的共和楼在20世纪80年代前就不见了踪影，扶桑仙馆即使在父辈的梦里也不依稀再有了。还不错，辽东饭庄在城市的不断变化中保留了下来，就是眼下的大连饭店。

天津街一景

董长作大师告诉我，他就是老大连饭店走出来的厨师。他的师傅于国祯，多年前也是从这里起家成名的。在这里，大连走出了一批有经验有水平的鲁菜师傅。

那时候的大连饭馆多牛啊。就说原来老动物园里的登瀛阁吧，这个动物园是一个叫钟会臣的人开的，这个酒楼的建筑是一座别致的中国古典建筑，到这里来吃饭的，名商大贾官吏，日本军政要人，无不对这个馆子的菜品连称地道。据说，李鸿章的儿子李经方还是这家饭馆的股东呢。

这个著名的饭馆在几十年前的城市变迁中被拆除

了，永远地不见了。

提到杏乐天，恐怕现在许多大连人都不知道。直到现在，我们也不可能找到西岗区福兴里那家特有名气的饭馆杏乐天了。那家店的旧址就在华胜街33号，从前叫平和街。我从搜集到的有限的资料里知道，这杏乐天太厉害了，也是山东人开的，叫迟元亨，也是一位鲁菜大家，据说鲁菜做的风味纯正，总被回头客叫好。他还在民权街（当时叫刘家屯）开了分店，拿手菜是“海参肘子”、“红烧海参”、“扒通天鱼翅”、“溜黄菜”和“摊黄菜”。他还培养了许多鲁菜厨师，当时日本人经营的辽东饭庄鲁菜名噪全市，用的厨师都是从他这里重金聘请的。解放后，辽东饭庄改为大连饭店，鲁菜做得依然是最好的。后来大连街最具名气的烹饪界老前辈于国桢、于润德、张传本等人大都出自于此。这一切，真得感谢做杏乐天的福山人迟元亨。

有一道老菜，如今不少厨师都不会做了，叫“熘海蜇皮”。那个当时，全市仅有一家饭馆会做，而且做得特地道。这道菜难在火候上，一不小心，海蜇皮便会化成汤水。而这家饭馆做的熘海蜇皮，皮是保持原样的，味道是鲜美的，日本人为这道菜，几乎经常挤破了这家饭馆的门。另外，他们的“炸八块”和“熘黄菜”当时也是没人敢比。于是，大家记住了这个来自大连金州的叫林国斌的经理，记住了这家当时位于西岗区的擅长烹饪金州辽菜出名的红杏山庄。

遗憾的是，“文化大革命”浪潮后，这家有名的饭馆连同那道令人赞叹的“熘海蜇皮”，一起结束了。

不怕千招会，就怕一招绝。

那时候的饭馆，都有自己的看家本领。想想如今大连街头一些餐馆千篇一律毫无自己特色的餐饮经营，不知该属进步还是退步。

大连人都知道，改革开放后，一些恢复的名气较大的老馆子大都在中山区一带。不少大连人却不知道，这些老馆子在解放前后主要集中在西岗区东关街至香炉礁一带，也就是说，大连餐饮的黄金起家阶段，是在老西岗区。西岗区，大连餐饮真正成长的地方。这么说，我觉得一点也不过分。

当年除了西岗区杏乐天的豪华鲁菜和红杏山庄的“熘海蜇皮”等金州辽菜外，西岗区日新饭店的西餐当时就很闻名，饭店隋经理独创的拔丝冰淇淋名气很大，对食客们来说没有不知道的。有时候，一道菜就能让一个餐饮店的生意旺起来。据史料记载，许多人就为了吃上这道拔丝冰淇淋，从大老远的地方赶来。大家都想看看，这么难做的菜是怎么回事。而且发展到今天，大连人一提起拔丝冰淇淋，仍然有一种新奇的感觉。

在大连日航饭店对面胡同的拐角，中山区吉庆街39号（原天津街173号），有一间看上去有些破旧的临街民宅房，窗口上面挂着一块极不起眼的老牌子：四云楼烧鸡。对年轻的大连人来说，四云楼的概念是非常模糊的，况且就这么一个区区的窗口小破店。他们哪里知道，这个破旧的门脸房上那块更加陈旧橼损的牌子，指的就是老大连时赫赫有名的菜馆四云楼。只不过，现在的它，成了实实在在的烧鸡店了。

四云楼早年在西岗街和华胜街交会处23号，和比较有名的普云楼紧挨着，与当时沙河口区的正阳楼、东亚楼一样，都有一大批有名的厨师，特色就是本地菜加鲁菜。这四家饭馆也是大连当时的名店。四云楼不光菜做得好，而且集多家风味之所长，每种风味尽量做到味道第一营养兼并，烧鸡就是他们很有名的一道菜。

四云楼的烧鸡做法很讲究，一般选用一年左右一公斤以上的毛鸡，停食饮水半天后宰杀，放血后，烫好褪毛，洗掉老皮，取净内脏，将两只鸡腿交叉插入鸡腹晾干，均匀地抹一层饴糖稀。炸鸡时油温保持八九十度之间，炸到鸡呈金黄色为佳。再将配有葱段、姜块、香菇、桂皮、花椒、陈皮、丁香、白糖、食盐等十几种的料包塞入鸡肚子里，用陈年老汤煮鸡，先高温卤煮，后小火回酥，以求肉烂而丝连，捞鸡时要小心细致，防止破碎，影响造型。

烧鸡本来不属于大连菜，四云楼把烧鸡和扒鸡的优点兼收并蓄，做成自己的菜肴，从这个侧面能够看出大连菜早期就形成了海纳百川的大器风格。就像今天的大连菜，明明是从鲁菜起源而来，却被国内外好多美食家依然认定为有自己城市特色的菜肴一样。

当然你也不会想到，当年光彩照人的四云楼时至今日只能靠一只烧鸡艰难度日。你更不会想到，除了四云楼还有一块牌子外，那三家名店至今也不见了身影。

和全国所有城市一样，新中国成立以后，为发展大连的餐饮业，大连市政府成立了专门的饮食服务公司，统领全市的餐饮行业工作。当时的饮食服务公司为丰富和发展大连餐饮市场，采取“走出去，请进来”的方法，多批次派人到全国各地学习各种菜系的技艺和特点，于云德、于国桢、牟传仁、吴永峰、陈生发等先后引进了具有特色风味和不同菜系特点的饭店，像天津街上做川菜的四川饭店、做扬州菜的苏扬饭店、做宁波菜的山水楼，西安路上现长兴市场旁做老鲁菜的红旗饭店和回族清真菜的西安饭店、做天津风味的狗不理包子铺、糯米香铺等，以适应大连这座新兴城市中来自不同地域人群的不同口味需要。在引进异地风味的同时，大连餐饮业界人士也结合当地的原材料和大连人的口味，不断推陈出新。

有故事的露天大棚

“知道川岛芳子吗？”董长作大师站在西岗旧货市场破旧模糊的门前问我。

“知道啊，一个给日本人当大汉奸的中国败类。”我奇怪他为何提起这个人。

“大连餐饮的发展，和她的两个父亲有着间接的密切的关系。”他给我讲了一个新奇的故事，时而故作神秘地笑了笑。

历史提供给人一个发挥潜能展示价值的人生大舞台时，就会有真善美与假恶丑并存。英雄与辉煌，往往就在乱世间出现。餐饮业的辉煌，也是这样。

新一代大连人可能不知道大连露天市场，可是一提到西岗区香炉礁旧货市场，几乎所有的大连人都知道。历史悠久的大连香炉礁旧货市场，场面恢宏，影响久远，每天来这里淘宝的人，南来北往，络绎不绝，他们好像是要寻找着什么，又像是在思考着什么。

这个露天旧货大市场后来又叫“博爱市场”和“破烂市场”，是清王朝第十代肃忠亲王爱新觉罗·善耆和日本浪人川岛浪速创办的。原来的地址是在西岗桥立町，就是现在的大同街和北京街之间，占地4万多平方米。

善耆的第14个女儿叫金壁辉，字东珍，号诚之，6岁时曾过继给没有子女的川岛浪速做养女。川岛浪速将她带到东京后，取名川岛芳子，接受日本文化教育。被养父强奸后自杀未遂，她作为日本间谍回到中国，帮助日本人做了许多对不起中国人的恶事，参与了皇姑屯事件和“九一八”事变，导演了震惊中外的上海“一·二八”事变，42岁被中国人枪毙。当然，这是一段题外话。

早在1906年，爱新觉罗·善耆和日本浪人川岛浪速就结成了义兄义弟。辛亥革命后的1912年2月2日，在川岛浪速的帮助下，秘密逃离北京至秦皇岛，转乘日本“千叶号”军舰来到旅顺口。善耆一家人住在旅顺口太阳沟旭川町69号地块，致力重建“宗社党”，一心复辟清王朝。后来所有经费基本全部用完，生活都难以保障，于是他和川岛浪速商量在大连开了一个商业市场。日本人考虑他将来可能会派上大用场，同意批地给他建了这个露天市场。

1922年，善耆在旅顺口去世。1943年，川岛浪速以125万元将露天市场卖掉，携多半款回到日本，1949年因病死于东京。

当时的露天市场分四个区，饭店、烟馆、妓院、魔术、杂耍、摊卖大力药丸子、男女对盆洗澡间为第一区，说评书、唱鼓词、拉洋片、说相声、演双簧、摇股子、旧物专卖、当铺押宝在第二区，假冒伪劣的旧货专卖和推销赃物在第三区，摔跤、耍猴、卖艺、寄存仓储、兜售废旧建筑木料在第四区。1942年商公会议编撰的《大连市商业情况分类调查》中，记录露天市场固定店铺分为五大行业：金融业、物品贩卖业、接客服务业、制造业和其他行业，共有固定店铺493家，其中主要餐饮业74家，医药业17家，服务业18家，妓院36家，烟馆41家。

主要餐饮业在这个露天市场最重要的第一区，达74家，在那样一个满目疮痍的特殊历史时代，这是一个多么了不起的数字。而后来从这个露天市场走出来的一些饭店，都成了大连名店，像王麻子锅贴、惠宾餐厅等。

那个当时，从露天市场一直扩展到东关街、北京街、五一广场一带，是大连最热闹的餐饮街了。

就说当时的惠宾餐厅吧，因为鲁菜底子好，从露天市场走出来后，在青泥洼桥一开张，生意就一直很火。惠宾餐厅当时四大名菜非常诱人，“醋熘鱼片”、“白雪干贝”、“鸳鸯加吉鱼”、“烤肥鸭”，这些菜肴既有鲁菜的功力，又有纳新的色彩。

与之对应的是当年民主广场附近华商大饭店的泰华楼和聚仙楼，以另外四道名菜“葱烧海参”、“烧鸭”、“清蒸加吉鱼”、“红烧鱼翅”而神采飞扬。

清蒸加吉鱼体现出来的原汁原叶、鲜嫩爽口、久食不腻、吃时外带姜末醋碟用以蘸食、口味尤佳的特点，与鸳鸯加吉鱼微辣微甜的浪漫口感，形成了繁荣互补的味觉。秋天惠宾餐厅的烤肥鸭卖得最好，因为这个季节秋高气爽，温度和湿度都特别适宜制作烤鸭，而此时的鸭子也比较肥壮。烤肥鸭因肥鸭皮下脂肪厚，鲜嫩适度，不腥不酸，肉质肥嫩，很受欢迎。清朝以来就有烤鸭南北两派之说，惠宾餐厅的烤肥鸭应该属于北派系列吧。烧鸭是另一种滋味，烧鸭其实属于南方菜，过去就有“广东吃烧鹅，南宁吃烧鸭”的说法，南宁天气炎热，居住于此的南宁人认为鸭肉清热祛火。据说，南宁最早出现烧鸭是在清初康熙

鸳鸯加吉鱼

昔日露天市场

是回族兄弟姐妹们经常聚会的清真回民饭店。马家饺子馆和狗不理包子，也是西岗区有名的风味饭店。这些饭店酒馆原来都在西岗露天市场营业，名气一点点大了后，都陆陆续续地迁移到了人气越来越旺的大连东部。

自从1906年9月10日美国人在大连露西亚丁（现在的俄罗斯风情一条街）第一个设立了领事馆后，荷兰、瑞典、英国等各国列强的领事馆都纷纷设立进来，各自属于自己的政治、经济、文化中心在大连东部不断建立起来，大连逐渐成为了他们激烈竞争角逐的纷争之地和东北亚航运中心。对生意人来说这是一个好的时机，对餐饮业来说大连东部更是一个好机遇。

年间。泰华楼和聚仙楼的烧鸭多接近南宁风格，皮香肉嫩，骨头带香，色泽红艳，油润光亮，肉质滋嫩鲜甜，松脂味清香醇浓。

一晃大半个世纪过去，大片金色的秋叶早已变成枯枝败叶，惠宾餐厅与泰华楼也早已在灿烂中死去，只留下了后人韩吉光在大连开发区开设的聚仙楼。韩吉光是大连早年鲁菜大师于国桢弟子之一中国著名烹饪大师戴书经的弟子，能将老一辈人的餐饮精华部分保留下来自然值得夸赞。如今他的聚仙楼经营的时尚海鲜和大连老菜，在开发区是一个光鲜的代表店。

那时西岗区新开大街的东升园，是一家专做全羊酒席的特色菜馆，老有名了。西岗区的宝乐天饭馆，

王麻子锅贴“四绝”叫响

大连人至今都喜欢吃锅贴，说到锅贴还真有些嗑唠。锅贴是一种类似于煎烙的小食，以猪肉馅料较为常见，形状一般与饺子相同，只是在烹饪的技法上

略有改变。但从锅贴用料和煎烙的过程来看，都十分讲究的。

有一个传说，慈禧太后非常喜欢吃饺子，但是一旦凉了就不肯吃了，所以御膳房得不停煮出热腾腾的饺子，又不得不把冷掉的饺子丢掉。有一天，太后到后花园赏花闻到宫墙外传来一阵香味，于是好奇地走出宫外，看到有人在煎煮状似饺子、面皮金黄的食物，尝了一口后，觉得皮酥脆馅多汁，相当美味。后来才知道，这是御膳厨房丢弃的饺子，因为凉掉了皮粘在一块，不容易用水煮，所以才用油煎热着吃。

将冷掉的饺子重新煎热来吃，从外表看来与现在的锅贴没有太大的区别，是否真的从慈禧年间开始流传起，不得而知。但可以肯定的是，锅贴是平底锅出现后才有的产物。

还有一种说法，有位广东师傅在偶然的机会下，到中国北方吃了煎饺，觉得很好吃，于是带回家乡，经过改良，才演变成今天的锅贴。

锅贴的形状各地不同，一般是饺子形状，但天津锅贴类似褡裢火烧。从某种意义上讲，日本人所谓的饺子都是锅贴。近年来日本在大连开的王酱饺子馆我去吃过几次，发现，那就是煎烙过的饺子，只不过，日本人把这种不叫锅贴的煎饺当做一种菜肴。而在河南洛阳，锅贴是古时开封大众风味小吃已早有记载。

我第一次吃锅贴，是在20世纪80年代初，在大连老天津街的王麻子锅贴铺，就是现在的友好广场拐弯处。当然，现在已经不在了。那块长条红字大牌子，至今印象深刻。记得是跟同学去

王麻子锅贴

王麻子锅贴后人王玉春

吃的，人好多，得排队。空座位轮到给我们了，我把那书包往桌子旁边的凳子上一放，生怕座位被人抢走。

煎得金黄色的锅贴端上来，黄白相间的条形带馅面食，两边开着小口，散发出诱惑的油香，似乎还嗞嗞地带着油响。蘸一点略带辣味的水芥末，咬上一口煎锅贴，冲鼻的水芥末味儿和包了猪肉馅的焦香的锅贴味儿一起进入肺腑，感觉好爽快刺激，好焦嫩鲜香。

那是我平生第一次吃锅贴，所以印象极深。让我后来自豪的是，第一次吃的锅贴原来就是全国名气老大的王麻子锅贴。

民国三十年，大约20世纪40年代吧，山东福山人王树茂来到大连闯生活，并定居大连。他将胶东传统锅贴结合当地习俗加以改进，专营起这一风味面食。开始时，他用手推车装上炉具、原料、碗筷、佐料，或临街搭棚，或走街串巷，或赶集庙会。由于他的锅贴制法独特，经常引起路人驻足观望。当造型新颖别致，色泽金黄间白，入口焦嫩爽快，滋味鲜香诱人的锅贴刚出锅，锅贴的香气就迅速弥漫在周围的街巷，人们就忍不住要上前买一些回去品尝。王树茂的锅贴很快就名扬大连，因他的脸上长有浅白的麻子，街坊邻居就不见外地叫他王麻子。

那时，王麻子王树茂主要在西岗区露天市场一带吆喝自己的锅贴。那里的人气实在太旺，是赚钱的好地方，没有人不知道露天市场有一口非常好吃的王麻子锅贴。

1942年，王树茂购置门头房，从露天市场走出来，在青泥洼一带，顺势挂起了大家喜欢叫的王麻子锅贴的牌匾，使这创新的胶东锅贴终于以一个新的形象落户大连。

王麻子锅贴多年来一直是大连美食名点，此点心是以猪肉、木耳、海米、红方（腐乳）等为馅心制成的，基本沿用传统的做法。主辅料有面粉、新鲜五花肉、白菜、水发木耳、水发海米、骨头汤、酱油、精盐、味精、姜末、红方、豆油等。做法是面粉内加凉水和成面团，五花肉剁成颗粒，白菜、木耳、海米均剁碎。猪肉内加入骨头汤和酱油，顺一个方向搅成糊状，加入研碎的红方及除豆油以外的其他调配料搅拌成馅。面团搓成团，挤成小剂子，擀成饺子皮。面皮放上馅，捏成中间合拢、两头见馅的长条形锅贴。平锅置火上，先薄薄淋一层豆油，摆入捏好的锅贴，在正在煎的锅贴间不时浇水。加盖煎3~4分钟，敞开锅盖，淋豆油于锅贴间，随即用铲子启动锅贴，使油进入底部。再浇第二次水，水量约为第一次用水的1/3，加盖焖3~4分钟，用平铲取出，底部朝上摆在盘中即成。

与胶东锅贴相比，王麻子锅贴具有了创新意识。胶东锅贴用的面团是热水烫面，而王麻子一年四季皆用凉水和面，所以面韧而不起皮。胶东锅贴在过去是用早春的韭菜加海米、鲜猪肉调制的三鲜馅锅贴，是民国年间山东烟台名店东坡楼、太和馆的著名面食之一，而且不能随便改动。王麻子锅贴根据客人的口味要求，灵活多变，馅料可荤可素可三鲜，面馅比例是1:1，口感特点是入口焦脆，鲜香味美。

现在的王麻子锅贴已经在城市建设改造中，从友好广场搬到黑石礁车站附近，改名为“王麻子酒店”了。锅贴当然一直在做，口感和味道也算不减当年。酒店老板也是一位大厨出身，叫王玉春，据说是王树茂家族的后人。我问他，他只笑不答。

王玉春说，他的师傅是解放后大连鲁菜大师福山人于国桢的弟子、大连当代中国烹饪大师戴书经的徒弟。王麻子锅贴的祖训传承，不光是锅贴，还有杠头、王麻子葱烧海参和油炸大麻花，统称为“四绝”。

我在一份资料里，也看到了这个记载。可以肯定地说，解放前后，王麻子不光做锅贴，还有名气不小的其他小吃和炒菜，当然炒的菜也是大连人喜爱的鲁菜。资料里说，“王麻子有一种持之以恒的勤奋精神，练得一身好手艺，有四种绝活叫响全东北和山东省：一是锅贴，外脆里嫩，鲜香油亮；二是杠头，外皮坚硬，内里香软；三是油炸金州大麻花；四是王麻子葱烧海参，风味特别，在全市是头一份”。

最近吃的感觉很好的一次锅贴是在大连宾馆，董长作大师亲自做的。他是完全按照传统的做法，用大豆油煎出来的。刚出锅的锅贴，用木铲把锅贴底朝上排列在碟子中，有着黄金脆皮软酥的绝佳口感。锅贴皮儿有脆有绵，馅亦烂亦酥，香气扑鼻，吃在嘴里回味无穷。鲜美的馅料有着饱满的汤汁，咬一口于舌齿间滚动，我立即就找到了第一次吃锅贴的感觉。服务员端上来的调料有醋、水芥末、辣椒油、大蒜，任由你选。

在大连饭店，周恩来为百名将军授衔

有时候，当知秋的落叶带着沙沙的响声在路面上滚动，发出的并不一定是悲哀的声音，而完全有可能是在展示自己曾经拥有过的成功与辉煌，尽管，她或许已经彻底苍老寂凉。面对眼前大连上海路6号的大连饭店，我虔诚肃立地与她默默相望。

董长作大师和他的师傅于国桢老师，都在这家饭店工作过许多年。大连饭店诞生于1924年，最初叫辽东旅馆，由日本人山田三平开办。旅馆高达6层，成为大连当时亮丽的建筑景观。那时，大和旅馆属于大连国际性的高级宾馆，辽东旅馆则属于最方便时尚的商业宾馆，两家旅馆在大连举足轻重相映生辉。

那时候，辽东旅馆在东北的知名度很高，达官显贵出入频繁，当时的“四大名旦”之一程砚秋在1932年1月4日赴欧洲考察时，就于前一天从天津塘沽搭乘日轮“济通丸号”赶到大连，特意直接来到这里下榻，就是为了感受一下辽东旅馆的魅力，第二天才乘船离开大连。

当时大连有三大著名的百货商店：辽东百货店、三越洋行和几久屋，辽东百货店就在辽东旅馆一楼，旁边还有一家比较不错的烧卖饮茶店。

随着大连的解放，辽东旅馆被改为辽东饭庄。1947年，东北地区解放后，这里又改成了关东饭店，隶属于关东海外贸易服务社，负责支援解放战争和解决大连粮食供应问题。1949年，正式更名为今天的大连饭店。在渤海饭店建立起来之前，这里一直是大连最高的城市建筑。

大连饭店还有另一个最高的象征——大连烹饪大师戴书经大师和董长作大师共同的师傅于国桢。他1908年出生于山东福山，不仅是一位德高望重、烹饪技艺高超的国家特一级鲁菜大师，还是辽东饭庄到大连饭店成长变化的历史见证人。他在1990年去世前，曾是省市劳动模范、省烹饪协会理事、大连海味馆技术顾问。1930年开始，他在大连市共和楼、扶桑仙馆、辽东饭庄、中兴楼饭店相继任厨师。在辽东饭庄，他工作时间最长。1956年后，在大连服务公司工作，后又到大连市饮食公司惠宾餐厅、海味馆、市商业学校任厨师，直到1985年退休，一直是大连餐饮顾问，曾编写了《大连菜谱》1至4册。他的“灯笼海参”、“葱烧海参”、“松鼠鲤鱼”、“蒜蓉夏夷贝”等，形成了一种独特的大连海鲜餐饮风格，在国内享有一定的知名度。

虽然大连菜衍生于鲁菜，可细心人

发现却又与鲁菜有着很大的不同。以海鲜食材为主的鲁菜特色的大连菜肴，更倾向于原汁原味的鲜咸风格，辽东饭庄创意的大连菜，正是这样别具一格的代表。当时饭店天天高朋满座，盛极一时，从这个侧面，于国桢大师和他的同伴们看到了大连风格鲁菜的潜在市场魅力。

一家饭店一年中名人政要出现的次数越多，这家饭店的品牌影响力与经济效益就会越好。

看看那个当时的辽东饭庄，我们不得不为今天大连饭店的苍凉回落感到遗憾：周恩来、宋庆龄、肖劲光、茅盾、李济深、朱蕴山、章乃器、彭泽民、邓初民、洪深、施复亮、梅龚彬、孙起孟、吴茂苏、李民欣等这些让我们至今也耳熟能详的名人政要，都是这里的下榻贵宾和座上宾。周恩来、宋庆龄等多位国家领导人先后到此视察指导，第一任海军司令肖劲光大将也曾在此下榻，并对饭店细致的服务和可口的饭菜给予了很高评价。当时六楼餐厅主要经营鲁系名菜，并在鲁菜的基础上独创大连特点，成为大连菜的始创。“红烧海参”、“松鼠鱼”等一道道美味可口的饭菜，至今还给大连饭店的老顾客留下美好的回忆。这里曾经是大连市许多大型宴会的首选之地，先后多次承办了大连历史上许多重要会议的食宿工作，服务质量之高为同业所折服。这是对辽东饭庄餐饮客房服务的最高褒奖，是当时城市时尚华美场所的象征。

有一件事让曾是大连饭店老职工的董长作大师想起来就感慨。当然这是更老的职工告诉他的。

那是1959年，在辽东百货店旧址创建起妇女儿童用品商店后，天津街逐渐恢复了往日繁华的商业气氛。有一天，一列豪华的车队来到大连饭店。第一个下车的是周恩来总理，身后是100多位将军模样的人物。随后，他们走进了饭店宽阔明亮的会议大厅。后来才知道，是周总理在这里为许世友等100多位中高级将领进行了授衔仪式。对大连饭店来说，这是一个多么值得记忆的璀璨历史瞬间啊。

“这都是品牌力度呀，大连饭店应该崛起呀。”我对董大师说。

“我相信会有这一天的。”他的神色显得坚定，“随着大连

历经大半个世纪的大连饭店

蒜蓉夏夷贝

人对老天津街一往情深的关注以及这条老街悠久的商业文化，一定会为大连饭店的重新振兴带来兴旺的人气。”

据说新版天津街上的新版大连饭店，将从振兴“大连老菜”起步。饭店正在不断地隆重推出上百种宴会菜牌中，大连菜约占了80%。在这里，客人不仅会品味到“火龙鲜串”、“三鲜葫芦大虾”、“彩蝶戏牡丹”、“芙蓉蟹斗”等鲜美的海味艺术品，而且还会品尝到各种传统的海鲜贝类精致的小炒；过去难以登上大雅之堂的“海红”、“波螺”等，在饭店厨师们的手下也跟着重新“精神”起来，用饭店一位全国特级厨师的话说，这叫“小海鲜，大吃法”。此外，饭店还包容了一部分大连人喜爱的粤菜、川菜，甚至还有他们从农家征集来的农家菜。

烧海参

泰华楼，你快回来

一个城市最经典的记忆，经常是从最经典的味道开始的。

说到大连老菜，不能不说红烧海参这道菜。红烧海参本来是一道典型高档的胶东鲁菜，大连人却在下意识中把它当成了自己城市的菜肴。这不奇怪，黄渤海本来就在大连和山东境内，海域的美味相似是必然的。而大连人把海参当成自己的菜也不奇怪，李时珍在《本草纲目·拾遗》中提到的天下第一滋补海珍品“奉天海参”，指的就是辽东半岛大连黄海沿岸的长海县和金州区一带的刺海参。任何一个外地人来到大连，如果问起大连有什么好吃的菜，热情好客的大连人一定会立即告诉他红烧海参。

海参菜做得好，历史上当然还得数福山人了。山东福山当时还有一个美称叫“烹饪之乡”，这也是福山厨师在全国受欢迎的原因之一。眼下在北京丰泽园饭庄作技术总监的王义均，就是福山人。1945年他来到北京，在北京著名的“八大楼”之一的致美楼饭庄学徒。1946年，经当时的北京名厨吴行官举荐，王义均师傅来到当时名师云集，以正宗鲁菜享誉京城的著名的丰泽园饭庄学徒，从此迈出了成为鲁菜大师的第一步。他不仅多次被点名指派为党和国家领导人主厨，还多次在国家政府的安排下到国外表演推广中国鲁菜厨艺。在海参烹饪方面尤其深得创新要领，被人称为中国“海参王”和当代中国鲁菜泰斗。他的拿手菜也是丰泽园饭庄的当家菜“葱烧海参”，他与师傅等人反复研究改进，使原来该菜普遍存在的色乌、汁稀、味薄、葱味不浓的情况从色、香、形诸方面有了质的飞跃，成为一个质地软润、色泽光亮、味道鲜美、葱香浓郁、食后盘内极少余汁的名菜，大受欢迎。

创办于1930年的丰泽园饭庄，葱烧海参做得最好，是北京当时最好的鲁菜名店，也是现在的北京名店；而创办于1923年的大连泰华楼，红烧海参做得最好，也有说是葱烧海参做得最好，是大连当时最好的鲁菜名店，现在早已不知去向，尽管近一两年前有人在甘井子促进路上开了一家泰华楼，与历史上的大连泰华楼相比，完全不在一个品位档次和文化意义上。

当代大连海参菜做得最好的人，首先当数大连浪琴酒楼的当家人戴书经大师了。他和国宴大师董长作是师兄弟，都是鲁菜大师于国桢的弟子。在大连的浪琴酒楼，他的弟子邓吉顺按照他的要求主理的大连海鲜菜，做的最为时尚上品，被餐饮界誉为“戴派海鲜”，尤其在海参菜方面的研究，可谓痴迷。戴书经不仅是中国十佳烹饪大师，还研究了50多种海参烹饪技法，其中“灯笼海参”在国内有着很高的知名度。

“海参菜应该在遵循传统做法的基础上，根据时代的需求有所创新，在色、香、味、形方面，满足人的饮食欲望。”戴书经大师总结了几十年做海参菜的心得。

我注意到，他的灯笼海参讲究咸鲜软糯，造型逼真，品质华贵，色彩分明；太极海参讲究形态神似，古色古香；桃花海参讲究浪漫造型，食味鲜美；玉扇海参讲究古朴典雅，造型美观。50多种海参的烹饪技法，在传统厨艺的基础上进行大胆创新想象。像桃花海参的五朵围边桃花，用的是改刀虾的中段下锅清炸成桃花状，如一幅生动的水彩画，在市场经济下人的美好欲望不断增加的今天，这道菜作为商务交流的美食能让人心情极为舒朗。

大连另一位海参菜做得最好的人，当然就是董长作大师了。

我曾品过不少大连酒店的海参菜，要么烹饪功夫不行，卖相很差，汤汁横流，要么口感不好，

泰华楼当年大厨郭世奎（右）

食材太差。大连宾馆烧的海参，永远透着贵族的气韵。

在大连棒棰岛国宴餐厅厨房，在谈到海参菜的颜色时，董长作大师说，有一些酒店厨师做葱烧海参或红烧海参，不大讲究色，黑了吧唧，像块臭油子，在盘子里放一会儿汤就全淌出来了，这是质量最差的海参菜。海参烹饪应该重红烧，用好酱油炒糖，这样才能熬出色泽鲜艳的海参来。不仅炒，煨海参时也要注意海参着色的均匀，这是因为海参各部位厚薄不同，所以要细心，才能整体红亮鲜艳，让人食欲变旺。另外，海参菜要想香气诱人，红烧时必须用好葱油。鲁菜泰斗王义均三个步骤的用葱法目前在国内效果是最好的，先用清油炸制好葱油（要尽量选用白嫩、多层的山东章丘大葱的葱白，烧到呈金黄色时捞出备用）；红烧海参时，用制好的葱油炝锅（开始要少放，可分三次放），在烧制时再将葱油加足（做到使味渗透至海参里部，又不剩油）；在海参装盘后，再淋入热葱油，并将炸好的葱段围点装

好。这样烹制出的海参菜，从厨房端到餐桌，葱香不断，浓烈诱人。海参的味道也很重要，味是菜的灵魂嘛。有些厨师做海参，都是用热水焯过后马上烧制。真正入味的烧制方法是，海参热水焯过后，再另起锅用入味清汤烧制，这样烧出的海参葱香味足，鲜味浓郁，让人吃了还想吃。

正说着，大连棒棰岛国宾馆烹饪大师、董大师的弟子庄欣文，将烧好的一份葱烧活海参端了上来。还没有放下，我就闻到了一股浓浓的葱香味道。

“海参卖相暗红鲜艳，白绿葱脖点缀盘式，匀汁造型宛若水墨，口味清、鲜、脆、嫩、纯。”我细品评论，有些失了规矩，“我觉得比上次咱俩在北京那个烹饪大师那儿吃的那道烧海参好多了，庄欣文的水平基本接近您老了。”

我指的是和董大师2010年5月去北京办事的某日。那天我们去北京看一位餐饮界的朋友。第二天朋友安排我们俩来到北京最火的一家餐饮店。这家店的烹饪大师和老总是中国鲁菜泰斗王义均的徒弟，美食理念很新，菜品讲究中餐入味的口感和眼球中的西餐艺术盘式，全国好多厨师长都坐着飞机去学。那天厨师上了一道烧辽参，我一直还记得，那道海参菜色有些重，不鲜亮，味道有些过咸。当然，整体菜品确是一流上乘新颖夺目。

“好海参菜，就应该是这个感觉。”董大师点头说，“曾经听师傅于国桢说，当年泰华楼的红烧海参是最棒的，没人能超越的，或许，就是现在北京丰泽园饭庄的档次和品位？”他好像是在问自己。

根据部分老人的回忆和有限资料分析，泰华楼的位置就在现在的大连日航饭店斜对面，黄土泥烧鸽子东边。史料记载，泰华楼在一家中国人开的广

泰华楼的古董煤雕鹰

泰华楼的盘子

泰华楼的古董煤雕鱼

生行化妆品商店东对面，而那家化妆品商店的西边就是现在的大连日航饭店。

鲁菜在中国北方红火，是因为它是传统四大菜系之首，并且鲁菜非常适应中国北方人的口味。丰泽园饭庄让当代人都记住了“海参王”王义均，泰华楼当年做红烧海参名气很大的鲁菜大师董仲田却被几代人淡忘了。有人说大连宾馆国宴大师董长作，是当年泰华楼鲁菜大师董仲田的家族后人。我问过董长作大师，他不置可否地笑笑。我多年前就知道他是一个十分低调的人，所以他越不口头承认我越是疑惑不停。无论怎样，不一样的人文历史环境，就会有不一样的文化历史结果，京城美食文化的蓬勃延续，让我们看到了大连美食文化的差距：不知存活了多少年的泰华楼如今能否真正回来了？

“东洋的女人西洋的楼，福山厨子的泰华楼。”这是后人对泰华楼的溢美之词。大连不少老人就讲过，当年大连街上最好的饭馆便是泰华楼。据《中国鲁菜文化》记载，泰华楼是一家真正意义上的福山鲁菜名店，店中福山籍贯的服务人员最多，人称“活算盘”的账房先生王建富，外号“钟老四”的当灶钟培欢和徒弟吴运祥，掌墩的赵作福、柳树勤、苏正汗、郭世奎、王有堂，大灶师傅董仲田，跑堂的张学增、宁慧芳、于德溥等，都是烟台福山籍人，这就是一群福山人在大连开的鲁菜酒楼，这样说毫不为过。

说泰华楼的红烧海参做得好，绝不是吹嘘，每天要发制上百斤的海参和玉

大连20世纪二三十年代前四大餐饮名楼之一泰华楼旧址，即眼下日航饭店对面的东斜处

兰片，现在大连的社会餐饮酒楼，除了宴会，一天能发制三五十斤海参就不错了。另外，泰华楼几乎每天都会有许多身份不同的耀眼人士来到这里，必点这道红烧海参。

我们曾经在日本电影中看过这样的镜头：一个电话，餐厅伙计就会骑着自行车把饭送来，那伙计骑自行车时可以一手端着餐盘，很是惊险潇洒。爷爷辈的长者看到这样送餐的镜头，就会说，那是日本人侵占大连时跟泰华楼的伙计学的。

遇上泰华楼大厨的后人是在2012年11月19日。

那天，我在大连彦年洗浴中心对面的傅家庄海鲜排档大酒店偶然巧遇相识了泰华楼当年菜墩大厨郭世奎的孙子郭庆。他听说我在寻找泰华楼资料，拉着我到他家看爷爷郭世奎当年留下的泰华楼纪念品：一只印有“泰华楼”字样有些锈迹斑点中间带“Y”字隔断的盘子，一只用煤做成的“跳鲤鱼”，还有其他几件坛坛罐罐，上面有一层尘土。郭庆说，这是泰华楼公私合营后，爷爷郭世奎回家时分到的几件安慰品。那些年爷爷在泰华楼做的“肉焖子”最有名，现在基本失传了。爷爷早年曾在韩国开过饭馆，回国后先回山东牟平老家从厨，后来

泰华楼郭世奎的孙子郭庆展示泰华楼的盘子

傅家庄海鲜排档大酒店为大连的不夜城工程增添了标志性的品牌色彩

到大连就进了泰华楼。经历过公私合营，说明泰华楼是在新中国成立后消失的。爷爷后来到了大连棉纺厂做食堂大厨，是在2012年8月去世的。到了郭庆这一辈，他没有传承爷爷在泰华楼的那些厨艺，而是开起了饭店。他的傅家庄海鲜大排档是大连历史上第一个海岸海鲜排档餐馆，后来升格为海鲜酒店，海鲜排档依然保留。在大连市政府的指导要求下，他的海鲜排档再次以海边浪漫的风格扩大，成为大连市不夜港工程五个海岸线海鲜排档第一个试验地，其中包括小傅家庄新建的海鲜大排档。

大连在解放前是殖民地，不受旧中国政府辖制，所以很多被通缉的革命人士大多把大连看作安全的中转站，泰华楼也成为他们聚会的场所。而另一批对立人物汪精卫、郑孝胥、蒋介石等人，也都是泰华楼大连海鲜的食客。汪精卫与郑孝胥，更是频繁美食于此。

当时的《盛京日报》曾经记载了这样一件事：1923年12月12日下午，汪精卫乘舟抵连，下午游览了当时的大连名胜后，晚上便约旧友金子雪斋、傅立鱼二氏同饮泰华楼。

金子雪斋、傅立鱼是大连《泰东日报》的泰斗，是当时大连文化界的风云人物；汪精卫恰年轻有为，正是春风得意之时。汪精卫见景思情，兮若变幻，梦境异然，瞬间竟有欧洲小城的恍若感，不免万分感慨。

在对红烧海参等大连菜赞美不绝时，汪精卫为这怡人的北方明珠留下一首《蝶恋花·大连晓望》：“客里登楼惊信美。雪色连空，初日还相媚。玉水含晖清见底，缟峰一一生霞绮。水绕山横仍一例。昔日荒邱，今日鲛人市。无限楼台朝霭里，风光不管人憔悴。”诗中的大连，浮现着动感的美丽，恰似海市蜃楼，让人联想遗憾不已。就像这已经消失太久的泰华楼，让不少有些见识的大连人禁不住发出深情地呼唤：泰华楼，你快回来！

大连宾馆，名人的酒店

有文化品位的人，吃住与休闲经常喜欢选择有厚重历史的环境。这样看来，大连一些新人拍婚纱照、结婚，大连一些有品位或是有钱的人请朋友吃饭，选择大连宾馆，就不足为奇了。这个历经风雨洗礼难掩辉煌的大连唯一的百年老店，虽然已显苍老气色，但很有皇家非凡气质的宴会大厅，地道鲜美的官府式海鲜菜，都让那些有品位的大连人惊羡不已。

如果用圆规把大连画一个圆，中山广场大连宾馆就是圆圈的轴心。

大连宾馆的前身，是日本人建造的大和旅馆。查阅资料我才惊讶地发现，从1907年至1945年，日本人设在当时满洲境内的南满铁路沿线城市、由满铁经营管理的高档连锁宾馆共有七处，都叫大和旅馆。这七处大和旅馆均由满铁株式会社运输部旅馆课管辖，多为军政要人的活动场所。除了大连四处外，其余分别是建于1903年的哈尔滨市南岗区红军街85号，现在的龙门大厦贵宾楼；建于1909年长春市人民大街2号，现在的春谊宾馆；建于1929年沈阳中山广场，现在的辽宁宾馆。

大连宾馆前身大和旅馆

大连的大和旅馆共有四处，数量最多。一处建在旅顺口，现为解放军驻军某部招待所，在今天的大连市旅顺口区文化街30号，建于1903年，建筑面积3796平方米。最初上层是沙俄殖民统治时期俄籍中国富商

大连宾馆前身大和旅馆旅顺其中分馆之一

纪风台的私宅，下层为商店。川岛芳子与蒙古王爷之子甘珠儿扎布曾在二楼举行过婚礼。1977年整修后，外部原有建筑风格现在已经消失殆尽，内部结构基本未变。另一处为旅顺大和旅馆黄金山分馆，建于1929年，几经周转后已被风雨侵蚀殆尽，保护状况不容乐观。第三处在星个浦游园，即今天的星海公园内，郑孝胥筹备建立“满洲国”期间曾在此下榻，现已不存在。第四处就是现在的大连宾馆。

大连宾馆位于大连市中山广场南侧4号，始建于1909年，竣工于1914年4月，是中山广场周边最为典型的欧洲巴洛克式建筑之一。现为全国重点文物保护单位，大连市首批重点保护建筑。1945年苏联红军进驻大连时临时改为苏联红军警备司令部，10月27日大连市政府在此成立，11月苏联红军警备司令部迁出，之后又更名为“全苏国际旅行社”。1950年，全苏国际旅行社被中方接收，1953年更名为“中国国际旅行社大连分社”。1956年9月，中国国际旅行社大连分社与宾馆分拆，从此开始启用“大连宾馆”这个名字。

自从意大利文艺复兴晚期著名建筑师和建筑理论家维尼奥拉设计了第一座巴洛克建筑——罗马耶稣会教堂，巴洛克建筑便在欧洲和世界流行起来。“巴洛克”一词的原意是畸形的珍珠，其特点是外形自由，追求动态，喜好富丽的装饰和雕刻与强烈的色彩，设计常用穿插交错的曲面和椭圆形空间。这种风格反对僵化的古典形式，追求自由奔放的格调，表达世俗情趣，对城市广场、园林艺术以至文学艺术都产生了深远的影响。可以说，由旅欧日本青年建筑设计师太田毅设计的大连宾馆，正是这样一座经典的巴洛克建筑，至今为世人美誉。

大连唯一百年餐饮住宿老店大连宾馆的巴洛克建筑风格

大连宾馆中心入口是一个绿色的长方形拱式雨棚，庄重典雅而又不失浪漫情调。每到雨天，站在棚内，感受着棚外细雨微风的吹拂，舒适凉爽间，一种莫名的温馨与淡淡的忧伤同时袭过全身，这是宾馆沉浮的历史在产生作用吗?

早年间，大连宾馆门前正对着大广场处，

立着一个黑色铜像，那是大连关东都督府大岛义昌的铜像。铜像立于1914年7月，表面上日本人是为了庆贺大岛义昌63岁的生日，实际上是为了宣扬殖民功绩。所以，那时中山广场也叫“大铜人广场”。伪满洲国总理郑孝胥曾来瞻仰异国主子的雕塑尊容。新中国成立后，“大铜人”随着中国人民解放的豪迈飓风永远刮向不知名的旮旯角落。

1914年至1945年，大和旅馆一直为日本殖民当局经营，是当时东北地区最奢华、最现代的高级宾馆。如今从细节上也能够看出它当年的奢华程度：当时宾馆的房间内就都有冷热水，2楼、3楼的房间有独立的卫生间，在宾馆的5楼室外平台上，还有一个顶楼庭园，客人可在此一边享受美食，一边将广场周围的景色尽收眼底。

大连宾馆上百年来一直是个名人政要聚会的酒店。新中国成立前，就有黄炎培、汪精卫、蒋介石、康有为、梅兰芳、胡适、孙科等要人在此下榻；新中国成立后，这里先后接待过周恩来、刘少奇、董必武、彭德怀、邓颖超、班禅额尔德尼·确吉坚赞、乔石、黑格、赫鲁晓夫、梅德韦杰夫、竹下登、布尔加宁、苏加诺、中曾根康弘、村山富市、加利等海内外政要。其中的208室至今保留了历史原貌，末代皇帝溥仪、孙中山的儿子孙科等人都曾在这个房间下榻过。而事实上最早的大连大和旅馆是建于俄国殖民统治时期、位于日本桥（今胜利桥）北的萨哈罗夫公馆，日俄战争后临时改为大和旅馆，直至中山广场大和旅馆建成为止。

名人政要经常相聚的地方，餐饮一定非常发达。大连宾馆从大和旅馆开始，餐饮也进入了鼎盛时期。那时候，大连宾馆就养成了菜要做精细、型要漂亮、味道要好的习惯，因为厨师常常要面对的是在历史与时代中地位显赫的不同人物。在渐渐的历史进程中，官府式海鲜菜便慢慢形成了，到了董长作大师这一代，他们都习惯地把这种官府海鲜菜叫做“首长菜”。

2011年秋天，我在大连宾馆一间办公室内看到一副花篮绶带，上书“祝母亲邵华七十一寿辰”，落款人为“儿子毛新宇”。

这个绶带是2009年10月31日晚，毛泽东的孙子毛新宇来大连宾馆时，附于花篮上的。邵华与大连宾馆结缘，那是因为她和毛岸青的婚礼就在此举行。“我想看一看父母当年结婚的地方。”毛新宇说。

大连宾馆工作人员告诉我，当时，毛岸青在南山宾馆疗养，而邵华住在八七疗养院内。经周恩来总理牵线，两人确立了恋爱关系。报经中央批准后，两人的婚礼由辽宁省政府及当时的旅大市政府负责操办，婚宴地点就在大连宾馆现在的友谊宫。

穿过大连宾馆的大堂，是由郭沫若题写匾额的迎宾厅，这原为入住客人的

毛岸青的婚礼曾在大连宾馆友谊宫举办

会客场所，现在主要是大连市领导会见贵宾的接待场所。

1960年“五一”劳动节前夕，毛岸青和邵华在大连宾馆举行了婚礼。当天，两人在此迎见亲朋好友，接受众人的祝贺。随后，37岁的毛岸青牵着22岁新娘邵华的手，走过一段10余米长的走廊，来到当时在东北一带极有名气的欧式宴会厅——现在的大连宾馆友谊宫。

婚礼由旅大市委第一书记主持，他即席发表了热情洋溢的讲话，祝两位新人：“相亲相爱同进步，比翼双飞共白头。”婚礼简朴而热烈。来宾每人分得一杯通化红葡萄酒，每个人的心头都充满了甜美的醉意。

“虽然过了100年，友谊宫的婚礼订单还是源源不断，新人这样喜欢友谊宫，不仅是因为这是几代名人政要汇聚的酒店，还和它的欧式结构设计以及实惠绿色的婚宴菜有关。”董长作大师一直这样认为。

“大连宾馆的菜除了造型美观外，更注重营养的搭配，做得更加细致，吃起来方便，吃相上满足文明优雅感。”董大师这样概括宾馆菜肴的特色。

因为名气太大，大连宾馆在1986年和1997年两次装修后，依然保持着古色古香的神韵，吸引了一批批中外游人的目光。除了宴请和住宿功能外，这里还成为了旅游观光和影视剧青睐的好地方。尊龙和陈冲主演的电影《末代皇帝》曾在这里取景拍摄，第二年就获得了奥斯卡9项大奖，谁沾了谁的光，还真不好说。

大连小吃的移民情结

移民小吃里的包容性

徜徉在熙熙攘攘的小吃街头，你恍惚间会发现，一本正经的大餐有时是那么拘束乏味缺少灵性，街头的小吃却充满了灵活自由的快感。于是，文雅地走出五星级酒店，扯开领带冲向城市小吃街，就成了现代人常见的一道风景。看起来，1500年前中国创造小吃的梁朝人将常馔与小吃分隔开来，作为两种进食品尝方式，在精神享受上是有道理的。

“你想移民吗？”

“你怎么知道？”

“看你在小吃摊儿上东西南北的风味狂吃，就知道了。”

“真逗。”

这当然是一个玩笑，不过细品品真有一些道理。

小吃的定位是指具有特定风格特别风味的特色食品，最早可以作为宴席间的点缀或者早点、夜宵的主要食品。世界各地的小吃各种各样，风味独特。小吃就地取材，能够突出反映当地的物质及社会生活风貌，是一个地区不可或缺的重要特色，更是离乡游子们对家乡思念的主要对象。现代人吃小吃通常不是为了吃饱，除了可以解馋以外，品尝异地风味小吃还可以借此了解当地的风土人情。小吃价格不高，一般人都可以品尝得起。世界上每一个地区的小吃，都能够透视出当地的人文特征。

“大连的小吃，移民色彩很浓。”

在天津街新的小吃街上，董长作大师指着长长的小吃摊儿让我看。

“你看啊，卖小海鲜的最多，大龙虾小龙虾也不少，带壳的占了七八成，新疆大串、蛋卷春卷、鱼肉小丸子、生吃海蛎子、铁板烤鱿鱼、炸海虾、龙抄手、担担面等等，南来北往的客人，都能喜欢这里，为什么？现在的大连人变杂了呗。”

董大师说的没错，眼下全国各省在大连做生意或工作的人成立的商会就数不清有多少个。

“其实大连是一个有1800多年历史的移民城市。”我跟上一句。

“是吗？”他疑惑地点点头。

许多人都知道大连是移民城市，主要是近一二百年山东人移民大连，这个说法是片面的。从《大连春秋移民史》中我发现，大连移民主要来自山东、河北、浙江沿海及东北地区，另外，银川、吉林、内蒙古、天津、福建、江苏、河南等人也不少，外国人最多的就是日本人、俄国人和朝鲜人了，算上改革开放的移民大连潮，共有8次。其中前7次，都是官方倡导或指令性移民。

大连第一次移民潮是在西汉汉武帝

时期公元前140—公元前86年，辽东半岛尚属偏远边陲之地，只有沿海平川少数居民过着渔猎农耕的生活，朝廷下令开发辽东，让人口稠密的齐鲁民众向辽东移民。

第二次是辽代以州县为建制，通过强制和掠夺战俘向大连地区移民10万多人，是大连移民史上人数最多的一次。这一次，有大批的渤海国（今吉林省）人被强移到大连，在今天的瓦房店、普兰店一带。1051年，辽国将侵略西夏（今银川）的大批俘虏移送到大连今天的甘井子、毛茔子一带。

大连农村地区有各种各样的“屯”，就是在第三次移民时产生的。元世祖忽必烈先后四次向金州复州派遣屯田军户，加之亲眷，达15万人之多。大连人特别喜欢吃烤羊肉串，烤牛肉，喝羊汤，想必与这忽必烈有一定的历史渊源。到了明朝初期，由于战争不断，大连人口不断减少，朝廷继续向大连地区以军屯的形式移民。

第四次移民潮是在清朝，朝野加大了向大连移民的力度，对移民贡献较大者，一律封官加爵，愿意来大连的民众全部编入旗籍，发给田地和种子。在优惠政策的招募下，移民的层次也越来越高。最能体现高层次移民的一次事件是在李鸿章“固边”防御辽东海上防线旅顺口。他亲自从威海、天津招募了一批

8次大移民造就了大连的移民小吃文化

大连许多名店就是从这些路摊小吃开始的

建筑能工巧匠、机械技术能手，来到旅顺修筑了30多个炮台，由清政府发放工资，创立了中国第一批工人阶级。他们的到来，也为大连今后经济的发展和素质的提高打下了坚实的基础。

到了第五次大连移民，移民的史书上却溅透了血泪的斑痕。19世纪末，沙俄抢占大连后，在大连青泥洼修建商港和扩建旅顺军港，为解决劳动力不足，他们从山东、河北骗招了23768人做苦力，其中还有1514的俄罗斯人。

第六次移民更是“苦瓜蘸着苦胆吃”，日本鬼子在大连实行了侵略性移民。从1914年日本人将19户日本农民移民到金州区大魏家镇稻香村开始，先后多次向大连移送日本市民，到1945年，在大连的日本人已达25万人。他们的目的，就是要把大连变成日本的另一个城市，偷抢盗贼的面孔，一目了然。1949年9月，大连市政府分了四批，才把这些日本侨民送回去。这期间，被移民的朝鲜人也有近万人。

新中国成立后的第七次大连移民，已经变成了国家有计划的移民。由于山东省重新规划建设，国家安排了一批山东人，共1500多户，移民来到大连，分别安置在金州区、瓦房店市和甘井子区的农村一带。而民国初期和三年灾害时期因生活所迫流落迁移到内蒙古和东三省一带的大连庄河人，在1969年基本返回了庄河和大连，在生活饮食习惯上也将东北和内蒙古风味带到了大连。

1987年以后，令世人刮目的中国改革开放开始了。这30年，大连已成为中国瞩目的沿海城市，自动来大连落户的国内各省市各民族的人和外国人骤然增多，成为大连离现实最近的一次移民，变成多种风味的大连美味小吃也在这个万花筒世界里不断地旋转飘香。

通过移民大潮你就会发现，大连的小吃原来是很少的，追溯到最早的战国时期，只有沿海平川少数居民过着的渔猎农耕生活来看，也就是一点有限的海鲜做成的小吃罢了。那时候，许多人类可以食用的海鲜品种还没有开发出来。正是这8次移民大潮，发展和丰富了大连的小吃文化。

天津街小吃一条街眼下格外耀眼：海鲜串烤散发着胶东人的美食信息，麻辣小龙虾描摹着南方人在大连成功烹饪的美丽画卷，盐烤沙蚬子告诉你大连小吃绝不是白给的，牛羊猪肉串串香将内蒙古和汉人风味完全融进了大连，川味盆盆螺张扬着四川人的傲慢，盐烤秋刀鱼让这日本风味彻底被大连人统治改良在舌尖前，炒米粉和小笼包在北方市场分羹简直明目张胆，煮毛豆和炸花生让东北人和山东人血脉基本相连，大连三鲜焖子上大雅之堂还得感谢山东兄弟，新疆大串满城飘香不知道该谢银川人还是新疆人……还有香喷喷的俄罗斯“大列巴”面包、香气浓郁的泰国咖喱饭、香甜精美的印度抛饼、干爽醇香的德国烤肠以及韩国鲜香的紫菜包饭……唉，写到这儿我的口水开始流淌了。

“你注意到没有，大连小吃和这移民的历史太有关联了。你在这些小吃中，都能看到移民的影子。你看，牛羊肉与内蒙古人和银川人有关，盐烤秋刀鱼有日本料理的影子，麻辣小龙虾是江浙四川的味道，三鲜焖子底子是山东风格，培根海鲜卷接近俄国菜风格，部分小笼包就是江浙的翻版。”

我没想到，董大师对大连小吃文化平日思考得如此精密。

“哪怕从一道小吃上，我觉得也能看到这种移民文化的影子。”我补充说，“比如铁板烤鱿鱼吧，铁板烧是在十五十六世纪时由西班牙船员所发明，他们在船上将鱼烤得皮香肉熟，这种烹调法，后来由西班牙人传到美洲大陆的墨西哥和美国加州一带，20世纪初由一位日裔美国人将这种铁板烧熟食烹调技术引进日本，加以改良，烧烤过程中加入盐、胡椒两种调味品，品的是食物的原始味道，成为今日的日式铁板烧。日式铁板烧主要烤品质好的牛羊肉和部分海鲜，大连人在街头把它做成了铁板烤鱿鱼，调味品除了盐、胡椒面外，还可根据食客要求，加上孜然或辣椒面，或刷上辣酱，怎么开心就怎么吃。成都记者把铁板烤鱿鱼说成是大连人发明的，也是有些道理的。从这道美食的烹饪过程中就能看出，这是一道完完全全的移民小吃。”说到这里，新鲜的鱿鱼烤熟后那种在嗞嗞作响中飘出的鲜嫩焦香刺激的味道，好像一下子进入我的嘴里。我赶紧咽了咽口水。

“你猜猜，小吃能让人痴迷到什么程度？”我给董大师卖了个关子。

他一摇头，我笑了。

我卖弄了一个书本上的故事。

曾任沭阳知县的清代大诗人和美食家袁枚，有一回在海州一位名士的酒宴桌上，看到一道用芙蓉花烹制的豆腐小吃，色若白雪，嫩像凉粉，香如菊花，细似凝脂，看了惹人眼馋，闻了直流口水。袁枚夹了一块，细细品味之后，离席径直前往豆腐店，向主人请教制法。店主是位年老赋闲在家的官吏，见这样一位名闻遐迩的大文人登门求教，就成心摆摆架子，开玩笑道："一技在身，赛过千金。这制法岂能轻易传人？"

见袁枚着急，店主一本正经地说："陶渊明当年不为五斗米折腰，请问你肯不肯为这豆腐而三折腰？"

袁枚是个爽快人，向来以不耻下问闻名。听了店主的话，不愠不怒，毕恭毕敬地向这位年长自己一倍的老人弯腰三鞠躬。店主见他居然俯首施礼，屈尊求教，一面歉疚地说："折杀我也，折杀我也。"一面赶忙频频答礼。然后，竹筒倒豆子——哗啦啦将制法全教给了他。

后人这样赞叹袁枚：陶渊明不为五斗米折腰，袁枚为一块豆腐低声下气。

"大连小吃就缺这样的文化。"董大师轻轻叹气，"梁实秋爱汤包爱得要发疯，张爱玲在美国多年一直怀念家乡的蛤蟆酥，农家窝窝头能让慈禧太后大惊小怪顶礼膜拜，江南盐商的私家糕点会叫乾隆拍案叫绝亲自起名云片糕，大连要是有这些，哪怕一小部分，该多好啊……"说着说着，他有些激动了。

我也为他有些感动了。我突然想到，大连曾经著名的小吃一条街普照街还能回来吗？

普照街，大连小吃印象

40岁以上的大连人，都知道穿行在天津街里面那条叫普照街的小吃街。因设在天津街内，大连人又情不自禁地把普照街的小吃街叫成了天津街小吃街。直到现在，一提到过去的大连小吃街，大家都会不约而同地回答是天津街小吃街。

大连的美食文化路程毕竟不长，什么年代大连有了小吃街无从考究。硬是推算的话，早年西岗区香炉礁的露天市场，应该有一条或几条小吃街。前面我们说过，后来大连许多餐饮名店名小吃，都是从那里开始，推着小车，或是挂着幌子，一路吆喝着走出来的。

大连的小吃，虽然自己没有传统的固土印记，但大迁移形成的移民文化，还是让这个几经磨难的沿海城市形成了自己的小吃文化。以近代形成的大连人饮食习惯为例，几次的山东人和东北人的历史结合，山东味和东北味混杂在一起最为鲜明。

大连老字号糯米香，是大连最早的一家国营老字号小吃，以经营炸元宵和小豆年糕等为主要品种。小时候就跟着老爸去吃过，圆若金珠香脆甜嫩的炸元宵、甜甜稠稠的红豆粥和香甜软糯的驴打滚，互相补充着朴实生活的甜美。炸元宵是论个卖，馅儿里是青红丝、芝麻和砂糖。红豆粥一直在锅里熬着，端上来还冒着热气，喝一口绵软黏稠，非常暖胃。火车站前附近这家老字号至少有半个世纪历史了，虽有点破旧但还在那儿低调地坚挺着。可能是大连人被它彻底征服了，不但没有关门，还开了分店。

与糯米香紧挨着，就是狗不理包子铺。狗不理包子是闻名全国的传统风味小吃，始创于公元1858年清朝咸丰年间，是中国灿烂饮食文化瑰宝，闻名遐迩的“天津三绝”食品之首。解放前后，狗不理包子被大连人引了进来，生意一直很好。

糯米香和狗不理包子是大连两家引进来的风味小吃，许多年过去，糯米香一直开得不错，我曾在西安路分店吃过一次，客流量还是蛮大的。而狗不理包子几经迁移后，几乎无声无息了。沧桑冷暖，世事难料，小吃的命运，与人类是多么相似啊。

20世纪80年代初，普照街的小吃街就成形了。几十年后，四五十岁以上的大连人总是时常会回忆起那条小吃街，年龄大一些的会说是普照街，小一些的会回答天津街。那条小街像一条弯曲的

现在的普照街已经没有了当年小吃的繁荣景象

彩蛇，在天津街密密麻麻的商店饭馆鞋铺茶肆中蜿蜒闪动。从九州华美达酒店身后开始，弯弯曲曲顺着友好路一直到友好广场附近，中间是一排比较整齐的焊接店铺，各家挂着招牌竖着幌子，吆五喝六的，尖声叫卖的，把热乎乎的食品编成小曲唱着卖的，市井的温馨，亲切的声音，妙不可言。两边是似乎数不尽的大小饭馆，冒着蒸汽，飘出的不同香味和小吃摊亭散发出来的鲜香气味，在人的鼻孔里钻来钻去，勾着你的馋魂忍不住一阵阵地咽嗓子。

小吃是一个城市的灵魂，时代无论怎样变化，小吃的记忆不会改变，与小吃相关的城市文化习俗会随着小吃的出现立刻浸透你的整个生命。有的人远离家乡几十年，偶尔在异国他乡的街头发现家乡城市一块小小熟悉的美食，闻到一种久久别离的味道，他都会感到万分激动。一个快要死去的人，他真正想吃的最后一道美餐一定是家乡的味道，哪怕仅仅是一碗小吃。小吃的解馋，解得是一种怀念之情与怀旧情绪。从这点上看，小吃在人生万象中存在的意义真该令人肃然起敬。

2011年夏天的一个星期六，我的几个在大连的小学同学找到我，说我既然是报社做美食的记者，一定让我请大家吃一顿。我爽快地说，吃什么你们选。公证处的于绍文和玩音乐的王秋年几乎异口同声，到天津街小吃街解解小时候的馋瘾。其他几位同学刷地一起举手，我悄悄摸摸兜子暗喜几分：兜里近千元小金库够他们撮撮了。

一路走着一路吃着，就在一个敞亮的餐厅坐下了。六个人还没怎么吃，300多元就甩出去了。油煎焖子、烤蚸头、煮海红、铁板烤鱿鱼、烤羊肉串、盐水煮蚬子等都点了，就是觉得价太高，量太少，味不地道，气氛不足。

“可能是我们老了，找不到当年的新鲜感觉了。”王秋年吸吮了一只田螺。

“现在东西多贵，价格高很正常，他们一天的摊位费听说就不少。”于绍文总是那么理智。

“现在的海鲜质量也不如从前了，有的地方还出现了污染，味道当然不如小时候吃的鲜了。”我们“抗大”小学的老班长舒茂生说。

“二嘎子”潘敬新一摆手：“No！大连海鲜在全国还是最好的，要不然，怎么那么多外地人外国人非要跑到大连吃一顿海鲜大餐呢？”

我们像小时那样围坐在一起，认真开始点菜，啤酒先上了两箱，各种海鲜小吃又点了一大堆。大连人在小吃街上吃海鲜就这个脾气，怎么豪爽舒服怎么来。

30年前，我才20岁出头，和眼前这几个调皮鬼来到普照街上的小吃街。那时候我刚参加工作，决定大大方方请他们到天津街撮一顿，攒下的20元钱在手里攥得死死的，就怕在挤公共汽车（今公交车）时丢了。

可能是生活在还不富裕年代的原因吧，那时候一闻到香味就觉得浑身有馋虫在动，一看见海鲜就想着有瓶啤酒该多好。那时没人知道喝啤酒吃海鲜容易得痛风症，更没有多少人知道痛风症是什么东西。不过那时候我家有位老中医邻居张崇绪说过的一句话，至今我都深信不疑：人的大部分疾病百分之九十以上都是遗传基因带来的，一个没有某种疾病史的家族正常情况下后人也不会轻易患上这种疾病。回想自己喝了30年啤酒吃了30年海鲜也没有患上痛风症，我更坚信邻居老中医的话有科学依据。我又联想到，小吃的遗传基因何尝不是这样?

不服不行，普照街小吃虽然没有上海城隍庙小吃那么大器华丽，那味道还是一流的，大豆油煎炒烹炸的油香，鱼虾蚬蟹各种海鲜连煮带炒的鲜香，诱人的热闹程度丝毫不亚于城隍庙小吃。

那条街上的焖子，当年还没有三鲜的，基本就是山东人的做法，在平底锅上淋上豆油，把一块一块用铲子捣碎的凝固水淀粉焖子放上去，开始油煎。一直煎到焖子金黄色，用小勺撒上蒜泥芝麻酱，辛香醇厚的口感，颇有几分刺激。如果你的嘴甜一点，大叔大婶多叫几声，有热心的摊主就会为你拿来一两个煮熟剥好的鲜虾仁，放到你手里盛焖子的塑料小碗上，浇上调味料，焖子的油香和虾仁的鲜香都有了，并不多收你一分钱。那时的焖子，才三毛钱一碗啊。在模糊的记忆中，我一直认为，普照街小吃这种情感式加虾仁的油煎焖子，才是大连三鲜焖子的起源。而双盛园饭店烹制三鲜焖子，时间已经推后了。

煎饼果子是普照街小吃的又一大景观。它属于天津风味小吃，但由山东人发明，最早就是一张山东大煎饼卷上一根油条和大葱而已。发展成现在的煎饼果子，小吃摊点随处可见，而在普照街小吃的当时，还是挺稀罕的。还有一种说法，有位姓徐的山东人，民国时期来到沈阳找生活，准备靠煎饼卷大葱闯天下。一到沈阳他就傻了，满街都是卖煎饼卷大葱的老乡。苦思冥想了好几天，他从身边一个人用买回的煎饼卷着鸡蛋饼抹上大酱吃的细节中受到启发，尝试起这煎饼果子的制作方法来。几次尝试他发现，煎饼果子的酱料特别重要，咸淡全凭摊主个人的口味并不能满足所有的人。于是他把功夫都用在了酱料研制上，主要是辣酱和豆瓣酱，豆瓣酱是东北黄豆酱和花椒、大料等十多种天然香辛料一起熬煮出来的。辣酱是选用从四川当地运来的最新鲜的朝天椒，配盐、糖、蒜等调料精心熬制。煎饼所用的面粉，是按一定比例在上等麦子粉中掺入绿豆玉米等面粉，配上卷心菜，尽量平衡营养的丰富性。这一下子生意活火了，山东伙计们都来向他讨教。这煎饼果子随后被他的家人传到了大连。煎饼果子做法真挺简单，烧热的铁板刷上油，把搅拌好的面糊倒进去，摊熟后把鸡蛋打在饼上抹匀，抹上酱料，铺上生菜叶，把青椒丝撒上去，把饼盛出来一卷，就是煎饼果子啦！“煎饼果子来一套！鸡蛋面糊酱料好！辣椒腐乳小葱花！金黄喷香好味道！”这是当年普照街卖煎饼果子小伙子的号子，不知这人是否煎饼果子徐的传人。我记得小伙子人很活泛，备的小料有七八种，你想加辣椒加葱花加腐乳他都给你立马甩上去。那带着香气的煎饼果子递到你面前，牙一咬，面皮又焦又脆，蛋饼浓香鲜爽，直到现在，大连人还是百吃不厌。你猜当时多少钱一个？一毛钱！

油条泡豆腐脑，那就是人见人爱的主儿。那豆腐脑真叫绝啊，细腻白净，不老不嫩，舀一小勺，晶莹剔透，颤颤盈盈的，好让人心动啊。还有那羹汤，暗红鲜亮，加上点海蛎子、碎肉丁、碎木耳、韭菜花之类，咸淡相宜，味道浓郁，吃一碗根本不够，就再叫一碗。

据说，这么好的豆腐脑，是在1935年到1947年，金州区刘文荣的哥哥琢磨做出来的。他重点利用了大连海味资源，将豆腐脑羹制成两种羹汤，蛎子羹和鱼子羹，讨了不少人的欢心。后来哥哥去世了，刘文荣接过担子继续卖豆腐脑，大家都喊他“刘豆腐脑”。有人说上世纪50年代刘文荣去世后，刘豆腐脑就失传了。我却至今还记得在普照街的小吃摊儿上，有一个铺子上挂出的幌子就叫“刘豆腐脑”，真假难于考究，不过那豆腐脑做得确实让人心动。而时下豆腐脑的酱料除了韭菜花外，我从未见过那两种羹。

普照街小吃那会儿，还没有大量出现烤鱿鱼，而是非常流行烤鱿鱼须子。店铺的主人把鱿鱼的须子剪下来，用竹签穿成一串儿，在铁丝网上烧烤，六成熟时刷上辣酱，接着来回翻烤，香香鲜辣的味道，有咬头的口感，再喝上一口啤酒，不爽死才怪。

生吃海蛎子是一道应该在海边吃的小吃，去海边前，必须带上刚烀好的饼子，饼子最好带金黄色的饹儿，包在毛巾里还热乎乎的。用铁挠子撬开成堆而死死地吸在礁石上的海蛎子盖儿，鲜得往外流着汤儿的银灰色海蛎子，水汪汪颤巍巍地呈现在你的眼前。这时你把带着暖暖温度的饼子拿出来，咬两口，嘘溜嘘溜赶紧再把海蛎子连汤带肉放进嘴里——带点咸味的那个鲜度呀，瞬间鲜透了全身，不喝酒都有些醉了。香喷喷的饼子就着鲜咸的海蛎子肉，别提多爽了。每次这样吃海蛎子，我就会想起中国写海很棒的大连小说家邓刚一篇小说里描写赶海女孩的场面：“蟹儿肥呦虾儿鲜，赶海的姑娘腚朝天！”后来，这么有现场气氛的好小吃也拿到普照街小吃摊儿卖了，和在海边吃起来相比，美妙的感觉差了一大半。不过，解馋也够用了。

海菜包子不光成年人爱吃，年轻人

也爱吃。在过去很长的时间里，人们的知识面窄，不知道那些海菜还可以做包子吃。上世纪八九十年代开始，吃海菜包子悄悄流行开来。做包子的海菜种类繁多，大连人最喜欢用海菜里的海麻线菜做包子，海麻线菜不仅味道鲜美，而且口感细滑，易于消化。海菜都喜大油大蒜，所以大连人除用足食用油外，多放一些肉丁和大蒜片配馅，油香裹着鲜美的味道令人好不惬意。

辣炒蚬子是大连人今天都爱吃的一道风味菜。当这道菜有一天上了四五星级酒店的席面上，是一些人想不到的。业内专家对这道海鲜菜从来不屑一顾，可它在大连人如今的大小餐桌上如此有名使你又不能忽略它的存在。它属于选材广泛的小海鲜，成本低，有很美的鲜咸辣口感，各种层次的人都喜欢吃。据说，它是一道渔家海边的风味小炒，早先出现在普照街的小吃街上，卖得太好，就被一些路边小饭店引了进去，又在一些大的酒店餐馆成了家常菜，点这道菜的客人太多了。

或许普照街那条小吃街永远不再回来，留在我记忆深处的大连小吃味道却永远让我记住了普照街。

三鲜焖子的小题大做

有价值的东西不在大小，而在于它能为人类做的贡献究竟有多大。你也许不会想到，羊肉泡馍和广式月饼会被纳入国家级非物质文化遗产名录吧？

记得小时候，街边的焖子铺生意很火，随便搭个棚子，几张简陋的桌子，几个破旧的板凳儿，一口黑漆的大锅。大而厚的铁锅煎得焖子外焦里嫩，格外香味扑鼻。不像现在电饼铛一打开，全部解决问题。那时凳子总是坐满了人，路过的人总会停下脚步，来上一碟儿，即使客满没座站着吃，也流露出惬意的满足。花上几毛钱就是满满一碟，淋上蒜泥、酱油、芝麻酱，胜过山珍海味，一小碟焖子总会让孩子们欢呼雀跃。

大连焖子源于烟台焖子小吃这是不争的事实，大连人近年在焖子的研发方面情景似大有超过烟台的架势。虽说大连焖子和烟台一样并没有形成期待中的产业链系统化，但满街随处可见的焖子店超过今天的烟台可是真正的事实。我一直认为，焖子那么好吃，完全有做成产业链的可能，只要有人细心研究它，挖掘它的潜在巨大市场。在美食行业，能创造喜人经济效益的真不一定是那些流芳千古的美宴大餐，有时候就是一块

三鲜焖子

小小的小吃食品。

月饼是中国最被认可的小吃之一。南宋吴自牧的《梦粱录》一书，已有“月饼”小吃一词的记载。月饼发展到现在，是个什么样子，我告诉你一件你想不到的事情。

大连有家老牌五星级酒店，叫富丽华大酒店。2011年中秋节前一个月，这家酒店手工制作的月饼卖了近3000万元。我曾为这个数字在网上搜过，全国的五星级酒店基本没有这种现象。一块小小的月饼，创造几千万元的效益，估计在世界上也是少见的。我不否认这里有富丽华大酒店鼎力成功打造亚洲十佳酒店带来的品牌效应，我只是想告诉你有价值的东西真的不在大小，就像富丽华这块月饼，就像大连人喜欢的三鲜焖子。

焖子的传说，印证了山东烟台的鼻祖地位。相传一百多年前，有门氏两兄弟来烟台晒粉条，有一次刚将粉胚作好，遇上了连阴天，粉条晒不成，面胚要酸坏，情急之下，门氏兄弟将乡亲们请来用油煎粉胚，加蒜拌着吃，乡亲们吃后异口同声说好吃，有风味。于是便帮门氏兄弟支锅立灶煎粉胚卖，人们都说好吃，但问此食品叫什么名，谁也说不出。其中一位智者认为，此等美味既然是门氏兄弟所创，又用油煎焖，就随口说就叫“焖子”吧。烟台地区小吃用凉粉做原料，将凉粉切成小块，用锅煎到凉粉外边成焦状，并佐以虾油、芝麻酱、蒜汁等调料上桌即可，味道类似北京煎灌肠。

焖子与大连这座城市几乎同时诞生。山东人闯关东来到大连，在大连周边地区广种爱吃的高产地瓜，加工成淀粉，除了做粉皮以外，就是掺上水，揉成团，切成许多啤酒瓶盖那么大的方块，放在平底的油锅上煎烙，做出的焖子，外焦内嫩，盛在碗里，加进佐料，很合大连人的口味。焖子属于雅俗共赏的风味小吃，最喜欢光顾的是女人和小孩。现在吃焖子基本上都用方便筷子夹，而多年前，大连人是用自己"窝"成的细铁丝去叉，叉起来的焖子和夹起来的焖子吃起来感觉就是不一样。

"大连三鲜焖子真好吃。"如今外地人来大连，一般都会这样说。在他们的潜意识里，提到焖子就会想到大连的三鲜焖子。大连三鲜焖子，已经在当代许多国人心里打上了不可磨灭的城市烙印。

大连街头的焖子，目前一般有两种：一种是传统的烟台式焖子，一种就是大连人创新的三鲜焖子。

传统焖子的做法是先繁后简，重点在于凉粉的熬制——将地瓜淀粉和水以一定比例放入锅内，中火慢熬，同时不停搅拌，以防止糊底或粘锅。待熬成青绿色、半透明的半固体状态时熄火，迅速倒入方形容器中，使之冷却凝成固态。凉粉做得好不好，直接决定了焖子的口感，好的凉粉柔滑而有弹性，刀切或油煎皆不易碎，入口鲜嫩且有嚼劲，反之则易碎、口感差。

接下来是煎凉粉。锅内放少许油，小火加热，放入切成小块的凉粉，用筷子翻动着将之煎至表皮焦黄，放入盘中备用。最后是凉拌，需要用到的调料主要有三种：蒜泥、麻汁、鱼汤（或鱼油、鱼露）等。调料的讲究颇多：蒜泥一定是要在蒜臼里捣碎的，切碎的则不能完全释放出其鲜辣之味；麻汁最好是小磨磨出来的，可以加水将之调制得比较稀；鱼汤或鱼油则是提味的关键之所在，这种沿海地区所特有的海鲜汤汁，其味道之鲜美是味精等佐料不可比拟的。将以上材料淋在煎好的凉粉上，拌匀几下，一盘香辣、滑嫩、鲜美的焖子就可以上桌了。

大连三鲜焖子在传统焖子的基础上，增加了高档海鲜食用的营养价值。把绿豆淀粉加水搅匀倒入锅内，边加热边搅锅，开锅后稍停起锅。将起锅的凉粉倒入皿器内晾凉，取出后，焖子切成长方形的丁。然后将25克海参切片，50克虾仁片开，50克螺片下开水焯透备用。焖子在平底锅淋油煎好盛入盘中备用，起锅加底油、烹锅加调料，将海参、虾仁、螺片"三鲜"入锅炒好，盖放在焖子上，再淋上精心调制好的蒜泥、芝麻汁和鱼露汤汁。传统凉粉粉块的爽滑和"三鲜"海鲜的鲜香融合在一起，滋味别样舒爽。

"三鲜焖子煎的时候一定要注意油少，煎出饹来，没有饹，吃起来就没有意思了。"

在大连解放广场一家焖子铺，我和董长作大师在品尝一个老太太的焖子手艺。他毫无保留地把好吃焖子的秘诀告诉我。

"三鲜焖子作为风味小吃，突出的是山东地瓜粉和大连海鲜元素，文化色彩很浓，做好了，也可以登大雅之堂。有不少五星级酒店也在做三鲜焖子，包括北京的大酒店，制作方法已经和烹制一道菜肴没有什么区别了，小吃变成了名菜，市场的潜力也显现出来了。”他迟疑了一下，“不过，有些酒店做的焖子已经不是原来的煎焖子味了，改成了下锅七成热油烹炸，炸出的焖子和煎出的焖子味道是不一样的，感觉都变了，我是不提倡的。我觉得，一个小吃的风味是不能改变的，它本身包含了这个地区很多社会附加的东西，你改变了它的风味，这些社会附加品就都不存在了。”

“你觉得酒店做三鲜焖子是小题大做？”

“从市场发展来看，三鲜焖子小题大做是必要的，大家喜欢，市场需要，存在就是合理的。但是应该在继承发扬的基础上，创新这道菜。”

大连有不少菜肴都存在这个现象。我想起了去一些酒店吃饭碰到的菜，比如糖醋鱼应该浇的是用醋和糖烹制好的酸甜汁，有的酒店厨师把那现成的番茄汁往炸好的鱼身上一扣完事大吉。

咸鱼饼子翻身

每年夏天，是国宴大师董长作最繁忙的日子，这个时节大连的外交接待工作也最为频繁，从上世纪80年代后期就开始为首长或贵宾服务的他自然也到了忙碌的时刻，几十年来，那些首长或贵宾喜欢吃什么菜好什么口味都在他的心里。即使这样，他也会抽出几天时间，带上棒棰岛国宾馆的徒弟庄欣文，专程赶到小平岛海边，找到日丰园饭店的厨娘孙杰两口子，去海边等那渔船回来，选上最好的大小黄花鱼，用海水洗净处理好，在阳光的背阴处，半干半软地晾干。这个季节，正逢黄花鱼产卵期，鱼儿们喜欢成群结队地往离岸近的地方靠，寻找比较温暖的地方。

落叶知秋的时节，又到了偏口鱼带着厚子肥美亮相的日子。董大师又会带着徒弟来到海边，选出一批规格一般大的偏口鱼，还是用海水洗干净晾干，再用剪子剪掉头部，留着做咸鱼饼子用。

鲇鱼和海鳗，也是大连人做咸鱼饼子的好食材。鲇鱼和鳗鱼生性好斗，在海洋的恶劣生存环境中经常处于剑拔弩张的状态，所以肉紧、匀厚、鲜醇。鳗鱼在江河与大海中巡回生存，有一种能逆流而上的能力，肉质更加匀紧结实。做成的咸鱼煎烤后，鱼身上能烤出一种又香又鲜的粘油，沾在嘴边特别过瘾。

大连人的咸鱼饼子真正就是这四种鱼。靠着海风晾成半干半软的咸鱼，肉质鲜嫩，鲜度匀厚，口感匀糯，这么多年来一直很合大连人的胃口。有人试着用大棒鱼和黄鱼做咸鱼，肉体块状较多，晾晒时盐分的鲜度效果不及黄花鱼和偏口鱼，就放弃了。你偶尔在酒店见到这两种咸鱼，都是在八九成的油温里炸出来的，和煎烤的感觉大相径庭。

沿海的渔民，有流行吃咸鱼饼子的习俗。早期渔民以捕鱼为生，为了早点靠岸卖出海货，渔民必须早早出海，捕捞作业时，必然会赶上在船上吃饭。为了省事方便，不耽误捕捞，他们就会把打上来的鱼用盐轻撸一遍，扔到甲板上任海风晾干蒸熟，配上玉米面饼子吃。后来，沿海的居民在冬季新鲜蔬菜少、只有白菜萝卜调剂菜肴的情况下，学着船上人做咸鱼的方法，把那经济实惠随处可买吃起来感觉很好的黄花鱼、偏口鱼、鲇鱼、海鳗等鱼类买回家，作为家庭主妇打理冬季菜肴的首选，咸鱼和玉米面饼子成为最佳组合。新鲜的海鱼，在海边晾干，烤得外焦里嫩，和香喷喷的玉米面饼子一起下肚，饼子焦、脆、香，咸鱼鲜、嫩、咸，恐怕满汉全席也难敌其独特的风味。

咸鱼饼子

咸鱼饼子最早是在大连小吃街的铺子里卖的，在普照街的小吃街上我就曾经品尝过，一般是鲇鱼和偏口鱼，或用盐轻轻撸过，或是用海水泡洗过后在海边晾干，在火上翻烤熟了，连同烤好的小玉米面饼子一块端上来，几块钱一份记不清了，反正很便宜的。

咸鱼饼子能在大连成为一道名菜，登上国内多家五星级酒店或豪华社会餐饮大雅之堂，真的感谢一位老太太——双盛园饭店的黄淑卿大妈。别小看了这位老太太，她开饭店生意最好的那些年，用大量的钱财和物品，资助了那么多贫困的人，在大连人中一直传为美谈。

上世纪80年代，黄大妈在中山区老派出所旁开了一家大连家常菜馆——双盛园饭店。黄大妈是甘井子区牧城驿人，后来我才知道，那地方的人靠海吃海的历史有上千年，最早能追溯到辽代时甘井子地区一下子增加到几万外来人形成的饮食习惯。

开一间大连海鲜家常菜，是黄大妈的夙愿。她从普照街的小吃街上看到了双盛园的前景——大连人喜欢海鲜有如此漫长的历史，是任何菜系不会轻易取代的。老百姓一下班，必须到市场买一些蚬子蛏子蟹子虾爬子小海螺偏口鱼什么的，回家原汤一煮，或者用偏口鱼小黄花鱼来道家焖，到小店换几瓶棒棰岛啤酒，这就是大连普通人最美的晚餐，也是大连一幅最美的市井素描。小吃街上的油煎焖子咸鱼饼子那么“下货”，把它移到饭店再配上其他海鲜，来两箱棒棰岛啤酒在脚下蹬着，不是更洒脱吗？

一个不一定十分准确的说法就这样既成了事实：三鲜焖子和咸鱼饼子是大连双盛园饭店发明的。这两道菜其实在山东烟台早已经不新鲜了，在大连酒店饭馆的餐桌上却成了宝贝。大连人就是有这样一种能耐：外来的东西只要适合自己，就会把它做得品质更好品牌更响，直到大家都认可这是大连的东西。

“咸鱼翻身”这个词源于香港，原来叫“咸鱼翻生”，“翻生”是粤语，意为起死回生，有人把它当成贬义词，现在它已经成了中性词或褒义词。不管怎样，大连的咸鱼饼子真的翻了个身，成了京城一些大酒店离不开的小吃大菜。这道小吃至今在京城也有不少粉丝，可能是双盛园饭店十几年前把大连

大连一些海鲜市场晒咸鱼的情景

这些海鲜家常菜推向北京市场的缘故。当然，在东北一些城市菜馆，这些菜的出现就更习以为常了。

可惜的是，大连曾经在全国那么叫响的双盛园饭店，今天只剩下了寥寥一两家，越显萎缩。我问过一些人，都说不知道为什么。

这30年来，我吃到最好的一次咸鱼饼子，是在棒棰岛国宾馆。那是2009年的夏天，一位从日本归来的朋友在棒棰岛国宾馆请客，把我也喊了去。那包间很美，都是紫檀或红木的餐桌椅子和象征性家具，窗外是蔚蓝的大海和一片草绿的树木与草坪。菜是董长作大师的徒弟庄欣文和石远及厨房小哥们亲自做的。除了庄欣文，石远的“首长菜”做的也很地道，后来他当了棒棰岛宾馆副总经理，开始“从政”，离厨艺渐行渐远。

那天除了大小贵贱的海鲜外，就是那道勾人馋魂儿的咸鱼饼子。那盘咸鱼是十条，是标准巴掌大的带子偏口鱼，鱼头斜剪了去，鱼子鼓鼓的，鱼肉厚实实的，用筷子夹起来放在嘴边，煎烤的香味丝丝渗进鼻孔。咬下一块，咸鲜喷香，那饼子是玉米面和少量豆面掺在一起用铁锅糊出来的，掌心那么大，都带着金黄色的饹儿。一口咸鱼，一口饼子，再喝一口玉米大楂子粥，浓浓的鲜香和焦香在楂子粥里均匀地稀释着，顺溜溜地细淌进胃里，舒服极了。我终于明白，咸鱼饼子登堂入室太应该了。

“好的咸鱼，应该是海水洗干净泡过，通过自然的海风，在海滩阴凉处晾干的。这样的咸鱼，味道来自真正的大海，也是最健康的美食。”小庄子（庄欣文）向我介绍。他不赞成用盐撸，说那样会失去了原味的风格。“有些人善于用盐撸，那是为了省吃俭用，存放时间长，或者就是为了当咸菜吃，那就太可惜了。”

董大师向他伸出拇指。

庄欣文红了脸笑着低下头。从这个表情中，你可能猜不到这是一位年轻的以做“首长菜”见长的烹饪大师。

“大连有咸鱼饼子。”

听了游客的评价，董大师认为那是大连人把咸鱼饼子真正当盘菜去做了。

主持人起名鞋底蛎子

有关牡蛎的文化印象，是从《我的叔叔于勒》那篇小说开始的。之前我只是知道，大连人叫做海蛎子的牡蛎真就那么好吃。

欧洲人很怪，不认营养价值很高的海参，却都对生蚝（牡蛎）表现出少有的疯狂。法国画家让·弗朗索瓦·特鲁瓦在1734年创作的那幅惊艳世界的《牡蛎宴》，画面上男男女女的贵族达人痴醉迷乱地狂吃牡蛎的宏大场面，至今想起来心还在怦怦直跳。仅仅一只海蛎子，至于把人变成这样吗？大家都知道，法国人喜吃生蚝在世界是出了名的，滨海夏朗德省每年的生蚝消费十分惊人，连开生蚝壳的去壳员都有了。其实，欧美很多国家的人都在生蚝面前变成了疯子。欧美人多少年来都认为生蚝有性功能，古希腊古罗马的祭神狂欢，生蚝便是主食，所食用的多为告彻斯特地区的牡蛎。英王亨利六世认为“蚝比鸡肉好吃”，百食不厌。我老是觉得，法国人狂吃生蚝，和那些显赫政要骇世文人有关。你看，法国军事家拿破仑上战场前必吃数打生蚝。法国大作家伏尔泰、卢梭等对生蚝大快朵颐之余，均提文作诗讴歌生蚝鲜美“有益健康”。拿破仑的大将朱诺元帅，每天以三百只生蚝当早餐。1798年，一位法国内阁大臣有一次一口气在一个钟头内吃了三十二打生蚝。19世纪末期，纽约的“蚝吧”街可谓灯火通亮，亮着红灯的门里则灯光黯淡，顾客与多为娼妓的女伴在用帷幕围起的小包厢内食蚝谈情。日本人则把它称作“根之源”。不管生蚝营养价值高下，蚝与性结下了不解之缘。

英国作家斯威夫特也是一位蚝迷，他曾为街边卖蚝贩子写过一首诗《蚝》：

牡蛎多迷人我大叫
我的官人，来买吧

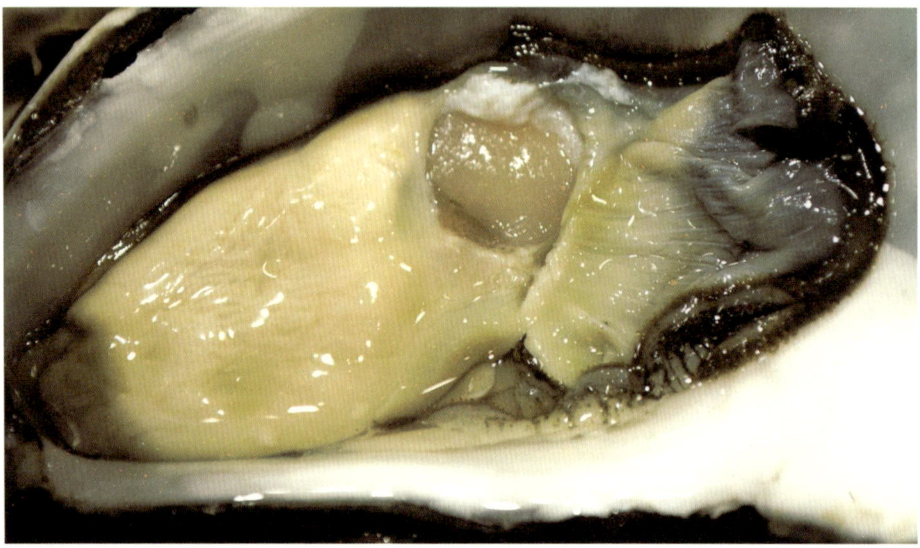

这么肥的海蛎子能不馋人吗？

看多丰满多新鲜
比告彻斯特牡蛎
还要鲜美还要甜润
它们健脾壮阳
使你精神抖擞
助你开枝散叶传宗接代
满足你的娘子
不管她不孕不嫩
不贞不淑
一吃了我的牡蛎
躺在她身旁
她不但变得好生养
你亦不用再怕她。

这首诗，足以让你明白欧美人的牡蛎文化了。

据沿海考古发现，我们的祖先早在新石器时代，就懂得采食牡蛎。在汉代之前，已有在海滩插竿养牡蛎的记述，是世界上第一个养殖牡蛎的国家。我国古代第一部有实用科学意义的书《天工开物》，就讲到了牡蛎，称壳蛎为“蛎房”，牡蛎肉为“蛎黄”。大连人至今把海蛎子肉叫蛎黄，炸蛎黄这道海鲜菜在各家酒店现在卖得依然很好。不过，《本草纲目》把海蛎子肉叫做“蚝房”：“蚝房治虚损……滑皮肤”。牡蛎作为壮阳食物在我国也是由来已久，从《神农本草经》到《本草纲目》都有记载，牡蛎体内含有大量制造精子所不可缺少的精氨酸与微量元素亚铅。精氨酸是制造精子的主要成分，亚铅促进荷尔蒙的分泌。牡蛎很奇特，只有雄性，没有雌性，“牡”字在古代是公马的意思，因此得名牡蛎。牡蛎补肾壮阳的作用，连名字都有说服力。牡蛎中丰富的牛黄酸有明显的保肝利胆作用，所以现代人叫它“海洋牛奶”。钙、铁、锌、铜、蛋白质等太多的营养构成，就不用说了。

外地人把大连话称作“海蛎子味”，实际就是四不像的集合体：来大连最多的山东人决定了大连的语言基调以胶东味为主，当地辽南俚语又施加了一些影响，再努力着向普通话靠拢。把大连话说成“海蛎子味”，肯定是一个不喜欢大连话特色又吃不惯大连海蛎子的人。“海蛎子味”的大连话，体现着浓厚的移民融合色彩。

大连人讲：“凉水蛎子热水蛤”，当天气一天比一天寒冷，海蛎子也一天比一天肥美。秋冬季节，正是大连人饕餮海蛎子大餐的时刻！这个时节的海蛎子，正在备战过冬，努力囤积身体内的养分和油脂，把自己养得丰满肥腴，正好给人们大饱口福。

据专家说，大连湾牡蛎是大连最好的海蛎子。

八九岁时的一天，我把妈妈烀得热乎乎带金黄馇儿的玉米面饼子，用毛巾裹紧紧夹在腋下，跟着大人去海边赶海蛎子。小北风嗖嗖刀剐似的吹在脸上，没人叫疼。一拨人撅着屁股站在退潮的海水里挖着蚬子和蛏子，另一拨人就到礁石上刨海蛎子。我们高兴地用带锤头的铁挠子将礁石上的蛎头一个个撬开，把那鲜流流的蛎黄直接放到嘴里，咬着饼子吃。原味的海蛎子肉，微甜微腥浓鲜且爽滑。

后来念中学时，听说有了辣根这东西，酒店的人都蘸着它吃，我们就买了一管这小玩意，再去海边吃，用铁挠子尖对准海蛎子的两张壳中间钻进去，上下一撬，海蛎子的壳就分开了。海蛎子肉蘸着足够浓度的辣根，刚一入口，辣根的冲劲儿便会立马侵袭五官，眼泪都炝了出来，一直爽到脚后跟儿。

工作后，我经常到市场买回海蛎子肉，在电饼铛上用油煎着吃，中等火候，直到把海蛎子煎出黄烙，口味焦香焦鲜。

再就是吃烤海蛎子，和铁板烧的吃法等同。把带壳的海蛎子放在电炉子上烤，等到海蛎子张口的时候，把切成片的大蒜塞进去，放一些辣椒酱，再烤几下，随着"啪啪"的声音，海蛎子都张开了口，一股鲜美的热气升腾起来。把海蛎子的汤慢慢吸进嘴里，再把海蛎子肉塞到嘴里，天下最美的滋味尽在于此。

当代人对海产品有着奇特而肆虐的爱好，野生海蛎子也在不断减少。随着养殖海蛎子的增加，人们更加怀念当年大片大片的野生海蛎子。市场上有一些大大的海蛎子肉，据说是用什么东西泡出来的，看着诱人，鲜味极差。

如果你在城市某一墙根市场某一角落，看到蹲在那儿的老头或老太太的铝盆里，盛着一碗碗拇指大的海蛎子肉时，你就撞上好运了，这是真正的大连湾野生海蛎子。别看蛎子肉少，但很鲜很浓，蘸辣根生吃或下面条做卤子，再鲜美不过了。

当然，大部分体积较大的海蛎子肉还是经得起推敲的，海毕竟是广大宽阔的，不安分养殖牡蛎的人毕竟是少的。一个长期蹲在市场卖海蛎子的人，更需要大家对他的信任。要不然，他的海蛎子还怎么卖下去?

大连有一种海蛎子，在冷水里生长的时间比一般海域长，海蛎子的营养元素比许多国家和地区的成分更加丰富完美，而且有一个非常生动好听的名字：鞋底蛎子。听这名字，你就能够想象到它有多大的个头。这个名字，就是大连电视台一位叫李一峰的美食节目主持人起的。这种海蛎子的产地，就在著名的棒棰岛海域。这片海的守护人孙世礼先生说，在大连，只有棒棰岛这片海有这种蛎头。

这种鞋底大的海蛎子在这片海域，出产量极小，因此在大连农贸水产品市场你是见不到的。有这个口福的人，只能来到大连棒棰岛，还得赶上水下有货。海蛎子没有长大前，主人是不会去动它的。棒棰岛海蛎子一旦捞上来，除了满足来到这里大大小小的首长与贵宾外，剩下的一小部分才能满足棒棰岛国宾馆和海边悦海楼的宾客。

李一峰在大连算是一位美食家，主

持了7年的美食节目。对大连海鲜，他有几套自己的心得。他向我描述了发现鞋底蛎子的过程。

2005年的夏天，他接到棒棰岛守海人孙世礼先生的电话，说这里发现了野生大海蛎子，有兴趣就过来看一看。

在现场刚主持完节目的李一峰和摄制组的小哥们一说，大家就径直赶到了棒棰岛海边悦海楼脚下那片海。正赶上中午几位首长在悦海楼用餐，孙世礼先生领着他们声音很小地坐着小船下了海，来到离岸边不远的一片海域，潜水员一个鲤鱼打挺扎进水里，十几秒后哗地跃出水面，手里举着一只鞋底大的海蛎子，抹了一把脸上的海水："水底下全是这么大的蛎头！"

李一峰接过蛎头，反复端详着，喃喃自语地冒出几句："和咱们穿的鞋底一般大，这不就是鞋底蛎子吗？还没有名吧？就叫鞋底蛎子吧！"

孙世礼先生一听，连说这名字好。守海人同意了更没人说什么了。那期电视节目就出现了鞋底蛎子的专题。不少大连人看了节目，直奔棒棰岛海边，怎奈这鞋底蛎子出水量太少，弄得这些来宾和孙世礼先生都为难了好一阵子。

大连美食家、美食节目主持人李一峰

在棒棰岛宾馆做了多年餐饮总监的董长作大师说，大连的海蛎子，大连湾的蛎头小但是海蛎子肉最鲜。要说大个海蛎子肉最鲜，得数棒棰岛的鞋底蛎子了，它的营养成分也高于一般海域的海蛎子。

棒棰岛能成为国宾馆，不光是风光旖旎，这片海域的海带、紫菜、海藻这些海藻类植物格外稠密，营养价值也很高。咱们都知道，海藻类植物是海参汲取营养的重要来源，海藻类植物含三种糖类，抗衰老作用很强，是海洋中低脂肪食品，有大量的优质蛋白，含有很多对人体有利的生物活性元素，丰富的矿物质和天然碘。这个环境里野生的大个海蛎子，像大珍珠一样水盈盈的大蛎黄，增加性功能的锌、强化肝功能的牛磺酸、有降压作用的海带氨酸和杀虫作用的海人草酸，都很丰富。一个鞋底蛎子的营养价值，绝不差于一只海参。

海凉粉走着吃

每座城市都有这样一景，走着吃特色小吃。

在成都，我看到女孩子边走边吃担担面的情景。那是一个夏天，我早早起来，想看看这个城市的人一觉醒来的模样。我来到位于成都市中心的春熙路，这是一个历史悠久热闹繁华的商业街，女孩子们穿着泄光的短裙，排队买担担面吃。很简单喽，女孩子一甩飘拂的秀发，边走边吃手里的担担面。走几步，停一下，低头用那方便筷子卷那蘸了红油的面条哧溜哧溜地吃，细吞下去后，一脸的得意无不令人羡慕。

在武汉，我还见过穿着时尚的少男靓女排队买热干面的镜头，他们也是擎着纸碗，用小叉子或方便筷边走边吃。听他们说话，就知道是当地人。

大连人对海凉粉，多少年来就有着特殊的感情。海凉粉是大连和青岛特产的小吃，是生长在海底礁石上的一种水草，叫牛毛菜，将它晒干后上锅熬 7 至 8 小时，再过滤晾凉后，切成条形，便成了海凉粉。大连人拌海凉粉，比北京人习惯吃的绿豆凉粉更加嫩爽，如清凉的琼脂，是夏季很美的一道开胃凉菜。

大连人家家都会做海凉粉，从市场买回1斤海凉粉，切成细条。把一根黄瓜洗净，切成细丝。再将一头大蒜剥开捣碎。捣蒜时当然一定要用蒜臼子捣，这样捣出来的蒜汁味浓鲜辣。将芝麻酱事先用温水调成稀糊状。再将少许的香菜末、精盐、鸡精、米醋、白糖、香油、麻油和海凉粉、蒜汁、黄瓜丝放到一起，拌匀即可。

生活的变化，让大连人吃海凉粉的方式也变得浪漫时尚。在今天，大连一些商场超市和市场都在卖海凉粉。风情迷人的海滨城市大连，绝不亚于法国滨海夏朗德省的浪漫城市，那是个盛产美女帅哥的地方，夏天经常会看到那些美女帅哥，勾肩搭背，笔挺的西裤旁总是一双白皙撩人的大腿，端着海凉粉，边走边吃，说着咬耳朵的悄悄话。

在大连的酒店餐桌，海凉粉也是一道不能缺少的开心小菜。海凉粉基本不含淀粉和脂肪，吃起来清爽可口，不会引起血糖升高，还能降血脂、清肠道和减肥，所以很多人都爱它。

解暑降糖的海凉粉来自一种叫石花菜的海藻，紫红色，生存在海潮下五六米的海底，在我国的黄渤海产量最大。从石花菜中开发出来的重要工业原料琼胶，是国际市场一直畅销的中国产品。

2010年夏天一个周末，我坐在大连商场步行街的条形椅上间歇。旁边有两个90后的女孩，端着一碗海凉粉，嬉闹着你吃一口我追一下，一个女孩还编起了顺口溜：

一碗海凉粉，
情侣悄悄吃。
男生掏钢镚，
女生等着迷。
不知不觉地，
边走边亲昵，
清凉海凉粉，
糊涂女孩心。
勾肩又搭背，
浪漫还痴迷。
这碗海凉粉，
痴情不能移。

一碗海凉粉，就能改变一个女孩对一个男孩的人生感情，听起来有点夸张，编一部电视连续剧都有感觉了。不过生活确实存在这样一个现实：一个很小的人生细节，就可能成为一个大的人生转折。管它真真假假，大连这碗海凉粉的魅力已经足够了。

再来一碗莜豆蚬子面

面食不是大连人的强项，不过大连人对好的面食从来就没有拒绝过。我真庆幸，大连人的移民文化没有让他们故步自封：一个人或一个城市，能不断接受有用的东西，包容不同的声音和内容，一定大有作为。

山西美食的大酸大咸是大连人难以接受的，但是山西人在大连开的风味大王（它的前身是麦子大王），特色十足风味很美的各种面食，却让大连人愉快地接受了。山西面食构成了它独有的特色，光是各种饼类就有几十种，由地道的山西厨子亲自操作。微甜的新疆发面饼里掺着的葡萄干，嚼一口清香甘甜。麻酱饼夹着甜甜的芝麻酱，层次分明。烤制的枣馍片脆脆的枣香浓郁，每次我

芸豆蚬子面

都会狼吞虎咽吃得净光。还有山西师傅捏的面人，看上去活灵活现。

更值得一提的是山东打卤面演变来的芸豆蚬子面，这是一碗让大连人百吃不腻的面条。芸豆蚬子面在大连市场这么好，真不能忘记山东打卤面的功劳。

据说，道光年间打卤面在山东民间出现。民间办红白喜事，如果用“炒菜面”招待亲友,一律用打卤面。打卤面在台湾叫勾芡面，闽南话叫羹，也有地方叫肉羹面的。

“打卤”就是浇汁的意思。通常是以煮猪肉的汤或以羊肉煸锅，放上肉片、葱段、笋片、胡萝卜片、木耳、高汤、宽面、葱花、金针菇，水淀粉勾芡，打上蛋花，浇一层花生油增加香味。也有不勾芡的，汤内加鱼和菜。

打卤面的历史经典变化，在于它扩大到民间日常生活的饮食选择。人们对打卤面越发喜欢，觉得应该让它飘香到日常百姓生活家。

大连王麻子酒店当家人王玉春的徒弟、曾获过全国金奖的烹饪大师冷玉茂告诉我，当年他曾在山东学习过一阵子鲁菜。为了弄清楚正宗山东打卤面的做法，他在一些生活细节上把老师傅伺候得熨熨帖帖的，老师傅为他做了示范。他这才知道，打卤面的卤，是用煮面条的汤做出来的。不少人都以为卤子只能用水淀粉来做，才会汤稠。

我在家里自己曾经试着做了一回，还蛮不错。我故意把煮面条的水多添了两碗，将煮好的手擀面的浓汤倒入一只薄钢盆里。葱姜蒜爆锅后，我将凉透的煮面浓汤倒进锅里，撒上切好的猪肉片、芸豆丁、木耳、胡萝卜片等各种配料，倒入自己喜欢的酱油。酱油开锅后变成的暗红鲜亮的颜色，最能撩动我的味蕾。我尝试后发觉，做卤子时加入煮面的浓汤，做成卤子后一样有那种众人喜爱的稠浓的感觉。

大连街时下做正宗山

东打卤面的，也只有八一路和太原街那么两三家。许多面馆，都去做那时髦的芸豆蚬子面、鱼卤面或是拉面了。拉面馆撑起了时下大连的一面旗帜，清香拉面、兄弟拉面、兰州拉面、小辫拉面、牛肉拉面、酱油拉面、山西风味拉面、上海酱骨拉面等，估计几百家面馆不在话下。拉面的利润接近暴利，我曾带着好奇心在一家拉面馆看到，从中午到下午，门被推来开去似乎没停过，一张桌子四五个小时六七台地翻，一碗面的净利润至少在五六块钱或是七八块钱以上。我总是怀疑，他们的面或是汤里加了什么让人着迷的东西。不过我还注意到，真正吃面的粉丝，还是朝着芸豆蚬子面或是鱼卤面去的。芸豆蚬子面在多家面馆和酒店都有，虽说没有一家专做芸豆蚬子面的餐馆，但大家都在做，原因很简单，大连人太喜欢这碗面了。

芸豆蚬子面，是一碗大多数家庭都会做的面。面煮熟后，将面挑入碗中，煮面变稠的汤备用。花蚬子吐砂洗净后放入冷水锅大火煮沸，蚬子开口后捞出，将煮好的花蚬肉剥出备用。煮花蚬的汤沉淀后，将上面干净无杂质的汤倒入干净的盆中备用。锅内放油烧热，加葱花蒜片爆炒出香味，放入切好的芸豆丝，倒入适量生抽，翻炒至芸豆丝变软。再倒入剥好的蚬肉，翻炒几下之后，加煮面的稠汤和煮蚬子的鲜汤烧开关火，撇去表面的浮沫，再加适量盐调味，将这做好的蚬子芸豆汤倒入面条上，撒些新鲜的葱花在上面就行了。淡香的面条，浓亮的稠汤，芸豆的菜鲜，蚬子的海鲜，都在这碗芸豆蚬子面中体现出来了。

你完全能够吃得出，这碗芸豆蚬子面就是山东打卤面的一次升华。加了富含高钾、高镁、低钠营养成分的芸豆，多量蛋白质、维生素、钙、磷、铁、硒、钴等人体所需营养物质的蚬子肉，这碗面比起打卤面来清淡营养多了，尤其是芸豆的菜鲜和蚬子的海鲜，双鲜美味诱人，大连人当然爱吃这碗面了。

鱼卤面

好吃的鱼卤面，也在这两年的大连街头重新流行起来。

刚刚入冬，董长作大师喊上我和电视台主持人李一峰，去小平岛日丰园餐厅品尝鱼卤面。一峰开玩笑说，做美食节目虽然收入不是那么高，尝得一口好美食也算这一生值了。我提醒他，现在正是红头鱼捕鱼期，到时候多吃一些红头鱼肉。

鱼卤面来自何方，多年来南北方一直都在打嘴仗。南方人说出自江苏，江苏小吃里就有一道刀鱼卤面，刀鱼为镇江特产，鱼肉细嫩，味道鲜美，清明前后味道最鲜。配上香菇、笋片制成刀鱼羹，作为盖浇，以鱼头鱼骨熬成汤卤，浇面条入味。北方人说鱼卤面源自山东和大连，这两个地方的渔民早年出海时，在船上就这么做的。对嘴官司我不感兴趣，有两点倒是实实在在的：鱼卤面是打鱼人发明的，打鱼人舍不得扔掉吃剩的鱼汤做了面条就有了鱼卤面。

这是我印象中吃到最好的一次鱼卤面，小平岛日丰园餐厅是一家海鲜家常菜餐厅，太牛了，从来不做广告，每天都有不少开奔驰宝马的人在那儿排队。

这家海边小店的老板兼厨娘孙杰有三件事让她成了大连美食界的新闻红人：一个是2010年被青岛市邀请，为一个重要的宴会制作她在全国叫响的海肠韭菜饺子。然后是2011年她应上海东方卫视邀请参加美食大赛，用她的海肠韭菜饺子PK掉了当今中国很红的一位北京著名烹饪大师夺魁，在京沪传为美谈。再就是2011年大连晚报社主办的第六届大连美食大赛首届大连厨娘评选活动中，她当之无愧地被专家和媒体评选为大连厨娘特别金奖，坐上了大连厨娘第一把交椅。这三件事，给她的海边小店大大增加了品牌砝码。也难怪，她家的小店基本不到海鲜农贸市场采购食材，每天有渔船给她专送最新鲜的活海鲜，蔬菜是指定绿色农场送，客人吃到的全是应季海鲜，能不牛吗？

孙杰说，鱼卤面也是从山东打卤面衍生过来的。它的做法和打卤面一样，离不开往过水面条上浇卤子这个环节，所以也叫过水面。她更倾向于鱼卤面是北方人所创的说法。鱼卤面重在卤子，传统观点认为卤子必须稠一些亮一些味重一些，不然算不上卤子。江苏人做的刀鱼卤面的卤子比较清淡，只能算是一般的汤汁。她认为，山东人和大连人做的鱼卤面味道咸鲜厚重，与卤子的意思最近。

厨娘孙杰拿出一块发好的面来，为我们做鱼卤面。面是早晨和好醒上去的，她说做面条的面醒3个多小时比较合适，擀面时面才能赶得很匀。面要有筋道，面条吃起来才有咬头。各种海鱼都可以做鱼卤面，前提是必须新鲜。北方人做鱼卤面一般爱选红头鱼，这种鱼头部和背部都是深红色，看上去非常喜庆吉利，有的菜馆端上红头鱼做的菜时，名字就叫红运当头。红头鱼刺儿少，煮熟后是一块一块的蒜瓣肉，蘸着稠汁吃起来爽滑鲜嫩，越吃越想吃。

说话间，锅里煮的几条红头鱼开锅了，在汤中滚动着，让人馋涎欲滴。只见孙杰提起红头鱼的尾巴轻抖几下，蒜瓣状的鱼肉纷纷落进汤锅。她将鱼头和鱼刺儿扔进垃圾桶，将煮面条的汤汁倒进锅里，改成小火，白色的汤锅咕嘟咕嘟地冒起热气来。她轻轻搅动着，不一会儿一锅浓稠相宜的鱼卤便诞生了，打上蛋花，撒上翠绿的香菜葱花，色、香、味全有了。我迫不及待地端起鱼卤面，鱼卤里浓浓的鱼鲜溢满口腔，盐加的鲜度正好，挂着卤汁的面条吃在嘴里爽滑而有筋道。那天，我居然连吃三大碗后还回头看那锅里剩下的鱼卤面。

“长蒜瓣肉的鱼一般都在海里，大连的黄渤海很多，除红头鱼外，黄花鱼、黄鱼、皮匠鱼、鲅鱼、鳜鱼、撸子鱼等等，都是蒜瓣肉。蒜瓣肉鱼营养价值高，因为长期住在凶险的大海里争食存活，活动频繁，身上的肉都是紧登登的，营养吸收很到位，这样的鱼肉对人增强免疫力是大有好处的。”董大师话锋一转，“当然，红头鱼还是最好的，颜色和寓意都很好，营养也到位。”

我又长了把见识。

大连虾酱进了中南海

一罐咸虾酱，
春夏秋冬长。
东西南北味，
一路海鲜尝。

虾酱是我国沿海一带和东南亚地区常用的调味料之一，是用海里的小蚝子虾加入盐，发酵磨成黏稠状做成的酱食品。制成罐装食品销售，味道很咸。亦有将虾酱干燥成块状出售，称为虾膏或虾糕，味道较虾酱浓郁。

虾酱有文字记载是在清朝乾隆年间，那时我们的祖先就有加工虾酱食用的习惯。制作海鲜酱一般都是在每年的8至10月份，这个时节虾多味美。制作时，选鲜活的海里小蚝子虾用清水洗净，放入干净的坛子中，再放入精盐，用木槌轻轻捣烂，封好口，置于阴凉通风处，任其发酵，每日勤加翻搅。一般的比例为10斤小海虾配置3斤食盐。15天后，自然发酵成熟，颜色绛紫，咸鲜逼人。浮在虾酱上层的虾油，单独撇出来，可作调味料，用它腌制的时令蔬菜，别具风味。

大连虾酱大都是饭店自己调制的，配上大葱和咸鱼饼子一块吃，味道鲜美。大连人说的大葱蘸酱，传统意义上讲的是蘸虾酱。虾酱在大连的吃法一般是两种：打一只鸡蛋放进虾酱搅拌，撒上一些葱花，点上色拉油，上锅蒸熟，就着大葱和玉米面饼子吃。还有就是虾酱豆腐，虾酱加适量的水，在火上稍微焖一下即可，配着主食吃特别下饭。虽

大连虾酱

然有些南方沿海地区后来把虾酱做成了银虾酱、麻虾酱、淡辣酱、麻辣酱、咸辣酱等多种风味，大连人都不买账，提到吃虾酱就是原味的，很是坚定。大连人认为，那些串了味的创新虾酱都不正宗。

虾酱做菜是一个好的创新想法，味道常常能达到出奇制胜的效果。

虾酱炒豆腐，是一道大连家常菜。用虾酱、豆腐、莴笋、胡萝卜、豆芽、葱、姜、干辣椒、白糖、鸡精做的这道菜，味鲜干爽，酌酒好碟。做法是豆腐切小块，莴笋去皮切丝，胡萝卜切丝，葱姜蒜切片。起油锅爆香干辣椒、葱姜蒜片，放入虾酱炒香。再放入豆腐、莴笋、胡萝卜丝、豆芽略炒，加少许白糖和清水。加盖炖3分钟，水基本熇干关火，加入鸡精调匀再翻炒几下即可。因虾酱内含盐分，炒的时候切忌加盐。虾酱炒苦瓜丝，是一道夏天的开心菜。开水焯过的苦瓜苦味减轻，配着咸鲜的虾酱，清淡鲜爽，撤火又开胃，食欲也大开。虾酱大虾猪排，连我都想不到会有这道菜，做出的口味是虾酱之咸鲜、虾肉之鲜甜、猪排之鲜香融汇成复合味道，滋味别样。还有虾酱爆炒丝瓜肉条，口感是另一种香、鲜、爽。虾酱烩三菇（金针菇、草菇、口蘑），撒上蛋液，甩上香菜末，淋上花椒油，就变成了一种好吃的怪味。在虾酱炒玫豆里，虾酱独特的浓烈鲜味衬托着玫豆的清香脆嫩，可谓绝配。虾酱蒸时蔬最受女士欢迎了，健康美容又保养的时尚菜大家都爱吃。即使吃汤面时加入少许虾酱，那也是别有一番鲜味饶舌根。

不知从何时开始，大连人对虾酱的偏爱超出了任何一个时代。有人说是时代富裕了，懂得享受生活的人越来越多了。本来是酒店和食品厂加工的这道生活调味品，也进入了个人感兴趣的层次。尤其在这个想学习烹饪的家庭主妇“忽如一夜春风来”的时候，疯狂学做虾酱女人的出现就不算新鲜事了。当她们在努力中取得了谁都感到惊讶的成就时，想多嘴的人都闭上了嘴巴。

郑国馥，一位喜欢做菜的大连城市女士。从2009年开始，她就迷上了大连虾酱的制作。父亲活着的时候，就给她灌输了几十箩筐的大连海鲜营养知识。这些年来，她试着做饭店，试着自己当主厨，试着做大连虾酱。两年以后，她的大连虾酱一路过关斩将冲进了中南海——中国人感到最神秘最自豪的那个地方。如今，北京几家连锁大酒店都在用她的“仁和园国馥虾酱”。

她把两种四款包装做成的大连虾酱送给我一一品尝，一款是虾酱，一款是大连海域产的赤甲红蟹子酱。包装瓶到包装盒的精美程度，和这几年的高档海参包装与五星级酒店的月饼包装十分相似。

虾酱一尝便知是用部分蠓子虾和部分大海虾合成做出来的，虾头摘了出来。虾酱肉感细腻，鲜甜微咸，和很厚的传统咸味大不一样，基本满足了现代人口味清淡的追求。我问她为什么扔掉虾头，她说考虑到近年部分海域有污染现象，担心虾头重金属含量超标，就舍弃了。

我用敬意的目光看了看她，点点头。好食材才有好美食，没有良知的人是做不好美食这个行当的。

蟹子酱咸鲜味道略厚，就着玉米面饼子吃比较合适。以鲜蟹肉为主的蟹子酱，从口感中能隐隐感觉出，绞碎蟹子肉时加了一点点少量的蟹壳粉。蟹壳粉对人有强化免疫、减肥、保护肝脏、吸附有毒物质等功效。

“有一天和几位朋友吃饭，我带了自己做的虾酱蟹子酱去让大家帮我把把关。其中一位是北京中南海来的御厨，他尝了后非常惊讶，说这东西做得太好了，安全健康又养生味道好，说是带回去给大家看看。”

据她讲，那位御厨回京后不久，就给她打电话，了解了一些详细情况后，让她直接发货，她的虾酱蟹子酱于是开始登京城大雅之堂。

大连女子郑国馥将自己制作的虾酱送进了中南海

奴役迁移带来的大连味

情绪复杂的日本料理

如果你想在这个世界上寻找一幅用食品做的画，那就是日本料理。走进几十家日本料理店后我发现，日本料理就是为做美食艺术家来到这个世界上的。

在日本料理店，寿司、生鱼片、和牛、纳豆、日本面条等一系列如画般的美食，韵味不同色彩鲜明地摆放在我们的面前。日本料理食材新鲜，色泽艳丽，重视原汁原味，生食种类比较多，所以原料中无论是鱼还是肉必须新鲜，品质上乘，决定日本料理价格的实际是原料本身。寿司和生鱼片都使用鱼肉，而各种各样的鱼肉中金枪鱼又是日本人的最爱。

据说日本人从古代就开始食用金枪鱼，考古学家曾在绳文时代的贝冢中发现了金枪鱼的骨头化石。金枪鱼本身还分为很多种类，其中叫做“本金枪鱼”的肉质最佳，价格也最高，而且根据部位的不同价格也有所差异。鱼肉离骨头越远的部位肉质越细腻越好，这和牛羊猪肉离骨头越近肉质越香正好相反。品质优秀的一条成年金枪鱼，大概的出售价格为一千万日元以上，如果一个以家庭为单位小型捕鱼船出海后能够捕到这么一条鱼的话，就足够这一年的开销了。随着日式料理在世界上的流行，金枪鱼的价格更是水涨船高。在中国的大中城市中随着日本料理的盛行，金枪鱼的需要量也急剧增大。

日本料理很有人气。原因在于这种美食追求天然，多使用鱼肉，美味健康，作为料理的一种，确实有其独特的魅力。

日本的“和牛”在当今世界也极具人气。“和牛”是日本在明治时代用日本本土牛和外国牛经过交配改良形成的专门用来食用的肉牛。主要品种为包括神户牛、松阪牛、近江牛在内的但马牛，一般价格也很高，原因是其生长周期较一般的牛长，天然绿色的饲养方法工序复杂，很难大批量生产。和牛肉质优秀的原因不单是品种和饲料要好，成长环境也相当重要。在饲养时要营造一种优雅舒适的氛围，尽量避免给牛带来紧张感和压迫感，最好在适当的时间能让牛听上一小段音乐，对牛成长时牛肉的发育十分有利。

通过金枪鱼与和牛的例子，我们可以看出原材料在日本料理中的地位是决定性的。食材的好坏决定了日本料理的成败，原汁原味的好食材就能定位一家好的日本料理店。

1945年前日本殖民统治大连时期，曾有25万日本人先后移民到了这座海滨城市。他们的到来，在给大连人带来灾难性痛苦的同时，也让大连人客观上认识了日本料理。日餐风味从这一时期开始，墨汁洒在宣纸上一般，慢慢在大连的主要街巷蔓延。

董长作大师告诉我，太远的大连日本料理无从考究，只是听说解放前大连最早的日本料理开在今天的友谊宾馆一带，是一位中国人开的，主要为日本人做员工餐。后来有人发现，大连的日本人在不断增加，就打起了日本料理的主意，在一些餐馆零星做起部分日本料理来。尽管如此，鲁菜仍然是大连街头的主打菜。

大连真正第一家规模完整的日本料理店，最早建于新华街的割烹清水，也是1985年成立的东北地区第一家中日合资的餐饮企业。那家店的原址，就是现在的阳光医院。开业那天起，他们就在日本名厨的指导下，以其正宗的日本风味菜肴和地道的日式服务深受中外宾客的好评。目前，在鞍山、沈阳和其他地区开设了多家连锁分店。

割烹清水日本料理店

因为城市建设规划，割烹清水现坐落在大连市风景秀丽的星海广场旁的国航大厦。

大连人对割烹清水有着难忘的记忆。大连天健网美食旅游栏目主编徐小凤就这样描写吃割烹清水的感受：

“第一次品尝日本菜的时候，很小，小的记不住自己几岁。但我确定，那一年，那栋楼当时还不叫阳光医院。因为太小，吃的什么根本记不住！印象最深刻的，就是一种冰冷的咸菜，凉的我小乳牙兹兹作痛。后来没想到的是，年近而立会对这种料理疯狂迷恋。

这家店风风雨雨这么多年走到今天，在品质

上，基本是有一个中档的保障的。即使是这样，我还是选出了两道特选料理，算是这家店的精致菜肴吧。

马肉刺身在日本是风月场所经常出现的一道菜。他们认为马肉可以增加活力，并有抗菌杀毒的功效。当然这都是笑谈。这种肉的味道稍稍有点酸味，油脂适中，出入口非常清淡，细细咀嚼之后有微微的脂香。配上一杯冰镇的朝日纯生就非常精妙，值得尝试。

散花寿司这道菜其他料理店很少出现，用当日新鲜食材搭配醋饭，非常棒！这里的散花寿司比后来提到的寿司什锦海鲜饭更鲜美，也没有深海鱼的油腻……"

紧随割烹清水之后崛起的，就是后来出现的红叶日本料理。

红叶日本料理店诞生于1998年，最早设在中山广场大连宾馆一楼，做得很精致，名气也很大，整个装修由日本设计师设计，是标准的日式风格与

位于三八广场的红叶日本料理店

日本料理。许多高级宴请，大连人一般都选择这里。一直做到2004年，改为日本料理素食店，2007年后才迁出大连宾馆。

从2000年开始，他们就在三八广场附近的明泽园28号开设了1号店。2002年，又在旁边的明泽园30号开设了规模完整的总店。2008年之后，在大连西部的黑石礁和大连北部的开发区又扩开了两家分店。

这家店的老板是一个学习烹饪出身的年轻人，叫周志强，一出手就不同凡响。这些年来，红叶日本料理在大连日本料理史上创造了五个最早：大连最早一家被授权经营河豚鱼的日本料理店，大连最早推出自助日本料理每位200元的日本料理店，大连最早做会席料理的日本料理店，大连最早做日式火锅的日本料理店，大连最早推出Open式日本料理服务的店。

我曾经观赏过红叶日本料理黑石礁店的Open式日本料理服务，顿觉眼前很亮。忽而在变幻灯光的映射下，厨师身着蓝布厨服用手指将盐末几乎弹成粉状曲线，落入你的食品上，让你享受美食的同时还享受日本料理秀带给你的愉悦感；忽而在你面前，又出现

红叶日式锅奉行料理包房的精美菜肴

了和服美女靓男，与你面对面相坐，在你的餐桌前为你亲手捏制寿司……我问周董，Open式日本料理服务算不算英国学者《体验式消费》一书的理念体现，他说就算是吧。《体验式消费》中的消费者与经营者互动体验式消费，近年在美食概念中几乎统治了世界。大连红叶河豚鱼日本料理，将“体验式”服务纳入新的服务理念，由此诞生了Open式日本料理服务理念，旨在张扬美食的开放性、体验式消费概念，在大连乃至中国，做出了一个代表美食现代服务潮流的姿态。

大连红叶河豚鱼日本料理在东北已经成为品牌名店，这些年在效益的稳定增长和菜肴出品的品质方面很棒，一提到日餐，大家就会想到红叶。红叶日本料理，已深深根植在大连人的心中。

有时间和数据显示，大连最优惠的日本料理价格是红叶开创的，马肉、大海虾、生拼刺身、天妇罗及各种寿司等200元每位自助式日本料理，大连人至今念念不忘。如今周志强已经把红叶开到了外地，并在加拿大与人合作开起了中华料理店。

上世纪90年代左右，在大连青泥洼桥老动物园对面，就是渤海饭店一楼，开了一家以烧肉为主题的日本料理，叫弁斯日本料理。这应该是大连第一家以烧肉为主题的日本料理了。我记得当时采访一位早年被同乡骗到日本的大连人，就是在这家店。那位老先生是甘井子区营城子人，得知被朋友骗到日本正赶上日本人投降不能回国后，用几乎一生的精力，为死去的124个中国劳工的冤魂奔走呼号，逼着日本政府为这124个中国人立起一块高高醒目的石碑。我曾经把老先生的爱国热情写成4000多字的微型报告文学，发表在《大连晚报》上，并获了全国副刊奖。当时店里的厨师长，就是在日本认识这位大连爱国人士的。随着老动物园的搬迁，弁斯烧肉日本料理也悄声远去了。

大连银座日本料理店社长李娜，是在大连媒体上讲述日餐理念的第一人。她认为，日本料理是用眼睛来吃的，就是讲究视觉艺术。生鱼片红红绿绿的，配上各种主物、杂物铁板类的东西，这样一餐的装饰物配下来，用眼睛看，就会非常满足。她一直倡导绿色、健康的餐饮理念，倡导美食是人与自然界沟通的桥梁，那些符合大自然季节变化与生长规律的食材才是最营养和健康的理论。

海之乡是大连第一家做铁板秀的日本料理店，主营法式铁板烧和正宗日本料理。有人说，菊是第一家。我更赞成他们都是大连第一批做铁板烧的日本料理店，但第一家铁板秀，确实非海之乡莫属。铁板烧讲究的是食物的原始味道。厨师站在铁板烧宽敞的铁板餐桌前，将不经过腌制的海鲜或是极品牛肉，放到加热的铁板上烤制，在烧烤过程中加入盐、胡椒两种调味品。铁板秀与铁板烧不同的是，食客在品尝美味佳肴的同时，还能欣赏厨师舞动刀叉调料瓶的作秀精湛厨艺。

大连街头时下的日本料理，绝不逊色于日本本土，这一点我是非常相信的，而且在料理的丰富性上，与日本比，绝对有过之而无不及。比如使用山药泥与大量大头菜丝，搭配五花肉用铁板煎成的料理，在日本恐怕不一定有，

银座日本料理包房

那日式烧肉酱口味很浓厚，搭配美奈子与鲣鱼花，提高了香气和鲜味，下酒是好东西，同时更适合女性。

冒死吃日本料理，不是危言耸听。在日本料理当中，“冒死吃河豚”这句谚语大家也许都听过，当然，这种神经性的毒剂在现在养殖的河豚中已经很少了，还是比较安全的。但另一种牛肝刺身，就得说道一番了。自然界中有一种常见的细菌叫大肠杆菌，我们的肠道中有时就可以检测得到。这种细菌的变异品种非常可怕，2011年在德国蔓延的这种细菌感染的死亡率接近10%。在日本的检测报告中，牛被检测出肠出血性大肠杆菌的概率在7%。所以生吃未经加热的牛肝刺身，真的是冒死在吃！牛肝刺身看上去极为新鲜，那种入口后的甜爽口感是任何食材代替不了的！搭配香油和盐，或者用酱油特制的酱汁蘸食，真是人间美味！

在大连日吧街一些风情场所，有不少店是供应活鳗鱼的。活杀后炭火烤制，反复地浸泡陈年蒲烧酱，最后撒上一些山椒粉，非常好吃，活鳗鱼比较贵，蒲烧酱偏甜，很合口感。据说鳗鱼可以壮阳，许多男士很喜欢进这些有活鳗鱼的店。

冲渍又是大连街头比较流行的一道日本料理。冲渍是日式的传统食品，厨师将在小船上捕来的小乌贼，活活地放到用大量糖和酱油调成的酱汁里。小乌贼拼命地吐出墨汁吸入酱汁，似乎很绝望。初尝这道日本料理有些腥涩味道，这种刺激性很强的食物一旦搭配扎啤，就立刻爽快起来。

照烧鸡是过瘾的醍醐美味，照烧汁地道厚重，新鲜热乎乎地端上来，吃了非常过瘾，就是觉得这是不是真正的日本料理。不过无所谓了，洋为中用，他为我用，只要大连人喜欢吃，正宗不正宗又有何妨？

有人说，大连的日本料理在中国是最集中品位最好的，这话并不显得夸张。大连的日资企业目前有4000家左右，你走在大连街上，二三十分钟就能碰见几个日本人，日本料理自然做得比其他城市丰富而精致。割烹清水、红叶、横滨港、大江户、菊、银座、银阁、海之乡、重兵卫、蟹渔师家等几十家日本料理，每家都有自己的菜品特色或经营特色，为大连美食装点着华丽的颜色。

五四路烧烤穿越时光隧道

烧烤作为烹调方式，据说源自哥伦布来到美洲大陆时第一个遇到的印第安民族，就是这些印第安人教会了第一批欧洲来的水手们烧烤的方式和技巧，基本上是在户外燃烧木条，在火堆间放置石头，并在其上面烤肉。

烧烤在巴西南大河地区已经有超过200年的历史。牧牛郎们一边扎上一大块肉，放进火堆中烤制，一边侃侃而谈。而在乌拉圭和阿根廷的部分地区，处于食物丰盛地带，又孕育出典型的南美洲式烧烤：一柄利刀、一堆火、一些木条、一大块肉、再加上一点粗盐，还有一些调料，就能饱餐一顿。

伏羲是中国文明代表人物，伏羲精神代表着人类文化创造精神。在远古时代，伏羲教会了人们捕鱼捕鸟捕兽，用火把鸟儿鱼儿兽儿烤熟了吃。从此，人们吃着香喷喷的烤肉，身体更健康了。为了纪念伏羲，人们把他称为“第一个用火烤熟兽肉的人”。从这个漫长的时间来看，中国人学会把食物烧烤着吃可能真是在世界上比较早的国家，尽管土耳其烤肉在全世界有着难以匹敌的历史影响力。考古专家在鲁南临沂市内五里堡村出土的一座东汉晚期画像石残墓中，发现两方刻有烤肉串的画像石，经研究，这两幅画中所见的人物形象皆汉人，他们烤的肉串是牛羊肉串，两幅庖厨图反映出1800年前鲁南民间的饮食风俗。

虽然在历史的长河中，大连特殊的移民经历融入了一些像内蒙古、吉林、银川和朝鲜等地区及国家有游牧家史或喜欢烧烤食品民族的人，但在上世纪二三十年代光景很亮的大连餐饮江湖，鲁菜还是无形中的老大，即使在解放前后，大连街头做专业烧烤的人仍然极少见到，烧烤之夜星光寂寥。鲁菜的统治地位是一个原因，烧烤加工条件不成熟不先进较陌生是另一个原因。鲁菜的厨艺中虽然也有烤的内容，但绝不是真正的烧烤美食。直到2003年9月，那条大连人至今怀念的五四路烧烤一条街才真正形成。

记不清是先跟朋友去感觉不错，然后带着儿子去的，还是和同事冒蒙走到那里的。大连五四路北侧那条街，到处都是烧烤，一打听，有30多户呐。整条街家家冒着带羊肉串烧烤香味的白烟，家家都顾客盈门。环顾四周，一片热闹非凡夹着乌烟瘴气的景象。门口烧炭的小伙计一边摆弄着炭火，一边和服务员一样也往屋里让着客人，但绝不是生拉硬拽，说上一句“我们的味道不错”任凭你选择。

街口那家叫宏达的位置很显眼，听说很不错，我们就走了进去。真的不错哎，羊肉小串是用红白相间的冻羊肉做的，调料里有茴香的滋味，海鲜很新鲜，海蛎子在火上烤开壳后，鲜滋滋的汤儿都流了出来，还没吃舌尖就渗口水了。

旁边一家店很亮堂，叫台丽园，名字很平实也亲切。后来我还去了他家两次。

还有一家叫禧年烧烤的，人也很多，大家都是冲着他家的大小羊肉串去的，孜然厚厚地撒在羊肉串上，香味飘得很远，不时撩动着人的馋欲。

记得十姐妹也是一家火爆的店，海鲜很新鲜，羊肉串的肉品白里透红，朴实憨厚的几个农村打扮的小姐妹服务更是热情。没等你张口要什么，她就把餐巾纸递过来了。你都纳闷了：她们怎么知道我想要餐巾纸?

那时大连的烧烤很有特点，开始都是学新疆，慢慢发展出特有的小串，用本身就肥瘦相间的冻羊肉，事前不煨制，客人能吃出羊肉的本味。冻肉烤出来有鲜嫩多汁的特点，加上那股幽幽的孜然味，美味极了。在烧烤街上吃烧烤，小串是主食，烤馒头、烤饼子倒成了配菜了，有意思不?

当年的五四路烧烤一条街，基本就是主打小串牌，烤些海鲜、烤鸡肉、烤蔬菜等都是辅助食品。有时候，一样的东西，各家店做出来可不一样，很是奇怪。那家宏大味道就比较上乘，大口吞着焦香的烤串，大口干几杯爽口的黑狮凯龙啤酒，就那一阵，死都觉得值了。

奇怪的是，这五四路的烤小串怎么香也不腻人，一礼拜不吃就快想疯了。大连人多年来多半都有一种饮食习惯，时间一长没吃到烧烤就想了，一定要找个地方去吃一顿羊肉串，无论是大串还是小串，能解解馋就行啊。

那时在五四路烧烤一条街的影响下，友好路烧烤街、山东路烧烤街、马栏子烧烤街等多条烧烤街先后也慢慢形成了。

逐渐地，烧烤一条街有些不行了，有的烧烤店开始往羊肉里掺假羊肉，甚至用死猫烂狗肉往里掺，用嫩肉粉掩盖找齐味道。每天烧烤街上烟熏火燎，呛得过路人直咳嗽，家家烧烤店处理的臭烘烘的污水四处流淌。政府当然不能让，三令五申要求注意城市环境卫生保护。正赶上城市完善规划建设，于是这条只存活了几年的烧烤一条街便寿终正寝了。

烧烤真不愧为大连人的饮食情结，当2009年9月，五四路烧烤一条街已不复存在的时候，大连相当一部分人通过各种方式，呼唤这条街赶快回来。市政府自然要考虑民众的声音，组织这些烧烤店主探讨大连烧烤的去向，采纳大家的想法，把他们分流安排在不同的区域。比如禧年烧烤搬到了集贤街眼前、宏大烧烤搬到了成仁街上、十姐妹搬到了唐山街等。

烧烤带来的污染，使大连市政府部门坚定了支持星级酒店设立啤酒花园烧烤的信心。这一信心的产生，与一家四星级酒店有着直接的关系。

大连有了啤酒花园烧烤

大连有一家刚刚被人遗忘的四星级酒店，叫万达国际饭店。由于万达集团的发展战略原因，这家酒店在2011年刚被出售。大连人却难以忘记，这曾经是一家十分辉煌的酒店，当年的总经理褚宝玉，曾在上世纪80年代末期，就在美国夏威夷酒店管理学院学习过，有着十分前卫的酒店管理理念。他以聪颖超众的洞察力，孜孜不倦的职业精神，使万达国际饭店创造了多个大连星级酒店第一：第一个开创了星级酒店啤酒花园，第一个在顾客面前明堂亮灶，第一个设记者楼层，第一个设女士楼层，第一个星级酒店蒙古包烧烤园，第一个星级酒店纳入常规地定期组织酒店客人举行野外垂钓烧烤活动等，正是这多个第一，使酒店不断受到新闻媒体与中外客人的关注，十几年来的住店率与餐饮效益，在大连四星级酒店遥遥领先。尤其是第一个星级酒店啤酒花园烧烤，给大连人留下了深刻的印象。

1998年开始的每年夏秋的晚上，万达国际饭店门前啤酒花园的烧烤就会在酒店内外四处飘香。当美国人发明了用炉架等设备来烧烤食物的时候，褚宝玉已经从容地把厨师装高厨帽和这先进的烧烤设备，与这漂亮浪漫的啤酒花园干净完好地结合在了一起。这里的炭火炝烟被有效地降至最弱，厨师带着洁净的手套在摆弄烧烤牛羊肉串，海鲜的烤法加入了少许的烹饪技巧，爽口的扎啤均匀地裹复着浓浓鲜香的味道，时而举起杯来和老外友好地打个招呼，人似乎在一个充满香气的神话花园里不分国籍地友好相处。许多市民从星级酒店啤酒花园烧烤中享受到了浪漫层次和新鲜乐

当年的万达国际啤酒花园烧烤

褚宝玉创立了大连第一个星级酒店啤酒花园烧烤——万达国际啤酒花园烧烤

趣，其他酒店经营者们从吃货们的笑脸中看到了隐含的巨大商机和潜在市场。褚宝玉当时的助手、总经理助理何刚，在执行褚宝玉关于啤酒花园烧烤烧烤理念上，执着坚持，效果奇好。

继万达国际饭店啤酒花园烧烤之后，1999年开始，富丽华大酒店、香格里拉大饭店、日航饭店、凯宾斯基饭店、嘉信酒店、仲夏花园酒店等大连四五星级酒店，都开始陆续设立啤酒花园烧烤。他们从星级酒店啤酒花园烧烤中，找到了万达国际饭店那块享乐的市场。

“四星级万达国际饭店啤酒花园的烧烤，对大连烧烤的城市文明形象有着开星级酒店先河的历史意义。”

无论是媒体还是政府有关部门，都这么认为。

政府部门对这个新的酒店市场欢迎与支持的态度可想而知，星级酒店的优势自不必说，干净卫生的烧烤是很多人十分向往的，可是大连还有那么多大街小巷的烧烤在脏乱差的污水横流中无力自拔，他们需要更多人的改变，需要一条干净的烧烤街或是一家家干净的街头烧烤店，需要像五四路烧烤一条街初期那样，没有任何假冒伪劣的羊肉串，鼓励街头烧烤店也能像万达国际饭店那样干净优雅起来。

在这个大气候下，一家新的街头烧烤店跳入了大连人的眼帘。

野外海鲜烧烤的“分水岭”价值

在咖啡店吃烧烤，一定是很贵族的心情了。

大连高尔基路69号，一家曾经装修典雅高档的咖啡店，因经营不理想，业主整天愁眉苦脸。而另一位大连餐饮人邹吉月女士却看好了这个地方。邹女士多年来一直在做一家重庆老品牌火锅店，与咖啡店业主几轮磋商后，盘下了这个店。当2006年她提出要把这里做成烧烤店时，原咖啡店的主人头摇得像拨浪鼓，认为太可惜了。倔犟的邹女士愣是坚持了下来。她说，大连很多人喜欢吃烧烤，有点品位的人又不愿意进烧烤店，就是烧烤环境差，档次低呗。你把它做成文明干净有档次的店，喜欢吃烧烤又有品位的人能不来吗？

大连野外海鲜烧烤店就这样开业了。开业当天，她在报纸上打出的广告极有公益广告的城市形象色彩：“让大连海鲜烧烤环境文明起来！”

当时这条广告在大连烧烤街被震撼了一下。媒体记者首先关心起这家店来，这正是他们想要的新闻。有些政府相关部门人士也在盯着他们，看看是不是纯炒作。烧烤同行也来凑热闹，希望得到一些新的经营元素。

代表大连烧烤文明分水岭的野外海鲜烧烤店

石锅烤海虾

石锅烤野生扇贝

邹女士两口子还真没有让这些关心他们的人失望。烧烤环境的咖啡厅基调不变，优雅的令人有些不敢相信。服务员为你在指定烧烤区域内烤制肉串海鲜串之类，完全打破一般烧烤店在脏乱中忙碌的常规。烧烤同行们从这里学会了他们两口子从外地带回来的锡纸烤蚬子、锡纸烤活海虾、锡纸烤活海肠、锡纸烤活黄鱼、锡纸烤活扇贝等。锡纸烤的意义不仅仅在于吃法新鲜，更在于它可以隔着锡纸过滤掉烧烤中可能产生的致癌物苯并芘，对健康具有安全感，是真正意义上的文明健康烧烤。

2006年大连烧烤开始流行锡纸烤海鲜，就是从野外海鲜烧烤店开始的。

大连街头的锡纸烤海鲜，在各家烧烤店陆陆续续出现。有的海鲜烧烤店，也在餐厅环境上开始动脑子了。发展到现在，一些新的烧烤店环境都在加大档次力度。像黄土泥烧鸽子、一烧一烤、炫烤等一些烧烤店，环境都不错，自动滚动电烤的一些新的烧烤形式也出现了。大连烧烤，在一步步真正走向文明。

后来大连流行的“坑烤”吃法最先出现在黑龙江省与内蒙古自治区交界处的根县大同村。一位叫卢钢的小伙子在2012年初冬把它引进大连，成为辽宁省首家特色坑烤店。坑烤是把牛羊肉排、海鲜串、黄鱼、黑鱼、活海螺或大海虾等新鲜的食材包裹在锡纸里，放到特别建造的灶坑进行烘烤。烘烤时，将旺旺的炭火放在坑底，上铺砖头将其烘热，放上锡纸包裹好的食材，食材上面再放一层烘热的砖头，盖上铝盖，将盖子一圈用黄泥封死。一段时间后，将食品取出食用。食客认为这种烘烤吃法非常养生保健，能吃出食材的本真滋味，同时也将烧烤文明向前再推了一步。

野外海鲜烧烤从来不墨守成规，当满大街都是他们当年的锡纸烤海鲜时，他们又带来了石锅烤海鲜。这种吃法更养生也更新颖，又有一些烧烤店的人来模仿。新的吃法吊炉羊排和吊炉鸽子，把传统与现代的烹饪方法结合在了一起。

野外海鲜烧烤出现的真正意义，是与当年的五四路烧烤一条街彻底形成了一道分水岭，将原始状态的脏乱差烧烤与现代文明烧烤变成了两个层次。后来无论是政府有关部门还是媒体，都这样认为。

野外海鲜烧烤店现在是一家能够代表大连特色的品牌烧烤店，装修风格独具匠心，外门廊全部是由假山、喷泉、绿草、红叶装扮，是典型的苏州园林风格，重菜品的营养和绿色，保持肉品、海鲜和蔬菜烤品的原味，规定只用家常料理，烹饪方式，杜绝任何添加剂，打消人们对烧烤好吃不放心的顾虑，选用的羊肉串食材是由内蒙古核心牧区锡林浩特野生放牧180天的苏尼特羔羊，吃起来香、辣、鲜，外焦里嫩，香辣适口，别小看这羊肉，还是历代皇家推崇的朝圣贡品呢。这里的猪排串口感十足，肥瘦相间的猪五花肉嫩且汁多，脂肪含量低的牛五花味道鲜美，烤棒鱼细腻筋道，烤出的香菇香气沁人营养丰富，煎豆腐蘸着小料十分美味，凉拌木耳料特别可口，每天进来的海鲜都是打捞的活鲜，刻意用的石餐具没有任何化学涂层，自然保护着食物的原味。石头在加热过程中能释放出中度远红外线，使食物里外同时加热，营养不易受破坏，石头聚热性能优良，不易冷却，保持食物美感口感。烤出大海的滋味，这是邹吉月女士的烧烤理念。她真做到了。听说石餐桌在中国、日本、韩国的宫廷书中，均记载是皇家推崇的餐具。2007年他们的烧烤店被大连市旅游协会和媒体评为“大连美食名店”，2009年被中国食文化研究会评为“中国烧

野外海鲜烧烤的石锅烤黄鱼

烤文化名店”。

那天我和董大师等几个朋友来到野外海鲜烧烤店，一进门就仿佛走进了一家舒适高雅的咖啡店。我们点了羊肉小串、石锅黄鱼、煎豆腐、烤香菇、烤扇贝等几道烧烤菜。那小羊肉串一看就是现切的小块，红白相间的纹理都看得比较清楚。

“看见没有，羊肉的纹理都能看清，很纯，吃起来很放心。有不少烧烤店，用的肉都是鸭子肉或者其他弄不清的肉，撒上嫩肉粉一加工，你根本吃不出来。”董大师环视一下四周，又说道，“东西纯，环境好，没有任何脏乱差，和当年的五四路烧烤一条街的烧烤店比，完全是两个烧烤世界。”

上来那道石锅烤黄鱼，让我一下子就记住了。那石板锅带着滚热的温度被端上餐桌，服务员把三条刚处理好的活黄鱼放进石板上，石板嗞啦一声，烟雾就升腾起来。在嗞啦嗞啦的响声中，服务员将葱姜蒜段撒上去，一品鲜淋上去，用玻璃盖盖上。三五分钟后开盖，鲜活的黄鱼肉大瓣大瓣地张开，轻轻一抖，鱼肉就脱落下来。往嘴里一放，鲜美极了。

“烧烤店的菜能上到这个档次，大连烧烤有品位了。”董大师这样肯定。

我们坐在“咖啡店”式的野外海鲜烧烤店，烧烤的忙碌似乎让从前的低档变成一种文明的奢侈，高雅地休憩也成了可以遥及的梦想。不论你有多么繁忙，不论你有多大的压力，你总是要停下来一会儿，享受片刻的人生舒适，每天给自己留一段时间，留一点空间，让自己在这有限的时空瞬间里，分享一曲乐章、一盏香茗、一缕馨香……

从烧烤到烤肉，流行的发源地是17世纪的殖民地弗吉尼亚。那时候的人习惯将鲭鱼和整只猪拿来烧烤。仅仅在火上单方面烧烤，属于日本人的纯炭炉烧烤。加上以酱油为底料的照烧酱汁以及番茄酱之类，就成了美国人认为的美式烧烤。1876年开始，番茄酱就成为美国调味酱料的代表。大量使用番茄酱烧烤，是现代美国烧烤的一大特色。在大连，几乎所有的烤肉店都可以称其为美式烧烤，因为他们在烤肉过程中，都在不停地往肉品上反复涂抹着甜辣酱、番茄酱之类的调味品。

烤肉店大有想为大连人添一些记性的意思，不然不会那么多。早年间的有富丽华萨拉伯尔烤肉、力之门、八兵卫炭火烤肉、一心烤肉、雅苑烤肉、王将铁板烤肉，后来又有了千手予健康烤肉专业店、韩雅烤肉、金汉斯烤肉、马修巴西烤肉、午月海鲜烧烤、田大妈烤肉、珍味亭、元太祖涮烤、大长今、正苑烧肉、金铭烤肉、鑫海汇自助烤肉等几十家规模不同的烤肉店，这些烤肉店各自张扬着菜品与服务的个性，在大连餐饮的广阔天空里弥漫着特色的芳香，有的是专门的高级烤肉店，大部分是烤肉与烧烤完全融合在一起的类型店。

金州老菜上了“两会”

2012年的全国“两会”刚开，大连媒体就传来重磅喜讯：大连金州新区6名老菜传人进京掌勺，为两会代表献出了大连区域美食特色。

大连金州新区美食文化协会会长张学安说，2011年年底，金州美食文化协会开始为“两会”美食做准备，2012年2月26日，协会正式接到全国“两会”筹委会的邀请。金州老菜共有700多道菜品，有着浓郁的海洋文化特色，技法以蒸、煮、炒、炖、烧、煎、烤、煨为主。但究竟选哪些菜进京，确实费思量。入选的菜品不仅要有金州老菜的特点，还要保证健康和营养。最后经过数月筹备改良，最终确定了115种美食，其中包括80道菜、20道主食和15个汤品。其中有的菜品曾面临失传，经过抢救性挖掘才保留下来。此次进京的菜品大都比较清淡，具备了食材应季、原汁原味、技法考究、营养全面四个特点。这也是东北菜系首次进入两会。

金州老菜已有170多年历史，有传承记录的就已超过130年。

金州菜源于官府菜，自西汉年间就开始出现，特别是在明代金州副都统衙署设立以来，政治、经济活动日益频繁，餐饮业日益繁荣，地方官厨不断增加，官厨间交流日益活跃，金州官府菜逐渐形成体系。道光二十三年（1843年），熊岳副都统衙署移住金州，称

国内烹饪大师鉴定金州菜现场

专家鉴定金州老菜

为金州副都统衙署，统领金、复、海盖等地，成为正二品军事衙署，故清政府特从北京选帮宫廷御厨孙怀为将军恩佑的大官厨。孙怀将长期在当地采集到的美食风味与宫廷菜细心融合，逐渐整理出一套完整的地方菜体系，金州菜就诞生了，孙怀先生由此成为金州菜系的开山鼻祖。之后，栾兆昌、关喜运、王寿璞、张学安等高徒世代相传，不断开拓创新，提高烹饪技艺，使金州菜系日益发展壮大，延续至今。

金州老菜最辉煌时，曾遍布金州城乡乃至辽宁，远传到苏联、日本、朝鲜等国。由于是师徒间或是家族的传承，操作技艺烦琐，难以掌握，培养一个成手厨师需要3年左右，在现代快餐业的冲击下，会做正宗金州老菜的人越来越少。

解放前后，康有为、张学良、朱德、宋庆龄、李鹏、戚发轫等政要名流，先后来到金州，对金州菜赞不绝口。国家前领导人王震就这样评价："金州真是美食之乡。"

金州老菜历史上最有名的宴席就是"三道饭席"。三道饭席属金州副都统衙署顶级宴席，菜品阵容庞大，特点以鲜咸口味为主，讲究清淡，一菜一格。

三道饭席是指每上一道大菜带四个中件，随即上一道饭及点心四样，全席共三道大菜配十二个中件。整套席面，干鲜果、蜜饯、冷荤、大菜、中件、点心饭菜等件数为四五十个，堪称豪华。

宴席上菜顺序严格，席间先上压桌碟：四干果、四蜜饯，最后上四鲜果。菜的顺序是先冷后热、先珍贵后一般时鲜，最后上饭菜。

金州老菜讲究海鲜与蔬菜搭配，动物性原料与菌类搭配，海藻类与动物性原料相配，各种小海鲜互相搭配。在烹制海鲜时，调料是慎用的，尤其是调料中的五白（盐、味素、白糖、猪油、淀粉）更要严格控制，以防侵害人体。不论是海产品还是蔬菜水果，都有"过时不食"之说。比如开凌梭，必须是早春鱼尚未张口吃食的梭鱼，凡吃过食的梭鱼就不叫开凌梭，也绝不上桌。再比如鲅鱼，必须是深秋冬初上来的鱼才能用，这就是所谓的梭鱼头、鲅鱼尾。槐树花开时，针良鱼下来了，也正是水萝卜登市季节，针良鱼炖水萝卜正是一道时令好菜。还有炒韭菜，用的都是开春后的第一刀韭菜，因为金州当地有“六月韭菜臭死狗”的说法。

一道美食名肴，常常就能带动一方经济。这话并不夸张，重庆火锅、佛跳墙、鱼翅捞饭、葱烧海参就是著名的例子。金州老菜在大连也有了这样的可能：2010年1月26日，中国烹饪协会多名权威烹饪大师从北京、河南、沈阳等地，纷纷赶到大连，为金州老菜成功地进行了鉴定，把三道饭席鉴定为金州菜系的特色代表。这个举动，有望升级创造金州新区新的地域餐饮经济。

在鉴定推介会现场，金州菜系第四代传人王寿璞老人说起金州菜满脸放着红光。据他回忆，金州菜系主要分为三道饭席、地方宴席、地方小吃和创新菜品四方面。

三道饭席是金州官府当时的顶级宴席，名贵食材当时有南洋群岛的燕菜、长白山的熊掌和哈士蟆、金州紫鲍、刺海参、鱼翅、鱼唇、海蟹、对虾、加吉鱼、开凌梭等。根据宴请的规格分为高、中、低三个档次，高档的是燕、翅、鸭全席，中档为鱼翅席，低档为海参席。

地方宴席又称为金州当地老席，全拼八碟八碗酒席、六碟六碗酒席、四碟八碗酒席、半桌头酒席就是地方宴席的代表。

地方小吃包括了金州驴肉包、菜脐溜、鱼卤小面、金州羊汤、金州烩勺面等小吃，其中部分地方小吃中的金州老菜已申报市级非物质文化遗产。

近年来在继承传统的基础上博采众家之长的创新菜品，更具金州老菜食材特征的现代色彩。

北京著名烹饪大师大董（董振祥）、辽菜大师王久章、徽菜大师陶连喜、大连老菜传承大师牟传仁、大连烹饪大师杜兆生等一批国内权威专家共同认定，金州菜系历史悠远，菜品独特，历史文化底蕴深厚，在选料上注重时令，烹饪时讲究火功，不破坏营养元素，口味鲜咸，原汁原味，色香味营养俱全，具有很高的文化品位，很强的推介价值。金州菜选料精良，梭鱼头、鲅鱼尾、一刀韭等就是明证，肉品瘦而不柴，脆而不焦，清香爽口，回味无穷。

金州小吃是金州菜系的重要组成部分，一般谈到金州菜系都不会把金州小吃割裂开来。

20世纪40年代，大连金州城有一家低矮的普通店铺，没有鲜艳的字号，只有大红灯笼上写着六个大字：“真正驴肉包子”。就是这家不起眼的小店，方圆几十里地没有不知道的，是金州最叫座的驴肉包子铺。

据说，这个包子铺是20世纪20年代

一户姓董的人家开的饭馆，后来一个叫于天吉的人接手，开了驴肉包子铺，不久又兑给了伙计徐长荣。从20世纪20年代到40年代，徐长荣开的这家驴肉包子铺是最负盛名时期。

据徐长荣的侄子徐延良说，徐长荣的驴肉包子每10斤驴肉掺上2斤肥猪肉和2斤小海蛎子，再加上各种调料，在一起调和好，这样的包子汤鲜肉香，油而不腻。如果全部用驴肉做馅，馅发艮，不好吃。徐长荣的驴肉包子铺每天顾客盈门，车水马龙。有的人是专门从大连或其他地方来，品尝这鲜香的包子。还有的人来买了馅带回去，自己做。有一种说法不知道是否准确，“驴肉之乡”的唐山市，就有人来找徐长荣讨教这门手艺。

后来驴肉在市场上开始短缺，徐长荣的驴肉包子铺最后也不得不歇业了。不过，他的驴肉包子烹饪技艺却成为金州人的美谈。

收徒拜师仪式

老金州南街有一个羊肉馆，掌柜的叫李延年，每天除了做各种羊肉炒菜外，精心研究制作出来羊肉包子和叉子火烧。他的羊肉包子馅里掺了猪肉，膻味小多了，又加了小海蛎子，比较鲜香，知名度不比驴肉包子差。

当然，他的拿手美味就是那叉子火烧了。在和好的面上，撒上细盐，涂上豆油，捻上芝麻，抹上佐料，在花模压实倒出来，放在铁叉子上烧烤，外焦酥脆，内润香软。

李延年于20世纪50年代作古，无人继承的叉子火烧只能成为金州美食的一大憾事。有人说，如前所述的刘豆腐脑跟叉子火烧一样，真实情况是早已失传，普照街小吃的刘豆腐脑根本不是金州的刘豆腐脑，我以为这已无意义，关键是如今的豆腐脑做的究竟好不好吃。

徐学林，大连益昌凝糕点第四代传人。

益昌凝糕点铺是由吴洪恩先生于1869年在金州古城里创建，主要以中式传统糕点、软硬八件、套环酥、江米条、光头饼、状元饼、元宵、月饼为主要生产品种，曾风靡金州古城，为金州百姓津津乐道。吴洪恩去世后，由儿子吴先生接班，1950年吴先生去世由吴洪恩孙子吴智明先生负责传承接班，当时吴智明只有15岁，1956年公私合营成为大连金州益昌糕点厂，吴智明先生一直负责技术生产，并于1985年退休。益昌凝糕点厂于2005年歇业。

为挖掘传承，弘扬传统食品文化，大连凯林集团董事长徐学林于2009年11月正式拜吴智明老先生为师。经过拜师仪式后，徐学林成为益昌凝糕点第四代传人，并成立金州新区第一家百年老字号店铺，重现益昌凝糕点的原貌，再创传统食品的光辉。

大骨鸡的两岸味道

世界上有一些成功，往往是通过“墙里开花墙外香”的曲径通幽之路走过来的。庄河大骨鸡，就一直在经历着这样的过程。

20世纪60年代，在中国就有“蒙古马、秦川牛、长白猪、庄河鸡”四大美食品牌之说，在大连地区更有“金州马、新金猪、复州牛、庄河鸡”“四大名旦”之传。庄河大骨鸡又名庄河鸡,是我国著名的肉蛋兼用型地方良种，主产于庄河市境内。早在200多年前,清朝乾隆年间，山东移民大量迁入庄河，带来了山东寿光鸡和九斤黄鸡。这两种鸡与当地土鸡杂交后，又经过老百姓多年选育，最终形成远近闻名的庄河大骨鸡，一直被誉为“天下第一鸡”，又有“鸡中凤凰”之美称，目前已是国家级畜禽保护品种，中国绿色食品发展中心认证的绿色食品，和国家工商行政管理总局认定的国家地理标志产品。

庄河大骨鸡肉质鲜美细腻，营养丰富。大骨鸡成菜后肉块油亮光滑、色泽微红、肉感十足，醇香满室，未吃食欲便被挑动；吃一口肉味丰富、弹性耐嚼、持久留香，口齿之间满是古老的乡野感觉，每每勾起童年时吃鸡的回忆，特别是农家散养的大骨鸡，尤为美食上品。作为庄河著名的美食，在当地的百姓中流传着这样的顺口溜：“农家老大嫂，架起大铁锅，烧起大柴捧，炖着大骨鸡。”农家炖大骨鸡要选用毛色鲜亮、胸深背阔公鸡或母鸡，同宽粉丝、蘑菇等，在火上最少要炖上两个多小时，让各种调料渗透其中，食用起来，

庄河大骨鸡“凤百年”品牌打造人黄晓东

肉鲜汤美，别具农家风味。庄河大骨鸡作为肉食鸡类的高端品种，由于其营养价值比一般家养鸡偏高、保健功能显著且食用安全，深受国内消费者喜爱。2004年，袋装白条庄河大骨鸡和大骨鸡鸡蛋就已经远销日本和港澳台地区。

坊间传说，“凤百年”庄河大骨鸡可追溯到清乾隆年间。相传，一次乾隆帝出游途中偶遇凤凰，为赏其貌随至一座幽静山村，却被一股扑鼻香气所吸引。原来一农家正在炖制当地特产土鸡。乾隆帝不禁向农家讨要一碗品尝，顿时被其润滑的肉感及鲜美的味道所折服。后经农家介绍得知，此肴名曰“大骨鸡”，且不止肉鲜味美，更有极高的营养价值，是当地宴请宾朋、滋补身体之首选。乾隆大悦，因随凤而来，即赐名为“凤”。此后，御膳之中亦有“凤”之名，并历经百年沿用至今，遂称其“凤百年”。

我觉得这个传说有些炒作的嫌疑，在庄河的历史长卷里我还没有发现乾隆来过这里。

可能是因为大骨鸡品牌太响，有些不法商贩打起假冒伪劣的主意。一时间，大连街头巷尾真真假假满城皆是大骨鸡，稍有些内幕消息的人渐渐远离大骨鸡，想吃的人毫不在乎车马费，宁愿开车跑到庄河乡间去买真货。如此一来，庄河大骨鸡市场受到了挺大的影响，大连人进了商场在大骨鸡柜台前会犹豫半天。一些相关部门让大骨鸡随行就市，似乎并不懂得这样一个道理：品牌是需要爱惜和保护的。

对于正在为此事忧心烦恼的“凤百年”庄河大骨鸡掌门人黄晓东来说，2009年这个火热的夏天，却突然有了一种“千树万树梨花开”的感觉。他多年来精心打造的“凤百年”庄河大骨鸡品牌，这些日子陆续得到了港澳台朋友与客户的订单和协议。作为大连一个著名的食品品牌，本来应该在本市很受青睐的庄河大骨鸡，却在较长一段时间里市场寂寞，让他不能不得到深深的遗憾。在黄先生有些绝望时，竟有好消息不断传来。

第一个好消息，是台湾蔡家食谱首道名菜就是大骨鸡。

时间很快到了21世纪初，台湾富商蔡辰男先生带着投资的愿望来到大连，认识并品尝了这营养价值高出一般家养鸡的大骨鸡，萌生了经营这道佳肴的念头。这时候，他已将自家在台湾的名馆子蔡家食谱做到了江浙，仅上海就有四家，两岸饮食文化的整合也有了新的突破。蔡夫人是台湾宜兰人，对宜兰菜一道炖汤特别偏爱，汤里除了甘蔗、蒜苗、白果、五花肉、猪肚、猪肺等外，最重要的就是蔡先生推荐的这只大连庄河大骨鸡了。他是在大连投资超级市场时，发现了大骨鸡。他觉得，这种鸡很适合做他妻子娘家的鸡汤。他用庄河大骨鸡做的这道汤菜，味道奇鲜美，是台湾与内地江浙蔡家食谱卖得一直很火的一道名菜。香港著名美食作家薛兴国曾撰文称，“蔡家食谱吃出两岸文化味道”。

黄晓东决定抓住蔡家食谱这条红线，把庄河大骨鸡品牌在港澳台彻底作响。

黄晓东得到的第二个好消息，是港澳客人也在青睐庄河大骨鸡。

葡国鸡是澳门地区饮食行业最具特色的一道名菜，这道菜的做法已经非常成熟和普及，但是，若想做出色香味俱佳的“葡国鸡”，鸡肉的品质特别重要。2009年8月19日，黄晓东先生在庄河盛情接待了澳门大学的朋友陈先生一行。陈先生在澳门开了几家经营葡国鸡的馆子，据说还不错。席间黄先生亲自下厨，采用上等庄河大骨鸡鸡肉作为原料，根据“葡国鸡”的做法，为澳门朋友烧制了一道颇具特色的庄河“葡国鸡”，这道菜的鲜美令澳门客人筷不停手，赞不绝口，结果这道菜被一扫而光，临行前澳门陈先生还主动向他索要了8只庄河大骨鸡鸡腿。

陈先生回去后，又请前来的香港尖沙咀“鹿鸣春”一位厨师朋友吃饭，做得就是这道庄河大骨鸡。

庄河大骨鸡肉质非常鲜美

这位厨师居然知道庄河大骨鸡在内地很有名，之后推荐给了老板和其他几家饭店。不久，订单就来了。听说“鹿鸣春”一家店，一上就是十几件。香港中环的名店“镛记”和元朗的“大荣华”也有协议跟来。几家做香港鸡仔饼的店闻之也有进大连庄河大骨鸡的打算，他们罐装或盒装的鸡仔饼可是远销东南亚的。

第三个好消息，是台湾商人想做“大骨鸡”旅游特色食品。

故事回到2008年12月20日，大连机场开通至台湾互飞往返航班，成为东北第一个开通两岸包机航班的城市。在大连开发区投资建厂，已有5年没有回乡探望的台商林总，成为飞往宝岛台湾第一班客机的客人。临行之时，林总想给家乡人带点具有地方风味的大连特产，思来想去最后决定带两样大连特产，一个是“财神岛”的大连海参，另一个就是“凤百年”庄河大骨鸡。

林先生回台湾后，知道蔡家食谱已有这道名菜甚是高兴。有台湾朋友希望他做大连旅游特色食品，据说他已与黄晓东先生进入商谈“凤百年”庄河大骨鸡的真空包装旅游特色食品的合作事宜。

在大连市场还没有做出大名堂的庄河大骨鸡，却成了港澳台客人青睐的美食，“墙里开花墙外香”这个定律，让黄晓东感慨了大半天。

一个能流芳百世的名字，绝非浪得虚名。庄河大骨鸡亦是如此，大骨鸡的食养价值之谜更是几代人看重的。

黄晓东告诉我，庄河大骨鸡是地方界定区域内传统的家禽精品和享誉古今中外的知名品牌。《辞海》中的词条表述：“庄河鸡，又名大骨鸡。我国鸡的优良品种，原产辽宁庄河、丹东、凤城一带。体躯大，头颈粗，胸深背宽，脚趾粗壮，单冠。毛色有黄、黑与草白三种，经选育后为麻黄色，羽毛丰满。公鸡体重3～3.5千克，母鸡约2.5千克。年产蛋约140个，蛋重65克左右，壳褐色。”另据《庄河县志》记载，庄河大骨鸡“腿高颈粗胸裆宽，红毛黄腿啼鸣晚，好似骆驼蹦不高，蛋大腰圆尾巴短”。

庄河大骨鸡基本特征为公鸡体大，母鸡蛋大，抗病力强，耐粗饲料，肉丝红嫩，味道鲜美，营养丰富，食药兼用。被誉为“鸡中之王”和“鸡中凤凰”。其中散养大骨鸡的基本特征为“闯荒山岭，踏绿草皮，食百昆虫，饮山溪水，蹲阴凉处，鸣朝阳坡，家鸡山养，溜达散放，肌肉发达，野味异香。堪称‘绿色食品’”。庄河大骨鸡鸡蛋以“蛋壳褐色，蛋清晶莹，蛋黄细腻，蛋质优良，蛋养丰富”为特点，一直成为市场上长期抢手的“宝贝蛋”。

与普通鸡相比，大骨鸡脂肪低于普通鸡的15.5%，胆固醇低于普通鸡的44.3%，蛋白质高于普通鸡的10.1%，锰高于普通鸡的30.3%，锌高于普通鸡的

30.8%，铁高于普通鸡的64.4%。这组数据证实，庄河大骨鸡的确可以称得上中国四大肉食品牌。

喜用庄河大骨鸡烹饪菜肴的国宴大师董长作认为，大骨鸡美食营养比一般鸡有大补作用。大连庄河大骨鸡散养粗饲，耐寒抗病，因而其蛋质尤佳。大骨鸡鸡蛋蛋壳光洁，蛋黄杏红，蛋清澄澈。富含人体必需的多种氨基酸、不饱和脂肪酸和维生素，对人体有益的微量元素含量偏高，其中钙含量超过一般人工“高钙”食品。庄河大骨鸡无论肉质还是蛋质均优于普通鸡种，历来为产妇、老人、术后及体弱者滋补之佳品，缺铁、缺锌、缺钙者及运动员等人群，强体健身应首选它。

大骨鸡一般在林地散养，以觅食草籽昆虫为主。又因庄河特殊的丘陵地势，使大骨鸡的活动能力得以提高，保证了肉质的紧密性，所以才会有嫩滑味鲜的口感。庄河是湿润地区，利于玉米、水稻等农作物的生长。北部山区盛产柞蚕，沿海水产资源丰富，大量的天然虫草及矿物质饲料为散养提供了充足的天然饲料，同时又使其饱含人体所需的多种氨基酸。

做庄河大骨鸡菜是董大师的绝活之一，他说，庄河大骨鸡怎么做都很美味，炖大骨鸡鸡肉香嫩可口，鸡汤鲜美；炒大骨鸡肉香可口，大骨鸡冻有清爽可口的特点，滋补药膳大骨鸡能益气补血补肾长寿。产妇滋补，就用大骨鸡汤，能补肝肾，益气血，祛寒化淤止痛，对产妇眩晕、心跳加快、面色灰黄都有疗效。

大骨鸡如果用家常做法，口味更加鲜香味浓，关键是一定要将大骨鸡用豆油煸炒断生后，再加入调味料和汤，否则鸡肉土腥味去不掉。

在电影史上，用鸡来当角色是少见的。曾经却有一部电影《冰峪沟》，就是用这辽宁畜牧业“四大名旦”之一的庄河大骨鸡，给观众讲了一个品牌致富的故事，牛吧？

无论你对庄河大骨鸡市场是否将信将疑，庄河大骨鸡的品牌价值却一直无人怀疑过。况且，它还填补了大连市地理标志证明商标的一项空白。

翻阅庄河大骨鸡的历史书卷，谁都得心服口服。1975年，庄河大骨鸡首次参展广交会。1984年，庄河大骨鸡出展美国，为中国首次争得国际美誉。1987年，被辽宁省政府评为“科技成果”奖。1988年，庄河大骨鸡又在北京博览会上展出。2000年9月，被首届中国（沈阳）国际农业博览会列为“国家级畜禽资源保护品种”。2006年，被国家工商行政管理总局注册为地理证明商标。

2012年春节，“凤百年”庄河大骨鸡已按照订单向外发货近千盒，共9个地区和城市，黄晓东感觉到大骨鸡品牌市场正在逐步健康地回归。

新金猪和复州牛又是如何的命运呢？

溜达猪接力新金猪？

在大连传统的“四大名旦”之中，只有金州马基本不在美食范围之内。

作为中国名马，金州马产于金州区，是引入蒙古马母马，用外种轻型公马杂交而成的，其中卡巴金马、盈哥鲁诺尔曼马作用较大，体质结实，灵活温顺，结构匀称，体型优美，眼大明亮，蹄质坚韧。金州马主要产区登沙河镇赵屯的一位姓马的书记曾经说，一匹金州马的工作能力等于蒙古马的1.5到2倍，每公里平均速度为1分25秒。听老人说，金州马以前是军马，后来杂交后民用，农户种地是离不开金州马的，只可惜，现在人们已经不需要它了。另外，没有草场和马场，金州马失去了生存的环境，最终消失。因为这种历史渊源，大连人极少吃马肉。

不过最近20多年在一些日本料理店里，大连人吃到了蘸着酱油萝卜泥吃的生马肉后，还是慢慢喜欢上了这道菜，觉得比较鲜润爽口。

在金州马和新金猪的形成过程中，移民色彩的烙印清晰而又深刻。

新金猪成了大连人的口头福，可不是一天两天的事情。在金州区某镇头一角，一个热闹的庙会让我感受到了新金猪的魅力。巧了，是多年前一个猪年的金州庙会。猪年庙会上“猪”的造型饰品颇多。民间工艺品摊上，摆放着《西游记》陶瓷人物，猪八戒扛着大耙子，露着大肚皮。“猪八戒背媳妇”的竹编物吸引了一些孩子，这是一个用竹篾编织的工艺品。大腹便便的猪八戒背着穿着绿色绸衣的媳妇，给人一种诙谐幽默之感。庙会的一角，还有一个捏面人的，有扛着铁耙的猪八戒，也有手搭凉棚的孙悟空等。庙会上生猪摊点更是热热闹闹，有大猪，也有小猪。庙会的猪肉摊，都是地道的新金猪。

新金猪是我国主要的优良猪种，产于辽宁省原新金县夹河庙镇。新金猪的诞生历史可谓悠久，最早出现的新金猪是这个镇的巴家村养猪场一位姓徐的农民，于1956年利用当地的黑色家猪与叫巴克夏的日本猪杂交而成的，然后马上在夹河、杨树房、皮口等镇的养猪场推广起来。这种猪外部最明显的特征就是浑身上下有6处白毛，其余的都是黑色毛。这“六白”就是猪的四个蹄角、尾尖及脑门上。新金猪体质健壮，发育匀称，耳微向前，颈短粗厚，臀部丰满，背腰平宽，长短适度，抗病力强。因其耐粗饲，很快便在当地及周边地区推广起来。

当时的新金猪肉以脂肪高、味道香为特点而提高了知名度。曾经担任过夹河庙镇党委书记的王闲良对来采访的记者说，新金猪真正兴起是在20世纪60年代末至70年代，那时已经闻名全国。1958年12月，在全国农业展览会上定名为“新金猪”，被推广到全国20多个省、市、自治区。1971年8月，经国务院批准，80头新金猪运往阿尔巴尼亚，这是大连地区第一次活猪出口。此后，又出口朝鲜、越南等国家，可以说是享誉全国，走向世界。当时，这个镇还派专人到这些国家培训饲养新金猪呢。

新金猪的猪肉有两大特点：脂肪高、味道香。在那个物质比较匮乏的年代，人们闻香便会蜂拥前往，买猪肉当然要买肥肉，新金猪的市场自然就很广阔。农民都喜欢养头新金猪，新金猪可以让他们生存无忧，过年吃杀猪菜的时候，农民们一定留给自己一头能让全家人开心的新金猪。一种社会习俗，都离不开社会物质生活变化的结果。有不少老人告诉我，大连农村人过年吃杀猪菜的习俗，基本就是从那个时代开始形成的。

“新金猪做的菜特别香，现在不少猪肉菜基本都没有什么滋味了。”大连国宴大师董长作对新金猪有着深切的记忆。“比如鲁菜中有一道菜叫猪肉粉条熬白菜，这道菜历史悠久，东北菜中也有这么相似的一道菜，叫猪肉粉条炖大白菜，做法和味道都相似。早在上世纪70年代，山东鲁西南地区就有这道猪肉粉条熬白菜了，当时在市场上卖2毛钱一碗，再买两个馒头就着吃，那肉别提多香了。大连这道菜当年卖的也很火，谁都爱吃，也是几毛钱一大碗。再比如芫爆里脊丝是山东济南人传统爆炒方法之一。芫爆里脊丝是用猪里脊加芫荽做成，故而得名。济南人把香菜叫做芫荽，以芫荽梗为主要配料来爆制菜肴，济南叫做芫爆，这也是济南老鲁菜传统的烹制方法。原料经芫爆后，清淡鲜嫩，鲜咸不腻，具有芫荽特有的清香。芫爆里脊丝成品里脊白嫩，香菜绿而嫩脆，咸鲜清淡，宜于酒菜。芫爆里脊丝要求猪里脊肉香气很足，但是现在很难遇上新金猪那种香味猪了。猪肉芸豆包子怎么好吃？必须猪肉香才好吃。原来的徐长荣金州驴肉包子和王延年的羊肉包子，好吃的秘诀是掺进了好吃的香猪肉。人们现在生活水平是提高了，不喜欢新金猪的大肥大腻是合乎逻辑的，但是猪肉在变瘦味变清淡时变得越来越没有猪肉味了，也是不能忽略的市场现象。”

养过多年新金猪的金州新区夹河镇农民刘日勤，曾在2004年11月份向来了解新金猪的朋友们介绍说，人的生活好了，喜欢吃瘦肉了，前些年从国外引进了一批洋三元瘦肉型猪，一下就把新金猪击垮了。在他看来，出现这样的情况也很无奈，“市场上不需要肥肉型的新金猪了，虽然新金猪的猪肉好吃，但老百姓也不愿意养了，因为一头新金猪平均一天才长一斤肉，而现在的猪一天能长两斤肉，饲养成本让老百姓失去了饲养兴趣。”

1999年的时候，刘日勤自己差点也不养新金猪了：“那年的猪肉特别便宜，一斤才卖一元多点，小猪崽都放到街上，没人养了。那年，我赔了不少钱，确实不想给新金猪保种了。”继续保种新金猪的念头，刘日勤说与自己的性格有关：“有一天我看了一期报纸，说原来的牛绝迹了，120多斤的头骨进了博物馆，我当时特别遗憾，我就想，一定不能让新金猪在我手里绝种了。”

脂肪型的猪逐渐被淘汰，瘦肉型猪逐渐深受人们欢迎，养猪逐渐成为农村的一项致富产业，新金猪因为长得慢、瘦肉比较少、生长速度和产仔量一般的弱点，到了上个世纪90年代初，代表着普兰店市乃至辽南地区生猪主要品种的新金猪基本上从市场上消失了。

尽管刘日勤们还在精心保种新金猪，但新金猪的标本已进入了北京的国家博物馆是令人警醒的事实。

刘日勤在万般无奈之下，在2004年夏天开始用新金猪和梅山猪进行交配，交配的新品种叫梅新猪，庄河、海城、营口等地都来买梅新猪的种猪，梅新猪肉比普通猪肉香，口感很好，肥肉也比新金猪少了许多。在很多人看来，这不失为新金猪的一条出路，可是刘日勤却说，如果这样的话，就没人保种了，到那时，新金猪真就绝迹了。

“现在很多人已经看到普通猪的猪肉无味了，这对新金猪来说，或许就是一个市场机会。咱大连人在冬天都喜欢吃杀猪菜，新金猪肉炖酸菜，那才叫一个香。”刘日勤对猪肉市场有一定的透视眼光。

刘日勤曾畅想过，现在有不少人愿意吃纯种的新金猪的猪肉，觉得还是它的肉香，所以，他觉得纯种新金猪还是有很大的市场潜力，除了打算继续繁育纯种的新金猪，他还打算在大连建一家纯种新金猪的猪肉专卖店。

就在新金猪被无情的市场淘汰的同时，另一个现象奇怪地出现了：2010年左右，一些生活比较富裕的大连人成群结队地开车赶到庄河、普兰店、瓦房店一带的农民家中，直接购买农民自家养的猪。而这时候，不少农民已经不愿意在家里散养家猪了，就像刘日勤说的那样，成本太高收入太低，连养猪户的家庭生活都不一定有所保障，谁敢养啊。问从城里来的人原因，都说市场一些猪肉早没了原始的香味，有的追求快速饲养，在饲料里放了什么让猪长那么快谁知道，还是到山沟里买的家养猪肉保险、香味纯正。而这些大连人，大都是近几年去过大连农村一带的朋友家中吃杀猪菜后对猪肉市场产生的感叹。

这个现象，被一个大连瓦房店炮台乡叫王世武的人注意到了。他忽然像中了彩票似的看到了什么，欣喜而坚决地把在建筑建材市场多年来赚到的一大笔钱一收，毫不犹豫地回到了家乡。

2011年9月1日，央视七套致富经栏目播出了一个专题片，讲的是大连瓦房店炮台乡人王世武养猪的故事。“中国溜达猪王”王世武就这样一夜间家喻户晓，在田间山林溜达养大的纯绿色猪印象深刻地占据了人们的大脑。大连市瓦房店炮台镇铭湖山坡后那一大片溜达猪，开始成为食品界的绿色明星。

在王世武那部专题片里，“我把五千万倒进了猪圈里”、“大环境好躺着也能挣钱”之类的名言警句令人印象深刻。而他的养猪事业也随着他在大连开设的几十家专卖店的生意红火而蒸蒸日上。尽管“溜达猪王”这个名头并不怎么好听，但这丝毫不妨碍他对这一全新事业的投入和重新迸发的创业激情。2012年春天，关注王世武有了更充分的理由：他刚刚签署了融资协议，成为大连养猪行业接受风投注资的第一人。2011年9月，因为品尝了溜达猪的品质，并且是感觉“特别与众不同”，香港世铭投资公司大连负责人范慧深直接把电话打到王世武的壮壮牧业公司，进而两人开始接触洽谈。从接触到最终签署协议历时8个月，这个听起来时间有点长的融资案在王世武看来进展的非常顺利。未来4年内，在全国市场建至少600家专卖店而且全部是自营的计划目前正在扎实地进行中。

王世武的溜达猪当然是在山坡上溜达着散养，他请了农业大学的专家来指导，他的溜达猪吃纯粮食听音乐生长最少8个月。“首先喂的东西是纯粮食，不能有任何添加剂。第二点，就是要保证生长时间，八九个月是猪的黄金生长期，我们每头猪都打耳号，确保生长期，光买这个耳号每年就要花几万元。”

2011年10月，王世武在办公室里接受我的采访时说：“对长期散养的溜达猪来讲，防病非常重要。猪最容易患的就是感冒和呼吸道系统疾病，因此养猪最重要的是温度，我们的猪舍都带暖气，雨雪天气不往外放，不能让猪忽冷忽热，保持恒温。”王世武还道出他养猪防病的一个秘诀，就是给猪听音乐。

我曾随他去过炮台镇铭湖山坡后那一大片溜达

王世武因散养溜达猪，在央视节目中被人称作“中国溜达猪王”

猪养猪场，猪们在青山绿水之间，听着音乐，喝着山泉水，吃着没有任何添加剂的麦丕、稻糠、玉米、杂草、树叶和虫草等饲料，在山上山下、田间地头溜达着成长。王世武说，猪大部分病源是因为“应激”反应所致，即被吓着后产生的各种症状，对猪肉的味觉与营养都有影响，听音乐可以舒缓神经，不会产生“应激”反应，免疫力和抗病能力强。“料管饱，水上膘”，这是当地养猪农民的谚语，水对养猪的意义可谓重大。养好猪，喝好水。王世武这么想着，就打了一口500米深的山泉井，山泉水就成了猪们日常的饮品。

2010年8月，王世武在大连市区连开了3家“溜达猪肉”专卖店，但是销售情况却给了他当头一棒。第一个月的销售额仅有2万多元，屠宰出来的猪，大部分最后都只能分发送人。为什么没有像王世武预期的那样，消费者踊跃购买呢？问题究竟出在哪儿？

经过详细的了解，王世武发现，在专卖店里，消费者对溜达猪的养殖方式心存疑虑，只有眼见为实才有说服力。王世武决定，组织市民免费参观猪场，推广溜达猪。每到周末，王世武就派车到市区一些居民小区，把市民接到养猪场参观，中午还有免费的猪肉大餐。这个活动直到现在，每周还举办一次。大家对溜达猪心里有了底，购买欲旺了起来。他的溜达猪市场，也开始兴旺起来。

我发现，溜达猪肉和普通猪肉比的确有所不同。溜达猪肉比普通的猪肉硬，你购买时专卖店服务员会告诉你，多煮一会儿。猪肉硬的原因，是因为溜达猪放养在10个月以上，猪肉长得结实所致。溜达猪肉为暗红色，肥肉纯白色，不自然放养10个月以上是不会出现这种颜色的，牛肉是暗红色也是这个原因，而一些饲料催养猪肉色粉红，肥肉粉白色；溜达猪骨骼粗大坚硬，骨髓充足，较难敲断，而一般猪骨骼发脆一敲就断，且骨头多是血沫子；溜达猪排骨截断而接近方形，普通猪排骨截

瓦房店炮台乡的溜达猪因为其天然绿色饲养，目前已成大连市民和香港上市公司的抢手货

溜达猪肉普遍肥瘦厚实结实，味道香那是因为放养时间必须按照自然成长规律时间的缘故

断且多椭圆形；溜达猪猪头大，猪蹄粗大，猪皮厚，肥膘厚，肌腱脂肪明显，而普通猪则相反。这一切特征，都是自然散养时间长并无人工添加剂的原因。因此，溜达猪肉烹饪时炖的时间长，不粘锅，有肉香味。有些养猪场4个月养的猪就达200多斤，直接送到屠宰场。

几位农民朋友告诉我，农村那些农户自家养的猪，就是王世武溜达猪这种类型的猪，炖的时间长、肉香、猪肉为暗红色、没有乱七八糟的添加剂，比普通猪肉贵一倍多点。即使这样，城里来乡下买的人也挺多，一般来的时候看见还没长成熟，就让我们一定给他们留着，按预订时间再来钱货两清。

"人们穷的时候，想吃香味浓的猪肉。日子好了，人们想减肥了又想吃瘦猪肉。现在一些猪肉变得没猪肉味了，瘦肉精添加剂把人弄怕了，人们又想起了新金猪。这就是轮回。在新金猪快绝种时，溜达猪冒出来了，在市场上就占便宜了。溜达猪只要就这么天然地原始性质地散养下去，别添各种添加剂，将来不会比新金猪差。"董大师这番见解，很容易让人思考。

在感叹新金猪濒临灭绝时，从溜达猪的发展前景上，我们还是看到了大连美味香猪未来美好的希望。任何事情都有轮回的性质，吃的轮回更是屡见不鲜，我相信眼前那一片绿油油的山坡上攒动着的溜达猪不是一幅短暂的幻象。

复州牛附体雪龙黑牛？

2010年8月1日，一头名为“黄三壮”的复州牛落户大连森林动物园。牛的体重1300公斤，是目前中国最大的一头牛。复州牛的一般寿命为20岁左右。这头牛是2003年出生的，正处于壮年时期。但是作为种牛它已经被淘汰了，为了让更多的人了解大连特有的黄牛品种，政府在动物园里给它安了新家。

复州牛主要产于大连市瓦房店市，在大连地区分布较多，是用当地的黄牛与移民带进的华北牛进行杂交，精心选育饲养，形成一定数量体型较大的牛群。复州牛是国家保护的优良杂交品种，到2010年年底在全国只有100多头，其中种牛仅存16头。政府对这一地方良种牛给予高度重视，每只牛都有自己的谱系。

瓦房店市早年叫复县，农作物以玉米为主，玉米秸是复州牛的主要饲料。有草山草坡81万余亩，饲料资源丰富，适于发展养牛业。当地农民也素有养牛习惯，对养牛极为重视。复州牛匀称健壮，骨骼粗壮，背腰平直，蹄质坚实。公牛角短粗、向前上方弯曲。母牛角较细、多呈龙门角。牛毛为浅黄或浅红，四肢内侧稍淡，鼻梁多呈肉色。

复州城牛标本已经进了大连森林动物园，如今雪龙黑牛彻底代替了它

复州牛近年越来越少，与它的经济效益有直接关系。与其他品种牛比较，复州牛的屠宰率、净肉率、骨肉比和眼肌面 积等项指标，都处在了领先水平上，并且乳肉兼用。 平均屠宰率为50.7%，净肉率为40.33%，肉骨比为1:4.1，眼肌面积为59.5平方厘米。这样的指标，如此巨大的牛肉市场，复州牛的减少是顺其自然的。

大家都知道，牛肉含有丰富的蛋白质，氨基酸组成比猪肉更接近人体需要，能提高机体抗病能力，有更高的不饱和脂肪酸、更低的饱和脂肪酸。复州牛肉质柔嫩香甜、部分位置有入口即溶的鲜滑感，市场和酒店要的最多，做烤牛排非常香糯，包牛肉馅饺子十分鲜美。供不应求对复州牛来说是常有的事。

复州牛求大于供时，第一个着急的是国家和政府。2004年9月28日，农业部畜禽牧草种质资源保存利用中心，在瓦房店市复州牛保种场，做20头复州牛采取胚胎获得成功，共采取A级胚胎53枚，平均每头2.5枚，将这些胚胎借助其他受体母牛的子宫可同时生产多个犊牛，这种方法可迅速提高牛群品质，将具有优良的遗传品质、优秀的体质和高生产性能的遗传基因保留下来，缩短育种进程，在保种育种生产方面将产生巨大经济效益，为复州牛保种增加一个新的途径。

就在国内人为复州牛的重新崛起四处奔波时，一种新的牛肉在瓦房店市诞生了。正是这种牛肉，让大连瓦房店牛肉在全国一下子变得品牌异常闪亮。

时下说到极品牛肉，我们一定都会想到日本的神户牛肉。

日本神户牛肉是当今世界上最有名气的牛肉。最早发现神户牛肉美味的并非日本人，而是在1865年来到神户的西方商人。英国商人在日本设立了第一家牛肉店。直到1872年，第一家日本人经营的食用肉屠宰市场“鸟兽卖入商社”成立，牛肉才正大光明地成为日本百姓的佳肴。作为日本特产，神户牛肉常常出现在招待国宾的宴会上。那种香而不腻、入口即化的感觉，总是能让人不忍停箸。它曾卖出过一头牛722万日元的天价，这样的价格做成的天价牛排可想而知。出产神户牛肉的日本但马地区，是个有山有溪的地方。溪水中富含矿物质，是不折不扣的矿泉水；山上生长的牧草中还夹杂着药草。神户牛就是如此喝矿泉水、吃药膳长大的。神户牛还会喝啤酒，听音乐，享受按摩。据但马农场主讲，牛长到一定程度会出现食欲减退，所以他们会喂牛喝啤酒以增进食欲。为了让牛安心成长，养牛人还会给牛放音乐，定期用梳子给牛做按摩，用烧酒涂抹其毛皮，据说这样可以加强牛的血液循环，使皮下脂肪更均匀，牛肉品质更细腻。

就在神户牛肉扬威天下时，一个叫邢雪森的大连人在瓦房店市炮台镇自己的牧场里，培育了自己的“饮温水、喝啤酒、听音乐、睡软床、吃熟食、享受按摩”的雪龙黑牛。雪龙黑牛的出现，等于宣告中国也有了与神户牛肉同步起舞品牌级别的雪龙黑牛。

对大连人来说，2002年7月4日太值得纪念了。大连雪龙产业集团有限公司在这一天成立了，这是一家集高档肉牛育种、繁育、饲养、屠宰、精深加工，有机肥料生产、稻草饲养及稻草制品熏蒸出口等产业于一体的农业产业化龙头企业。雪龙牛肉从2008年开始大规模供应国内市场，目前已成为我国具有自主知识产权、填补国内高档牛肉空白

雪龙牛肉

矗立在天津街上的雪龙黑牛餐厅

的民族牛肉品牌。既为2008年北京奥运会核心区供应牛肉之后，在上海世博会上，雪龙集团又成为世博园内各大餐厅的牛肉供应企业。4月30日晚，在上海国际会议中心华夏厅胡锦涛主席招待各国贵宾的宴会上，选用的就是雪龙集团供应给国宴中心的5A三角牛腩部位，被称之为上海海派菜中的“一品雪花牛肉”，该部位牛肉雪花纹理清晰优美、入口即溶，被来宾称之为极品高档牛肉。

“大连宾馆和棒棰岛宾馆这几年一直在用雪龙黑牛，”董大师解释说，“很简单，这就是中国的神户牛肉。做牛排，做牛肉粒菜，做酱牛肉，食材再好不过了。”

“和老复州牛的牛肉比，怎么样？”我问。

“复州牛的牛肉很不错，传统上是一般牛肉不能比的。但是，雪龙黑牛把日本神户牛肉的精髓基本研究透了，从饲养到宰杀，牛肉的口感不仅入口即化，十分香滑细腻，而且大理石一样的肉身纹理清晰优美，非常养眼，是一般的复州牛做不到的。”他分析说，“对雪龙黑牛给予再高的评价也不为过，你看一看这几年国家对它的重视程度就可以理解了。”

雪龙黑牛确实是中国牛肉市场的“大哥大”：2010年5月4日下午，当时的中共中央政治局常委、国务院副总理李克强，陪同朝鲜劳动党总书记金正日，视察了瓦房店市炮台镇雪龙黑牛牧场。这是李克强副总理第二次来这里视察。李克强副总理给予非常高度的评价和关注，并表示五年内还要来雪龙牧场视察，希望雪龙有更大的发展。另外，还有中共中央政治局常委、国务院总理温家宝、欧盟委员会农业大臣、阿塞拜疆外交大使、柬埔寨现任亲王及夫人、越南国家副主席、朝鲜内阁总理等各国首脑部长等，也纷纷前来视察，其规模影响程度远远在神户牛肉之上。2012年6月21日至27日，日本当代著名画家由里本在雪龙牧场，深层次见识了雪龙黑牛的优美质后，为他们画下了系列雪龙黑牛彩墨画，栩栩如生的作品让人惊叹。

“国内外宾客都对一品雪花牛肉赞不绝口，没想到这种牛肉是大连生产的，大家都为能有这么好的国产牛肉感到骄傲。”大连雪龙产业集团有限公司邢学森记忆最深的，当然是李克强总理这番让他感到责任重大的话。

请看北京生活达人一笑天真2009年1月3日在一家餐厅品尝雪龙

因为创办雪龙肥牛基地受到国家领导人关注的邢学森

黑牛后的网上微博描述：

“这是双面煎，看着同伴们吃着三分熟的牛排，我却还是更喜欢七分熟的牛肉，看红色瘦肉中镶嵌着白色花纹的雪龙牛肉，是不是很美味，闻到香味了没？

鲜嫩的牛肉，入口即化，只需要一点椒盐，一点炒蒜，便美味可口，回味无穷。

领回的回馈礼盒中有三盒肉馅，一琢磨，做饺子吧。自从做了妈妈，这大半年经常时间不够用，已经很久没有好好儿地包过一顿像样的饺子啦，何况，以雪龙的鲜嫩，我家未满岁的丁宝也有口福享用啦。

牛排看雪花，雪花越大越明显，口感

会越好，我不太相信，但是吃完以后我相信了，果然如此，那个瘦的不但又硬又没口感。雪龙在肉质上完全实现了日本和牛“雪花状脂肪分布”的特点，其肉质柔嫩香甜、入口即溶，大家看那雪花状的脂肪真是又有营养，又有观赏价值啊！

在这里我也查到了一些资料：

锌：雪龙牛肉中含锌是金枪鱼的13倍多，是鸡胸肉的6倍，是日本和牛的1.5~2倍；

维生素：雪龙牛肉中含维生素B_{12}是去皮鸡胸肉的8倍；

铁：雪龙牛肉中含铁是生鲜菠菜的8倍多、鸡胸肉的3倍；

核黄素：雪龙牛肉中含核黄素是去皮鸡胸肉的2倍；

维生素B_1：雪龙牛肉中含维生素B_1是去皮鸡胸肉的1倍还多；

胆固醇：雪龙牛肉中胆固醇的含量为日本和牛相应部位含量的2/3。100克去皮鸡蛋的胆固醇的含量是雪龙牛肉几乎2.7倍；

蛋白质：高于日本和牛；

氨基酸：高于日本和牛，其中风味系游离氨基酸是日本和牛的1.5~2倍；

单不饱和脂肪酸：是其他国家牛肉的1.5~2倍，是鸡蛋的3倍多，占到50%以上；

牛磺酸和亮氨酸：是日本和牛的1.5~2倍……”

雪龙从大连市场走出来，在全国好多城市一路上扬，复州牛的身影越发淡漠了，难道是复州牛的魂魄在雪龙黑牛上附体了？嗨！这还真是有点关系。原来雪龙黑牛的老母亲是复州牛，老父亲虽然是从澳大利亚引进，但据说也是具备日本和牛的血统。根红苗壮，雪龙黑牛继承了复州牛和日本和牛各自的优良性状。那雪龙黑牛的牛肉品质理所当然是可以竖起拇指来大加赞誉了。

元朝那碗羊汤

手捧一碗羊汤，你突然发现它在元朝时就在你出生的地方出现了，你肯定会一激灵，或者有些感动。一碗穿越历史的美食，一定是一本底蕴很深的书。

前面说过，大连的第三次移民，是元世祖忽必烈先后四次向金州和复州（今瓦房店市）派遣屯田军户加亲眷15万人之多。这些人当中，蒙古族人居多，然后是山西人和河南人，他们也将吃羊肉喝羊汤的各种习俗带到了大连。

也就是说，那时起大连人就知道羊汤是什么概念了。从大连眼下的羊汤馆发展来看，好喝的乡下羊汤还是在金州新区和瓦房店市区一带，那里一些羊汤馆仍然是客流不息。好吃上档次的羊汤馆，正在一步步占据大连城市中心。从羊汤特色来看，几个地域的喝羊汤习俗已经被大连人给融化在一起了。

最早的金州人和瓦房店人，嚼着叉子火烧喝羊汤已成习惯。据说老金州人心中最大的愿望，莫过于能早点赶回来喝一碗热气腾腾的羊汤加吃火烧了。 老金州人喝羊汤讲究“油花汤、热火烧、羊杂肉”，三者缺一不可。虽然现代人生活好了，肚子里不缺油水了，但仍有不少人要求店家盛“带大片油花的汤”，说是这样的汤能找到过去喝羊汤的感觉。

羊肉是温性，能大补，在冬天食用最好。从前一到冬季，某些街头和饭馆门前，就常常支一口

羊汤也在靠近文明干净的吃法

大锅，锅里放着大块羊肉羊骨，汤煮得又浓又白，牛奶似的。戴长耳朵棉帽子的熬羊汤兄弟，把熟羊肉羊杂切成碎块，放入葱花、香菜、胡椒面、细盐，用煮好的肉汤一冲，一碗又香又鲜的羊杂鲜汤就做好了。有些爱吃羊头肉或羊肉片汤的，照搬同样的方法，也很好喝。羊肉汤应该有养胃的功能，喝多了酒，胃里难受，喝碗羊肉汤就好多了。

这种羊杂汤羊肉汤做起来很简单，在家也能做。方法是买些鲜羊肉或羊杂，最好买点羊骨头，在铁锅上多炖一会儿，取出羊肉，凉凉再切成片，放些香菜、葱花、胡椒面、细盐，爱吃辣椒的再放点辣椒油，滚汤一冲，便是一道绝顶美味。

内蒙古传统风味羊汤俗称羊杂碎，可以说是最美的一道风味汤菜。用羊头、蹄、下水为主料，加辅料煮制而成。将羊头、蹄的毛，烫、燎、刮洗干净，羊肚用开水烫去毛，心、肝、肠等下水分别翻洗、浸、漂干净。锅内加清水入主料及花椒、山柰、小茴香、盐等调味品煮炖，锅开时，撇去浮沫，继续煮至香味溢出，头、蹄的骨肉能分离。其余下水熟烂后捞出，切成条或薄片。锅内加羊油烧热，用葱、蒜、辣椒炝锅，添入煮羊骨头汤、清水及适量的原汤和精盐等调

味品，待烧开后，下入主料，煮至汤浓味醇时即成。配白焙子、香菜食用。此汤味鲜、香辣、浓醇、不膻，深受食客欢迎。大连人喜欢吃的羊杂汤，很像内蒙古这道汤菜，不过没有这么复杂。壶关羊汤是山西的传统风味小吃，历史悠久，长盛不衰。它同省雁北一带的羊杂割汤，晋南一带的羊汤泡馍，统称为山西羊汤三大流派。壶关羊汤与另外“两汤”相比，风味别具：头蹄下水胡椒粉，水饺丸子加炖肉，正是“荤素干汤巧调配，一碗汤里有全羊。”因其营养丰富，民间有“冬天喝羊汤，驱寒暖身增营养。伏天喝羊汤，温胃止泄去肚胀”的歌谣之说。大连人不喜欢将饺子和羊汤放在一起，却接受了羊杂割汤，把羊汤泡馍改成了羊汤泡叉子火烧。河南洛阳人喝羊汤讲究“三美”，即“瘦肉、薄饼、肥汤”，大连人将薄饼改为今天的烤饼类厚饼，加上胡椒粉，觉得这样吃有刺激感。

新中国成立后，大连的羊汤馆也随着社会生活的变化，变得渐渐多起来，包括金州新区在内的一些农村地区，不少羊汤馆味道的确不错，卫生条件却比较差。金州老八里羊汤馆、金州宾馆、瓦房店市一些羊汤馆、甘井子革镇堡等几家羊汤馆，顾客经常络绎不绝。

大连市内比较早生意比较兴隆的羊汤馆，在高尔基路304号，当年叫君秀园。它的前身叫军杰饭店，是上世纪最火爆的大连球迷饭店，经营大连海鲜老菜的饭店，老板叫单衍鲲，现在是大连单衍鲲音乐艺术学校校长，也是一个球迷。大连当年的球迷协会秘书长张嘉树和中国著名球迷罗西，曾与许多球迷在这里共度球迷欢庆的时刻。后来这家饭店变成了以羊汤为主题的君秀园，大连人对他们家奶白色的羊汤留下了深刻的印象。

大连人对君秀园的羊汤有许多的评价：吃羊肉不错的地方。虽说味道不一定比小店的好，但用料讲究。羊汤看着就很干净，加了胡椒粉超有食欲。烤羊腿也“正点”，一定要趁热吃。环境挺好，就是价格稍贵点，人气不是很旺，有段时间很热衷去他家吃烤羊腿……天凉时喝一碗热气腾腾的羊汤，就着刚出炉的烤饼，是一个很惬意的事。他家的辣炒羊脸很地道……据说每天的原料都是现宰的，很新鲜，可惜这家店现已关门了……林林总总的评语，羊汤在大连人心目中的眷恋之情溢于言表。

在风味各异的羊汤馆中，“呼盟全羊”这个名字慢慢很深地印入了大连人的美食记忆深处。大连羊汤随着呼盟全羊规模的扩大和羊汤文化不断地浸透，成就了大连目前的羊汤标杆。

1993年，一位蒙古族小伙子从内蒙古呼伦贝尔市来到大连，在开发区一家饭店做厨师，他叫朱铁男。到了1995年，他的二弟朱铁民也来到大连。兄弟俩在考察中发现，大连人非常喜欢喝羊汤，还有一些外来劳务人员也经常到处找像样的羊汤馆，他俩决定开办一家羊汤馆。当时的定位就是工薪阶层和外来务工人员。1997年，他们的第一家呼盟全羊在后盐路口开业了。这里是大连的城郊，连接着开发区和金州区，交通发达。店面的准确定位，呼盟全羊的羊汤一下子就叫响了。很多市内食客特意开车前来品尝羊汤。

兄弟齐心，其利断金。呼盟全羊在十多年趟出了一条"农村包围城市"的道路，先后在泉水、姚家、南关岭、旅顺、开发区等地开设了多家连锁店，然后向城市市中心进发，连锁店开到了五一广场等中心地带，并成立了呼盟餐饮有限公司，连锁店达到了十家，成为大连羊汤餐饮行业名副其实的领军者。值得称道的是，这些连锁店全部都是直营店，装修上全部采取以草原为主题的多彩设计，有的主题鲜明，有的简洁明快，店内羊肉都是从老家内蒙古呼伦贝尔大草原的巴尔虎羊牧场定期调运来的，肉质新鲜美味，没有任何污染，而根据北京全聚德烤鸭创新而来的果木烤全羊，更是饭店的招牌菜，受到众多食客的青睐。

大连人夏天洗海澡时，都喜欢在海滩进行烧烤，但是因为设备不专业，很难保证卫生和味道。呼盟全羊就在夏季每天出动六台烧烤车，推出个"海滩烤全羊"项目，到海边为客人亲自加工烤全羊，叫好声一片。

"五一广场呼盟全羊非常好吃，尤

呼盟全羊目前在大连，规模最大、经营时间最长

其那个双鲜汤，价钱也不是非常贵，但是晚上去的太晚很多东西可能就吃不到了……”这是网友的评价。

如同大连野外海鲜烧烤让大连烧烤有了分水岭一样，人民路上一个叫“街尚羊汤”的城市羊汤馆让大连羊汤馆的环境变得更加时尚。在以往，一提到羊汤馆，很多人首先想到的一定是又脏又乱的排挡和嘈杂的环境。而街尚羊汤从店外装修到店内装饰，都完全颠覆了羊汤馆“脏乱差”的传统印象，取而代之的则是时尚新潮的店面设计，优雅舒适的就餐环境，美味精致的特色菜肴。你第一次走进这里，很可能误以为走错了地方。

绒山羊在大连历史上素有“国宝”之称，是庄河北部山区的特产，绒山羊汤则是庄河又一特色美味。每年8月份以后，是品尝绒山羊汤的最佳时节。庄河羊汤色泽光亮，呈乳白色；汤质优美，营养丰富，不膻不腥。食用时，取汤锅中细碎的羊肉和羊杂放入碗中，再盛上热气腾腾的羊汤，加入精盐、食醋、芥末等调料，味道鲜美异常，令人食之难忘。我想，民国初期和三年灾害时期因生活所迫流落迁移到内蒙古和东三省一带的大连庄河人，在1969年基本返回了庄河和大连，据说回来的3万多人大部分留在了庄河。或许，这就是庄河人爱上羊汤的缘由吧。

元朝这碗羊汤，在大连经过几朝几代人的传承与结合，味道变得越来越鲜美，孕育的文明意识也在一次次变化中不断升华。

甜蜜的洋槐蜜

早见神农本草经，
洋槐蜂蜜大连行。
补养来时真亦假，
琼浆玉液自然成。

这是我在2005年7月应大连一位搞蜂蜜的大姐常风荣之邀，为祝贺大连蜂蜜PK掉了日本蜂蜜在那一年的欣喜即作。

中国是世界上较早驯化蜜蜂的国家之一，国人食用蜂蜜的历史可追溯到商代，东周时期的《礼记内则》中载有“子事父母，枣栗给蜜以甘之”，屈原《离骚》中也有“朝饮木兰之坠露兮，夕餐秋菊之落英”的美句。到了汉代，蜂蜜已作为普遍的饮品。羊角蜜名点的典故就出自古代楚霸王项羽统属的徐州。

蜜蜂的药用，最早见于《神农本草经》，书中记载：“蜂蜜味甘、平、无毒，主心腹邪气，诸惊，安五脏诸不足，益气补中，止痛解毒，除百病，和百药，久服强志轻身，不饥不老，延年。”古代出土的医方中，多处以白蜜制成丸剂、汤剂。张仲景、葛洪、陶弘景、甄权、孙思邈、李时珍等古代名医对蜂蜜治疗便秘、养颜长寿、咳嗽解毒、补中润燥等功能均加以赞赏。

世界上蜜蜂养殖大国是中国，蜜蜂饲养量、蜂产品总量和蜂产品出口量三项都占了世界第一。由于南北不同的地理因素，南方多以油菜蜂蜜产品为主，而黄河以北的河南、山西、陕西、山东、辽宁一带，则多为洋槐蜜、荆花蜜，槐花飘香的大连洋槐蜜当然是主打产品了。大连目前有20多家蜂蜜生产厂家，因以槐花闻名，高品质的洋槐蜜也就特别受大连人推崇。

在全国同规模城市中，大连洋槐蜜销售这些年一直排在前列，每年销售蜂蜜达5000多吨。洋槐蜜就是槐花蜜，它口感好，气味香，是大连人

大连市蜂产品有限公司常凤荣大姐扛起了大连洋槐蜜一大半旗帜

喜欢的重要因素。时尚的大连人对长寿食品蜂蜜的格外喜欢，形成了大连蜂蜜市场销量旺盛增长的独树局面。外地人评价，大连人显得更加注重保健与营养。目前在中国蜂产品市场，每年有近20万吨蜂蜜近2000吨的蜂王浆产量，远远满足不了大家的需求，而大连人对槐花蜜的认知，就像认家乡的海参一样已经注入了深深的情怀。

槐花蜜属春季蜜种，每年4月底至6月上旬开花，花期7～10天，色泽微黄，蜜质黏稠，芳味正，具有清淡幽香的槐花清香。槐花蜜能去湿利尿、凉血止血，有舒张血管、降低血脂血压等作用，特别适合老年人食用。槐花蜂蜜是中国级别最高的出口蜂蜜，以出口日本、韩国、德国为主。

中国槐花蜜产量占总产量10%左右，主产区集中在黄河流域，尤其以河南豫西、陕西延安、东北大连为主，是我国大宗蜜源量产的上等蜜品，也是历年大量出口、价位最高的蜜品。

解放前，大连的蜂蜜多以挑担的私营小户为主，多为河南人、山西人和山东人，也有个别大连人，一般是找一片有槐树的小树林子，戴上防蜇面具，摆上

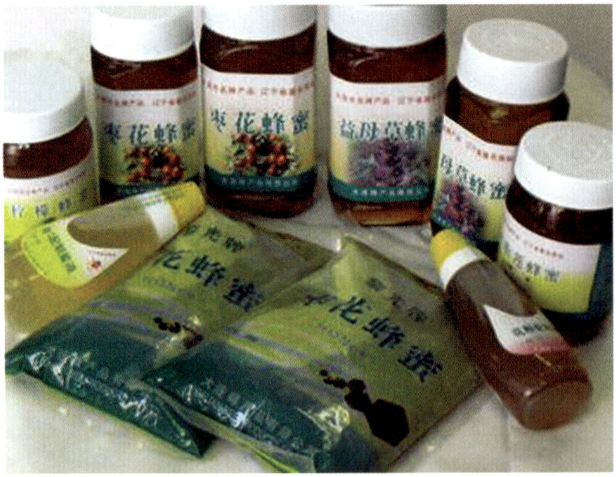

洋槐蜜成就了大连甜蜜的事业

一溜儿蜂箱，就开始了采蜜之旅。没有规模，没有指标，采的蜜是货真价实的，连日本人都知道大连槐花蜜“大大的好”。

1961年，隶属于当时大连日用杂品总公司的畜产站成立，其中包括了蜂蜜业务。这意味着，大连这座城市从这儿开始有了“蜂蜜产品”这个概念。第一任站长叫刘家誉，主张以合作社的形式养殖采撷蜂蜜。那时大连人对蜂蜜的认识，仅局限于当时的南货商店那点可怜的份额。他们知道，这东西对人体大补，而且挺贵的。

20世纪80年代初，畜产站蜂蜜业务上升为大连联合蜂产品公司。不久，一些生产蜂蜜的小公司星罗棋布地兴起。为了适应当时的市场需要，大连土产杂品公司畜产站扩改成大连市蜂产品公司。从这一举动来看，大连人已经有了做好大连洋槐蜜品牌的意识。他们以国有企业职工身份，隶属于大连市供销社旗下。从畜产站诞生一开始，公司就在国有体制下经历了几十年，为大连蜂产品市场后来的繁荣发展，为大连蜂蜜在全国销售名列前茅，为大连蜂产品在全国的品牌影响力打下了重要基础。

改革开放后，为适应市场经济的需要，大连市中小企业体制改革同全国一样，大势所趋，大连市蜂产品公司也进入了改制阶段。时间就这样飞转到了市场经济深入化的2003年。已经是老国有企业的大连市蜂产品公司，在激烈的市场竞争中，改制变成了大连蜂产品有限公司。公司新的领路人，就是在这家企业里做了多年的老国有企业干部常凤荣大姐。

“虽然蜂蜜厂变成了私企，但我要把国有的灵魂继续留在这里，让大家感受到国有企业那些优越性，只要大家愿意干，所有的职工一个也不解聘。”这就是常凤荣以大连蜂产品有限公司法人代表身份和她的员工第一次的对话。

在大连蜂产品有限公司，所有员工都像国有企业一样，有“五险一金”待遇。每逢佳节，员工都能像过去的国有职工那样分到各种福利食品，有时候还能分到数百元的现金。一些年龄较大的员工，非常珍惜这份甜蜜的工作。

“国有体制并非都不好，优秀的东西很值得继承发扬。”常凤荣大姐总结认为，“世界上所有的处事方法没有绝对的好和坏，都是在不同时期相对而言，然后是量变到质变过程的新的轮回。”

这句话让我反复想了许久。

“好蜂蜜能辨别吗？”我换了话题。

“好蜂蜜应该是‘琼浆玉液自然成’。”常凤荣大姐用我的即兴拙句笑着回答我。

她很牛气地告诉我，好蜜可以看出来，比如好的洋槐蜜呈水白色和琥珀色，每种蜂蜜由于来自不同的植物，颜色也会不同。闻味道也是个好办法，好的蜂蜜用手扇，会有明显的花香味道，或洋槐味，或枣花味。人工造就的糖水假蜂蜜就没有这些本真的花香味道了，甚至有怪味。品尝后就更有说服力了，无论是洋槐味还是枣花味，原味都那么强烈明显，基本错不了。

“我们的蜂蜜，曾经让日本人瞪大了眼睛半天说不出话来。”常大姐一开口，我就知道她又想起了我打牢在脑海里的那件事。

那是2005年7月某日，日本HACCP认证检验中心来到大连，在国际相关行业人士的安排下，对大连蜂蜜产品进行随机抽样检查。之前，他们早就听说大连的洋槐蜜在亚洲很牛，常有外国客户发来订单。他们是带着打擂台的PK情绪来的。

他们共抽了21个样子。其中，大连蜂产品有限公司14个，日本方面的公司3个，大连其他公司4个。

检验后，几位日本朋友惊讶地睁大眼睛，半分钟没说话。大连蜂产品有限公司随机抽样检验的14个黎光牌蜂蜜样子全部合格，有些还高出检验标准。而大连其他同行和日本方面的公司都有不合格项目。

一位叫内藤的日本人找到常凤荣，寻求“真经”。她爽朗地笑了：“平时从源头开始，一环都不能放松，就是半夜来抽样检查，它也肯定合格！”内藤后来和她成了朋友，还经常将日本的蜂蜜企业信息传递给她。

也就是从这一年开始，国家蜂蜜检验中心就把大连蜂产品黎光牌蜂产品列为蜂产品抽检样板单位，大连地区只此一家。

开头那段小诗，就是这样即兴发挥的。

大连蜂产品目前有五个令他们自豪的“大连最早”：最早的专营公司，最早注册的品牌，最早获得辽宁省著名商标，最早获得大连名牌，最早的蜂产品老字号。

“朝朝盐汤暮暮蜜”，古人关于每天晚上喝点蜂蜜的养生经对今人影响一直很大。做永远的好品质蜂蜜，这是大连人对这份甜蜜事业的一种执着。

三位大师

影响大连菜风格

大连人家喻户晓的牟传仁老先生

牟传仁老菜不老

城市名菜自然出自名厨之手。我一直认为，一个城市的菜品特色是由烹饪名师打造的部分名菜主要构成的。这些烹饪名厨，在继承和发扬城市传统名菜技能的同时，也拓展和创新了名菜的发展空间。

十几年的美食记者采访经历直觉告诉我，真正构成现代大连菜核心的烹饪大师主要有三人。他们是中国烹饪大师牟传仁，中国烹饪大师、中国首届十大烹饪名师戴书经，中国烹饪大师、国宴大师董长作。经过分析梳理，我将牟传仁大师菜品风格定位为传统大连老菜代表，戴书经大师海鲜菜品应属中国时尚海鲜菜风格，董长作大师菜品应为官府海鲜菜更为合理。他们都师承于著名鲁菜大师，在老菜和海鲜上都有烹饪相同之处，个性风格又各有不同。改革开放30多年来，他们不知不觉间的烹饪风格正在不断影响着大连菜的主流发展特征。可以说，正是这三个人影响并形成着大连菜的现代主流风格，并与其他外来菜不断地融合着。虽然牟传仁老先生已驾鹤西去，他的老菜影响力至今仍然那么深远。

“全家福”、“软炸里脊”、“松鼠鱼”、“熘鱼块”、“红烧海参”、“熘虾段”……这些耳熟能详的大连老菜，在上世纪八九十年代，就是大连人餐桌上的谈资亮点，做菜那位老人牟传仁，更是大连人心中最耀眼的大连海鲜老菜厨星。2008年2月16日，当时还是77岁的大连老名厨，向我讲述了自己闯关东并成为一代名厨的传奇经历。

1931年出生的牟传仁，是全国劳动模范，国家特一级烹调师，高级工人技师，辽宁省烹饪大师，中国烹饪协会第一、二届理事，辽宁省烹饪协会副会长，辽菜研究会副会长，辽宁省考评委员会委员，曾任大连市饮食集团副总经理，百年老店——大连群英楼总经理，大连市烹饪协会顾问。

牟传仁是辽宁烹饪的名师大腕，又是善于经营饭店的管理者，他学的鲁菜，功底深厚，运刀绝妙，技法娴熟，具有调味丰富、造型精美的烹调风格，擅长烹制鲁菜、川菜和粤菜，尤其擅长烹调海鲜菜肴。1983年在全国第一届烹饪技术表演大赛上，他烹制的4个代表菜“鸡锤海参”、“鲜贝原鲍”、“橘子大虾”、“红鲷戏珠”，不仅荣获了全国大奖，被列为国宴菜，他本人还荣获“全国优秀厨师”称号。那年他研制的“海珍宴”是以鲁菜为基础，吸收辽菜精华，发挥大连烹制海鲜菜肴独特风格，成为轰动餐饮界的一桌鲜美而高贵的宴席。他精心监制的虾肉水饺，远销日本、西欧国际市场，被日本人誉为“牟传仁天下第一饺”，被国家审定为优质新产品，首获“金鼎奖”。

牟传仁老菜的定位，与他在群英楼做了多年大厨和总经理有关。前面说过，最早的群英楼在解放前已经是大连最有资格称霸的鲁菜馆，最早的福山人王杰臣留下的十道名菜在那个当时就已经家喻户晓，正是后来这笔财富留给了牟传仁，才有了他在鲁菜方面更加广阔的发挥。牟传仁老人的名字就像许多老字号一样，几十年来早已成为许多大连人心中抹不掉的美好回忆，在许多大连人的眼里，他就是大连老菜的一个代名词。

和其他来大连的福山厨师一样，他的老家在山东省福山县。1950年，19岁的他带着一点厨艺的底子，从烟台独自闯到大连。那时候他爆过爆米花，当过瓦工，什么活儿都干过。一次意外摔断了胳膊，再不能靠出大力吃饭了，在一个亲戚的帮助下，牟传仁进入当时的大连饭店打工学徒，当时的大连鲁菜名厨“柳木墩”、张传本、于洪注、杨正仁等，都是他的师傅，深得鲁菜真传。从此，他便与餐饮业结下了一辈子的缘分——端盘子、洗碗、学切菜、做墩工、掌二墩、掌头墩……他对鲁菜的痴迷有时候到了偷艺的境界。“我刚去时在地下室里刷碗、择菜，干些杂活。地下室是职工的伙房。后来七楼厨房的人手不够用了，就把我调去做学徒，杀鸡、刮鱼鳞、剥虾……一天一百来桌菜，我专给师傅们打下手。后来厨房一下招了30多个徒工，我就被推到墩上，学切菜。”

牟传仁学徒极其勤奋刻苦：“每天夜里11点闭店，收拾完就第二天凌晨1点了，连衣服都顾不上脱，倒头就睡。早上5点起床，把师傅们的刀磨好……一天就睡三四个小时觉。”

1953年起，牟传仁先后在西岗百货饭店、大连市场大饭店、甘井子井冈山饭店掌墩，到上世纪50年代后期，已是大连有名的厨师。

1959年，牟传仁调入新亚饭店，掌头墩兼烹调组组长，“那时一个菜就卖一毛来钱，新亚饭店一天的营业额达一两千元钱。”

牟传仁厨艺精湛，也善于经营管理。1963年，受大连饮食服务公司委派，由他开创四川饭店，和川菜及鲁菜海鲜大厨丛贤芝合作。2年后，他又调任胜利饭店主任兼厨师。“文革”中，饮食队伍垮台了，许多饭店惨淡经营。“胜利饭店一宿到亮照常营业，光油条一天炸六七百斤面，一天营业额五六千块钱……”它成了大连街最好的饭店。

1979年，牟传仁调任群英楼经理兼厨师。到“文革”后期，早已更名为“修竹饭店”的群英楼已处于亏损状态。为振兴群英楼，牟传仁挖掘老菜，全面恢复了鲁菜独有的烹调技艺，又投资200万元重新装修改造，对饭店的卫生设施、厨房、餐厅的布局、菜品创新、员工培训等进行了全方位整改，使群英楼走上了振兴发展的快车道，当年实现经营利润1.7万元。

“我培养的学生许多都成了特级厨师，有的还成了烹饪大师。”老人推一推眼镜，语气里颇有自豪感。大连老菜正在经历着其他菜系的冲击，着急的他对大连老菜的前景仍然充满希望：“我本身是做大连老菜的，许多消费者也认老菜，我会把老菜传承下去。”

1983年，老店重新恢复了“群英楼”店名。同年，牟传仁赴北京参加“全国烹饪名师技术表演鉴定会”，以“红鲷戏珠”、“鲜贝原鲍”、“橘子大虾”和“鸡锤海参”四道鲁菜荣获“全国优秀厨师”称号，受到了党和国家领导人的接见，这是大连厨师第一次活跃在全国舞台上。他参赛的四道菜列入了国宴菜，编入《中国名菜集》、《辽宁名筵》大全。直到现在，还是大连老菜食客念念不忘的美味。四道菜的名字很喜气，颜色和口味的感觉靓得很主题。

上看红鲷戏珠。原料选用新鲜红鲷（又名加吉鱼）、火腿、兰片、肥肉等。红鲷鱼用清蒸方法蒸熟后，再用引汤的方法烹制而成。彩珠子用氽的方法烹制。此菜选料精细，色泽鲜艳，清鲜软嫩适口。

下看鲜贝原鲍。原料用大连沿海一带的新鲜紫鲍及野生鲜贝等。鲍鱼、鲜贝用油爆的方法烹制而成，此菜色泽艳丽，选料精细，别具一格，清鲜酥嫩，鲜香适口。

左看橘子大虾。原料选作新鲜大虾和鱼等，大虾用㸆制方法而成，橘子虾用鱼泥、鹰爪虾粘制后，上屉蒸熟，再浇上汁即成。这道菜选料精细，工艺讲究，色泽鲜艳，鲜香甜嫩适口。

右看鸡锤海参。原料选用上等渤海水发海参和鸡腿，作法是海参用烧的方法烹制而成。鸡腿用腌、蒸、酥炸的方法烹制。此菜选料精细，海参鲜嫩，鸡腿酥烂。

群英楼饭店饭菜选料讲究、加工细腻、口味独特，至1992年，群英楼利润达230万元，名列全国同行业第43强，成为大连传承鲁菜、发展自主品牌的典范。

1993年，群英楼的姊妹店“新群英楼”饭店开业，新群英楼面积2400多平方米，经营以正宗鲁菜和鲜活海产品为主，兼有川、粤菜及西餐，创造了日营业收入突破10万元的新高，在大连餐饮界引领了新一轮的轰动效应。

群英楼还多次承办市政府举办的“赏槐节”、“劳模会”等重要活动。1994年，群英楼荣获中华人民共和国国内贸易部“中华老字号”称号。

在大连，相当一批人喜欢大连老菜。大连老菜的馆子还真不少，但真正做得像模像样的老菜也许不到十家，牟传仁老菜肯定是最好的一家，因为他们家的老菜就是大连老菜的代表，牟传仁老菜的传承人、儿子牟汉东又绝对是父亲老菜的传承人。牟汉东现在是牟传仁老菜的董事长，是大连另一位著名的烹饪大师戴书经的弟子，还是一位中国烹饪大师。

那个生机盎然、万物茂盛的明媚6月，对牟汉东来说一生难忘。那是2010年6月10日，大连富丽华大酒店天波府处处洋溢着收获的喜悦。欢声雷动，笑语盈盈，大连市餐饮行业协会在这里为大连市餐饮行业的老前辈、中国烹饪大师——牟传仁老寿星举行八十大寿祝寿庆典。

牟传仁老先生端坐在会场中央，接受来自各方的祝福，悬挂在会场内背景板红底“寿”字楹联笔体苍劲有力，平添了热闹祥和的喜庆气氛。大连市餐饮行业协会会长戴书经代表全体行业协会会员，向牟传仁老寿星及其家属表示衷心祝贺！中国烹饪协会和辽宁省餐饮烹饪行业协会也发来了贺电，祝贺牟传仁大师八十寿辰。

贺词中说，牟大师从事餐饮行业六十余年，靠勤学苦练，刻苦钻研，很快脱颖而出，成为同行业中的佼佼者，1983年他代表辽宁省参加首届全国名师鉴定会并荣获优秀厨师，四道名菜享誉南北。牟大师不仅技术精湛，还善于经营管理。担任群英楼总经理期间，令百年老店名声大振，焕发出蓬勃的生机。他本人也于1990年被全国总工会授予全国技术能手和五一劳动奖章，于1995年4月被国务院授予“全国劳动模范”，于2001年被授予“中国烹饪大师”称号。他先后培养优秀厨师上千人，创立了“牟传仁天下第一饺”品牌的水饺，出口日本等国家。

“牟传仁的老菜讲究原味和技巧，内在的技术含量高，是后来大连老菜能够长期形成发展走势的一个关键。”在高尔基路牟传仁老菜馆，董长作大师提醒我说，“比如‘红鲷戏珠’这道菜，红鲷鱼先清蒸，再引汤烹制而成，彩珠子用氽的方法烹制。整个烹饪过程是在严格遵循老鲁菜烹饪规则的同时，十分精炼地运用了真正的厨艺功夫。而现在一些大连老菜馆子，根本没有什么技术含金量，老菜做的有一点粗制滥造的外形，骨子里缺了很多东西。”他用筷子指了指另一道菜肴，“咱再说刚点的这道‘鲜贝原鲍’，讲究的是油爆出的脆、酥、嫩、鲜、香的口感，这就得靠好的食材、很棒的刀工和恰到的火候，这就是技术。‘橘子大虾’和‘鸡锤海参’，注意选料新鲜，制作精细，功夫到家，没有这三点，你很难把菜做好。”

这世界上凡是好的东西，都离不开好的原材料和一个细心完美打造它的人。牟老爷子的菜这么好，真应了这个道理。

“牟传仁天下第一饺”走出国门，算得上一个传奇。

上世纪80年代末，群英楼作为国家指定涉外旅游饭店，接纳了无数来连观光的国际友人。

一天，一位特殊的日本客人来到群英楼。“那个人叫岛名正雄，曾经是日本人在大连的遗孤。那年他回中国看望同学，第一次来群英楼吃饭。”一顿饭后，岛名正雄对店内的饺子赞不绝口。岛名正雄在日本上野市开了一个小饭店，很想把这种饺子引进到日本。

岛名正雄回到日本没多久后就发来了邀请函，牟传仁带领群英楼一行四人踏上了东瀛之旅。为了促成这次合作，岛名正雄将上野市市长请到饭店里，由牟传仁掌勺，烹制了一桌大连海鲜宴。市长为牟传仁的手艺所折服，当场开出希望他能够留在日本工作的条件，“当时说一个月给我六十万日元。”牟传仁婉言谢绝了。

经过艰苦谈判，牟传仁带着生产一吨饺子的订单回到大连。生产开始了，头两次生产完全以失败告终，“检疫中要求菌群只能有一万，结果我们做出来的饺子菌群有好几万。”又经过半个多月反复研制，牟传仁终于研制出速冻水饺对日本出口，当时国内各大媒体争相报道，俄罗斯马加丹报纸、日本NHK电视台、香港亚洲电视台等也都对此作过专题报道。

不久，日本东京一家冷冻厂的厂长福田信之慕名找到群英楼，签订了每年进口20多吨水饺的合同。福田信之还把这种水饺命名为“牟传仁天下第一饺”。

“牟传仁天下第一饺”被国家审定为优质新产品，首获“金鼎奖”。那年牟传仁也荣获全国劳动模范、国家“五一”劳动奖章及全国技术能手、全国烹饪大师等诸多荣誉。

客户的订单纷至沓来，群英楼与日本三菱商事株式会社合资兴建了大连群英楼食品有限公司，其建筑面积5000平方米，年生产能力3000吨。公司生产的百余种速冻食品80%出口日韩、欧美等国家或地区，年创汇200多万美元。

牟传仁对社会的贡献，还不仅仅局限这些，在传承与弘扬鲁菜饮食文化方面，他带着群英楼的精英们，为社会输送了大量厨师人才。

1978年12月，牟传仁受组织委托，在群英楼主办“大连市饮食公司厨师进修班”，十年中，他先后培养出3000多名厨师，贴身弟子10名，如今他们大都成了特级厨师，有的还成了烹饪大师，江永祥、薛家峰、钟丽成、邹清……大连厨师源源不断地走向全国，走到国外。群英楼成了大连市培养特级厨师的“高等学府”，为大连市餐饮行业的繁荣奠定了基础。

2009年9月21日，中国烹饪协会选出新中国成立60周年以来120位为中国餐饮业发展做出杰出贡献、深具行业影响力的先进人物，在北京授奖，牟传仁被授予中国餐饮业功勋人物称号。

戴书经时尚海鲜菜

人们来到这里
为了在树荫下铺一块布
吃家里带来的食物
为了把妻子的嘴唇
带到草丛里亲吻
为了使时钟休克
为了寻找河流和风
人们来到这里
为了躲开家
也躲开太阳

这是哲理散文大家周国平的一首小诗《太阳岛》，我很喜欢，因为我从中看到了享受真美食的影子。何谓真美食？就是能让人躲开人类强迫的喧嚣与骚动，还原属于自我的“太阳岛”，在品尝时着迷，那是很健康绿色的美食，人在享受美食过程中完全放松自己，回归自然的心态，伴随浪漫与极度轻松的奢侈。这是一种无奈的奢望，不过人类也在通过尽可能完美的美食打造，来实现这种享受感。

大连市委附近有一家浪琴酒楼，那里的海鲜菜肴接近完美，菜式，盘式，营养搭配与色、香、味、形、意，堪称一绝。这就是大连人中国著名烹饪大师戴书经开的酒楼。每次出品一批新菜，就会有一些酒店厨师来，或明请教或暗“偷艺”。在他的酒楼，消费群体中厨师占了重要的比例。这样不知有多少个来回，他的海鲜菜就成了大连餐饮的“风向标”。在大连现代餐饮发展上，他的酒楼菜对大连菜的影响力是显而易见的。

2000年左右，中国烹饪权威杂志《中国烹饪》杂志，展出了改革开放后首届中国十佳烹饪大师形象，其中就有大连人戴书经。

戴书经1949年10月出生，是中国名厨联谊会执委，曾经担任大连渤海明珠大酒店副总经理，大连渤海集团餐饮总监，现在是国家高级技师，国家一级评委，中国烹饪协会理事，辽宁省烹饪协会常务理事，辽宁省辽菜研究会常务理事，大连烹饪协会副会长。

戴书经作品——紫鲍扇贝

中国首届十大烹饪名师戴书经

戴书经作品——灯笼海参

戴书经1965年毕业于大连市饮食公司技校，同年到大连海味馆做厨师。先后师从于国桢、于茂南、于润德等烹饪大师。精通鲁菜、辽菜，旁通川、粤等菜系，对大连海鲜菜的烧、扒、爆、炒、蒸、熘、炸、烩尤为精湛，已形成自己独特的“连菜”特色和风格。1984年担任大连海味馆总经理，同年他创新的“食园春色”、“珍珠牡蛎”，在辽宁省烹饪大赛中获总分第二名，被评为辽宁省十佳厨师。1988年，他创新的“连菜”、“灯笼海参”、“紫鲍鲜贝”分别获得全国第二届烹饪大赛金牌、铜牌，为大连烹饪界跻身全国强手之林奠定了坚实的基础，为“连菜”在全国争得一席之地。他研制的海味宴被誉为“辽宁名宴”。1989年他去日本东京参加料理学术研讨会，讲授中国菜肴的烹制技法并进行表演。1991年任全国第三届“金鼎宴”评委。1993年任第三届全国烹饪大赛评委。同年随中国烹饪代表团赴日本参加由世界中国烹饪联合会和日本料理调理理事会联合举办的中国烹饪技艺世界交流展示会。1993年，烹饪协会授予他“辽宁省烹饪大师”称号，大连市总工会给其记大功6次，并授予伯乐奖。同年任大连渤海集团餐饮总监。1996年同台湾中华餐饮交流协会在大连进行技术交流。同年任第四届全国烹饪大赛评委。30多年来，为了让多年的技艺流传后人，戴大师还著书立说，先后出版了《大连海鲜肴荟萃》、《海鲜巧作》、《中级厨师培训教材》、《海参新厨艺》等十几本书籍。2009年9月21日，中国烹饪协会选出新中国成立60周年以来120位为中国餐饮业发展做出杰出贡献、深具行业影响力的先进人物，在北京授奖，戴书经大师和牟传仁大师被一块授予中国餐饮业功勋人物称号。

戴大师技艺高超非一朝一夕之功，他"文革"前就开始从事厨艺工作，从那时起就明白竞争的重要性。他从于国桢等名师那里得到了真传，再加上本人刻苦钻研，技艺达到了炉火纯青的程度。此外，他那时就对信息和技术交流看得很重，外出开会考察访友时，能和外地名师融会贯通各种菜系，吸取精华，并加以创新。他为人正直，做菜讲究正宗。在技艺理论方面研究较细，往往是既学习又研究，研制菜肴功底深厚，研制出来后立即挂牌经营。

对中餐，他曾在国内提出考虑标准化、连锁化、特色化的标准。他说，标准化可以让中餐"形散而意不散"，在色、香、味、形、意、养方面，能够把握主要的营养搭配和菜形口味。连锁化会让一个中餐品牌做强做大。中餐的特色化就更重要了，任何名店都必须有自己的特色，否则无法适应激烈的市场竞争，在激烈的竞争中创造自己的品牌。中餐还应实现管理现代化，传统菜肴往往没有严格的操作程序，没有严格的质量标准，管理不够现代化。要想提升档次，就应该实现现代化。西餐用料细，在于严格的管理。中餐也应该注意原料的管理，好的品牌必须有好的管理，管理积累厚了，就能形成自己的品牌。另外就是菜肴尽量大众化，让普通百姓都能够接受。

戴书经大师率领弟子参加菜品评比活动

戴大师在培养弟子方面，毫无保留，希望弟子青出于蓝而胜于蓝。他很爱护弟子，平时对弟子常提建议和忠告。他的嘴边常挂着三句话："做菜先做人"，"不想当将军的士兵不是好士兵"，"好心情才能做好菜。" 目前戴大师有正式弟子100多位。他的弟子林波、王玉春、牟汉东、尚远新、由晓东、郭阳、张达、王万锁、于涛、姜军等，在大连市都是各家大酒店和餐馆的顶梁柱，从酒店规模到烹饪技艺，做得都很惹眼带响。从1979年到现在，在餐饮培训班听过戴大师讲座的，不下几千人。

2012年10月11日，是董长作大师57岁生日的前一天。我和他坐在大连宾馆一楼庭院咖啡厅的藤椅上，探讨起大连目前最有成就最有实力的烹饪大师。董大师说："牟老一走，大连目前最有成就和实力的大师就是我师兄戴书经大师了。无论在国内的影响力还是烹饪技艺上，戴大师都当之无愧。"

我知道董大师是个谦虚低调的人，但他对戴大师的评价是客观公平的。

董长作官府海鲜迷倒金庸

董督珍味取料广，
长北南烹菜名扬。
作厨蒸煮烧熘炖，
海风苦辣咸甜香。
鲜材重轻荤素宜，
真酥脆嫩细滑爽。
地利鱼虾贝类富，
道和庖丁正锋芒。

细心的人会发现，这是一首七绝藏头诗，每行诗的首字连起来就可读为"董长作海鲜真地道"，这是我在2010年参加大连国宴大师董长作的生日宴会后的油然感叹。他和徒弟们做的海鲜菜肴简直出神入化，令我钦佩。

在大连，有一位被人称作御厨的人，既为市民百姓做饭，也为中央首长做饭，无论你是百姓还是高官，只要有人吆喝一声来客了，他就会把那三尺小围裙一扎，大步流星奔向厨房。做起菜来，不会考虑你是当官的还是老百姓，一门心思就是一个：把这菜好好做着，可别闹出什么笑话。菜做差了，当官的摇头不说，老百姓会损你可受不了，人活一张脸，树活一张皮，对得起头上这顶厨师高帽才能活得安心。这个人，就是棒棰岛宾馆餐饮总顾问、曾为大连达沃斯国际会议餐饮总指挥、大连宾馆副总经理董长作大师。

董长作

有“国宴大师”之称的董长作，并非浪得虚名。从20世纪80年代后期开始，凡是到过大连或反复到大连的部分国家领导人和外国首脑部长等权贵人物，无一不是经过他的中餐料理服务，董长作的“首长菜”，逐渐在民间广为流传。就连首长御厨有时也会在中南海的首长家厨房里悄悄给他打电话，请教他的官府海鲜制作秘诀。

董大师现在是国家特一级烹调师，高级工人技师，曾做过大连饭店副总经理和棒棰岛宾馆餐饮总监。虽然后来做了大连宾馆主管餐饮的副总经理，但每次棒棰岛宾馆有中央首长或国内外其他政要到来，他都会奉命赶回棒棰岛宾馆，和庄欣文、董辉、石远、尚凯军、刘辉等弟子一起设计首长菜单，不敢有任何马虎。

57岁的大厨还在灶台上炒菜，恐怕大连只有董长作大师一个人了。22岁那年，他进入大连饭店“扎小围裙”的队伍不久，就拜当时大连著名的鲁菜大师于国桢、于云德为师学习烹饪。他几十年来精通鲁菜、川菜和粤菜等地方菜肴，尤其擅长海鲜产品的烹制，研究和推出“珍珠翡翠海参”、“八宝葫芦大虾”、“玉蝶海参”、“金龙送宝”等百种名菜，备受宾客赞赏。他还是中国“合页刀”烹饪技巧的创始人，中国“素燕窝”和“素海珍”的创意人。他的菜肴既能保持传统风味，又富有创新精神，他多次参加政府交际部门举办的

董长作大师与其他评委参加美食大赛评比活动。右起为香港粤菜大师李国森、右三为北京官府菜大师李英民、右四为国家西餐专业委员会副秘书长尚远新

董长作大师四道获奖菜

烹饪大赛，都取得好的成绩。1986年在市政府举办的“海鲜甲天下”首届电视大奖赛中，他的两款海鲜菜肴均荣获一等奖。1987年，他创作的“海鲜豆腐宴”在首届辽宁名宴评选中被评为十大名宴之一。

董大师的菜肴有“官府海鲜菜”之称。他和师兄戴书经的共同师傅于国桢，在海鲜制作方面传授给他很多的烹饪“秘诀”。属于中国传统上八珍名菜的高级食材海参、鲍鱼、燕窝、鱼翅，是他烹制的强项。鲁菜的厨艺，在这么多年“三尺小围裙”的生涯中被他掌握得十分圆熟。因为几十年来每年接待的首长很多，同样得菜肴就会比一般性的宴请要求要高，让首长吃相更优雅，吃着更方便，吃法更营养，吃出美味来，就成了一种潜在的追求。懂厨艺的人都知道，这样的菜肴就是顶级菜，就是比酒店档次高的会所想要的菜，难度是最大的。潜移默化之中，厨师圈里的弟兄们就把董大师在棒棰岛宾馆和大连宾馆做的“海鲜官府菜”，又叫成了“首长菜”。每天晚上，大连宾馆就会有几拨人来这里品菜。这些人当中，有市里请来的国内外名人，有摆谱儿的大款，也有化作食客合伙来“偷艺”的酒店餐馆的厨师。

“人性化是‘首长菜’的主要特色。”董大师对我说，“因为接待性质不同，你们叫的‘首长菜’我们就得格外认真做。有难度，也没那么严重。无论你做什么事情，一认真就全有了。”

他觉得大连宾馆和棒棰岛宾馆的“首长菜”已经形成了优势。他用例子诠释“首长菜”的特征：“比如首长喜欢吃猪蹄，你就不能让首长双手捧着猪蹄拼命地啃，那有失首长的大雅，你就应该尽量选择小一点嫩一些的猪蹄，处理干净后，入味蒸到八分熟，再用镊子将蹄内的骨头一点点抽出来，直到干净为止。用刀将猪蹄轻划着切成小块，不破坏猪蹄完整形象，用酱油着色，继续蒸熟。这样的菜上来后，首长吃着方便，吃相优雅，味道有了，看似没有破坏的猪蹄非常生动诱人。宾馆的好多菜，因为考虑到了这个人性的因素，在烹饪加工时大都养成了这个加工习惯。”

他给我讲了几个与“首长菜”有关的故事，有的故事让我吃惊他的胆量和厨艺。

2003年春天，一位重量级首长来到大连检查工作。董大师为他上了一道海鲜汤，海鲜片薄如细纸，油菜的选择都在1寸之内，将原汤的微微辛辣的特点改为清爽鲜美中不易察觉地带一点辛味，似辣非辣，首长连连点头赞许。董大师说，这位首长是南方人，你如果不改变辛辣的味道，这道菜就完了。

2003年夏天，三位重量级首长来到大连处理一起突发性事件。工作结束后，首长们在棒棰岛宾馆用晚餐。一位首长比较喜欢吃猪蹄，从食材加工到烹制过程，他就是用了上述介绍“首长菜”制作的方法。首长十分满意，认为此道菜肴很有特点，很人性化。另一位首长喜欢吃细裙带菜羹，他将精选的牛毛裙带菜剪成不超过一寸的长度，进行微炖，首长吃起来很方便。还有一位首长想吃炖鸡，他在火候的调控中，将鸡一边脱皮一边脱骨，入味烹制后端上餐桌，受到首长的赞肯。首长说，形状挺美观，吃着很舒适，味道也很好，不错不错。

2004年夏天，一位重量级首长来大连视察工作。中午吃饭时，董大师决定为他做一道甲鱼菜。首长秘书劝他，说首长吃不惯甲鱼。董大师对他说，吃不惯可能是其他厨师烹饪方法的原因，这样吧，我做好后先端上去，首长如果不想吃，我还有预案。见董大师如此热情，秘书同意了。结果是，首长不仅将一小碗甲鱼菜全部吃掉，又再吃了一碗，说很好吃嘛。董大师说，我是将甲鱼在砂锅炖成六分熟，去骨后，甲鱼骨继续炖汤，废掉甲鱼肉，用胶原蛋白成分最高的甲鱼裙边重新制作，再用甲鱼骨和鸡汤熬的汤倒在做好的甲鱼裙边上，配上小嫩青菜，味道清淡鲜美。在首长到大连前，这道菜我已经琢磨实验了好长时间了。

曾有一个玩笑：梅德韦杰夫吃完了大连宾馆菜后就当了总统。听着是玩笑，却是一个挂边的历史事实。2006年8月，时任俄罗斯联邦政府第一副总理的梅德韦杰夫曾来大连市访问休假，其中有一顿晚餐安排在大连宾馆。为了这一餐，董大师绞尽脑汁做了精心的安排。俄国人擅吃西餐，“大咧巴”面包和俄罗斯红汤跳入他的脑海。把大连海鲜和俄式大餐风格结合起来，创意几道中俄融合的菜肴。他想起了在富丽华大酒店西餐厅的徒弟唐胜斌做得比“大咧巴”面包好几倍的面包“发棒”，想起了俄菜中的部分海鲜，推出了几道梅德韦杰夫没有见过的新俄式菜肴，有用大连黄鱼做的奶香鱼片，有大连鲍鱼做的上汤鲍，有俄式风格的海鲜红汤，有大连对虾做的俄式煮虾，有清炒小油菜，有大连海参做的煎饼海参牛肉粒，六道菜肴一上桌，立即吸引了梅德韦杰夫。董大师在就餐结束前，上前敬了他一杯红酒："中国人认为'6'是吉祥数字，祝愿您品尝过这六道菜后顺顺利利步步高升！"梅德韦杰夫听了翻译的话后，笑着将半杯红酒一饮而尽。

正应了董大师的话，梅德韦杰夫果然后来就当选了俄罗斯总统。这个玩笑，不算开的吧？

我几近崇拜他了。

"顶级菜"是我在近年一些电视节目里看到的一个新的美食词汇，央视还搞过一个顶级烹饪大师的评比活动，一看就是一个为了拉动收视率吸引眼球的节目，因为烹饪专业里没有"顶级"一说。不过我又完全可以理解。菜肴能做到很人性，很美味，很营养合理，很漂亮艺术，不是顶级菜又是什么？"首长菜"这种极大的人性化理念，其实就是顶级菜的代名词，也正是眼下不少会所菜追求的档次和品位，可惜一些会所菜有盛名之下其实难符的嫌疑罢了。

大连鲍鱼在全国有名，在亚洲的日韩市场更是上等货。1986年之前，大连鲍在中国一直是不把刀伸进鲍鱼体内的做法，像清蒸灯笼鲍鱼、红烧鲍鱼、清汤鲍鱼、鲍鱼粥、葱油鲍鱼、蚝油鲍鱼、蒜蓉鲍鱼、佛跳墙鲍鱼等几十种做法，比较丰富饶舌。1986年，大连市政府举办了一项"海鲜甲天下"首届电视大奖赛活动，董大师的两款海鲜菜肴均荣获一等奖，分别是"煎溻三鲜鲍盒"和"柴把绣球海带"。就是这道"煎溻三鲜鲍盒"的做法，让他名声大振。在这道菜中，他将鲍鱼剔净后，用刀从裙边片至内侧不断开，内夹其他三种海鲜馅料。一位国家级中餐评委说，刀法是木匠用的合页方式，合上海鲜馅料，油煎后鲍鱼没有变形，鲍鱼鲜味中的复合味觉很是富足，中国第一道合页刀菜出现了。中餐中国合页刀刀法创始人就这样诞生了。

人高艺胆大，这话用在董大师身上一点没错。2008年夏天，大连市来了一些佛教界的人士。市领导要求一定招待好，国家对佛教界人士一直十分尊重是所有人心里都清楚的。董大师提前买来了蘑菇、豆腐、青菜等十几种主要素食食材，一桌素食宴早已在心中摆好。他的食品雕刻在年轻时就很出名，他想到了雕刻技艺。

一桌海鲜大宴在开饭前准时摆进了大连宾馆的包房。红烧海参、汤汁鲍鱼、燕窝鱼翅、生吃海胆、红焖黄鱼、油焖大虾等十几道大连海鲜和清凉蔬菜，看着让人舌尖生津。

市里一位部门领导紧张起来："老董你怎么上了海鲜，我说的是素食！"

"没错，你仔细看看。"那领导摇着脑袋没看明白。

僧人们暗暗高兴，可以开开"荤"了。

一桌僧宴开始了。那领导发现，僧人们终于发现了“海鲜”宴的秘密：燕窝鱼翅是松茸和粉丝做的，鲍鱼是杏鲍菇做的，海参是蘑菇黑红豆打成馅后做的，黄鱼、大虾是蘑菇馅雕刻出来的，海胆壳装的是南瓜汁与鸡蛋黄打成的绒液。

“走遍全国，我们也没吃到这么好这么多的素海鲜宴哪。”中国素燕窝和素海珍的创意人，就是这些僧人那一年在全国各地喊出去的。

2010年董大师到北京办事，请他吃饭的一位中国烹饪协会老朋友笑着说，你这素燕窝和素海珍“中国第一人”的美名，都传到京城了。

贝类海鲜，是大连离不开的海鲜之一。在贝类海鲜制作方面，董大师很有发言权。他的贝类海鲜作品，曾被同行专家赞赏为“技术精湛，富有创新意识”。他说，贝类海鲜享有美味之名，还有滋补之功，尤其是大连特殊优越的海洋经纬度带来的偏冷水温，使大连的贝类海鲜营养非常丰富，像扇贝、牡蛎、鲍鱼、海螺、蚬子、赤贝等贝类海鲜，大多数都可用于食疗，蛋白质含量极其丰富。贝类海鲜产品是自然界中含锌极其丰富的食物，而锌对人体免疫系统的正常发挥功能很重要。蛤类海鲜则含有大量的有助于骨骼的钙。吃贝类海鲜，一定要选活的，一碰壳都会动的。烹煮前，最好在淡盐水中浸泡1小时，让它自动吐出泥沙。浸泡时间不宜过长，否则新鲜的海鲜会被其中腐烂了的部分所污染。食用海鲜时，最好不要饮用大量啤酒，这样会产生过多的尿酸，尿酸过多会沉积在关节或软组织中，从而引起关节和软组织发炎，引发痛风，严重时还会引起肾结石和尿毒症。

大连的贝类海鲜过去以煮为主要吃法，改革开放后，由于餐饮界交流的机会多了，吃法更加多样化了。现在的吃法大都以蒸、烤、煎、炸、爆炒、焗等十几种方法为主。从发展趋势上看，合理的营养搭配变得更重要，像大蛤的葱油、煎溻、豆豉等做法就是这样的讲究。但不管怎样，大连海鲜特有的滑嫩鲜咸的口味，已成为大连人共同的喜爱，从生吃鱼片、生吃蛎头、生吃赤贝等吃法的出现，就可看出大连人对贝类海鲜原汁原味的追求。

刀光剑影一路走来，却是个慈祥老头。这个老头，就是香港武侠小说大家、企业家和社会活动家金庸。2008年10月7日，84岁的金庸先生和夫人林乐怡来到大连，与辽宁师范大学的学生在学校现场“论剑”，当晚就下榻在大连宾馆。

晚宴开始，服务员把六道精心设计的大菜一一端了上来。

第一道是“射雕英雄”，郭靖拉弓背剑的红薯雕刻，下铺象征雄性力量的两只大连海参与西兰花；第二道是“天山双鹰”，一只雕刻的薯鹰张开翅膀，身后一只小雄鹰紧随其后，冲着用豆腐、鸡蛋清和鱼子做的美人倩影直扑而下；第三道菜是“香香公主”，用南瓜泥和鸡蛋黄打成的泥子铺在青菜上，围裹着香气诱人的煸炒肉片；第四道是“降龙十八掌”，是两只大连大鲍刻出的掌心，上面是拔丝地瓜朦胧旋转的丝绒，表示此功夫的玄妙迷蒙之感；第五道菜是“大展宏图”，用红掌花衬边（红掌花在花卉中寓意大展宏图），盘中是橘子瓣、南瓜和飞鱼子融成的菜膏，飞鱼子在灯光下时而闪光，形成一个初升的太阳形状，表达对金庸作品的赞美和期望；第六道是“红花会”，是一道用西红柿做成的羹，汤上撒一些细葱花香菜末，清鲜雅致，韵味不尽。

董大师设计的六道菜，创意全部出自金庸武侠小说《书剑恩仇录》和《射雕英雄传》的具体人名、武艺和地点。

听了服务员的介绍，金庸服了：“这是我在内地遇上的真正美食文化大师啊！”

董大师的徒弟至少有几十人，庄欣文、石远、董辉、梁道利、王善君、唐胜斌、焦创、王晋、韩建华、刘振华、许日江、尚凯军、刘辉、李强、孙毅、刘伟、王超、赵滨、高明强、周勇等年长或年少的徒弟们，有的在国内，有的在国外，有的在国宾馆，有的是大连餐饮企业厨房的主要力量，他们学师傅的厨艺，也学餐饮圈里口碑很好的董大师的做人。

80年代前后那些馆子

“小时候，大连街上规模大一点的饭店并不多，天津街上的群英楼、苏扬饭店，西安路上的域乐楼，青泥洼桥上的渤海饭店和海味馆算是大连规模大又有名气的饭店了。群英楼以经营鲁菜为主，他家的盐爆海螺、炒肉拉皮和肉丝炒饼很好吃。苏扬饭店顾名思义经营南方菜，小时候吃不够他家的小笼包和一种鱼形火烧。域乐楼是清真菜，有名的还是水爆肚和羊肉烧卖。我对渤海饭店的印象不深，只能记起来一种碱性很大的馒头，挺好吃的。”这是一位叫“独自行走的幸福”的网友在网上对儿时大连老菜的记忆。从这几句记忆中不难发现，大连人对自己的美食多么富有激情。

20世纪80年代前后，大连冒出了一批好饭馆子。和二三十年代相似，算是第二个餐饮辉煌时期。当时大连市有一份据不完全统计的数据，截至2007年年底，全市零售、餐饮、住宿、服务和商品交易市场网点共计86753个，其中餐饮业网点13101个，餐饮业总营业面积172万平方米，餐饮业从业人员69429人，人均拥有餐饮面积0.27平方米。大连市大中小型、高中低档餐饮网点星罗棋布，原有的以国有餐饮企业为主的格局被打破，转变为合资、股份制、私营、个体等多种经济成分并存的发展格局，各菜系优势互补，菜品的种类更加丰富，口味和营养更适合现代人。县区餐饮业也形成了各自特色，如旅顺口的顺菜、金州的驴肉包、普兰店的猪肉、瓦房店的牛肉、庄河的大骨鸡等，慢慢回升兴起的“农家乐”餐饮，备受广大市民的喜爱。

在大连众多风味各异的菜肴中，最受欢迎的仍然是海鲜。内地许多朋友对大连人的海鲜缘分疑惑不解：有那么好吃吗？这没办法，大连丰富的海产资源是大连地方菜发展的优势所在。大连三面环海，是我国重要的水产基地，海产品产量大了，可以充分满足大连餐饮业的需求。并且大连海鲜与南方海鲜相比，由于海水温度较低，生长期较长，营养更为丰富，鲜味更足，用它们烹饪的海味佳肴，具有鲜嫩清脆的独特风味。大连海鲜已成为人们认识大连地方菜的一个集味觉享受、视觉感受和听觉冲击于一体的极其重要的形象宣传口号，为大连地方菜的发展奠定了良好的物质基础。

作者与推销马来西亚美食的马国商务部官员在天津街云顶美食相遇相识

1984年大连饮食公司改制前，年龄稍大些的大连人可能还会记得被市饮食公司评出的大连十大餐饮名店：黑石礁饭店、井岗山饭店、长征饭店、长春路饭店、海味馆、群英楼、新亚酒家、山水楼饭店、青山饭店、人民饭店。这十家名店，都是以鲁菜为主。时过境迁，乾坤斗转。今天我们回头看一看，这十大名店因为服务行业改制、城市建设变化及菜品风格变化等因素，已经成了淘汰的“样板戏”：群英楼已易主易味，青山饭店、人民饭店、长春路饭店、长征饭店在城市改建中已经没了，新亚酒家似存非存，黑石礁饭店也改名为黑石礁酒楼并将长春路饭店收编于麾下，似乎伤了元气，井岗山饭店从店名到菜品变成了另一番陌生的形象，山水楼饭店在新天津街正在由当年四川饭店丛贤芝的孙子丛建新努力恢复原来的菜味，海味馆也在戴书经大师大弟子林波的全力以赴中以新海味的名字欲望展示新的烂漫……

值得感慨一提的是大连渤海饭店。1983年之前，这是大连楼层最高的饭店，有13层，是当时的市委领导刘德才顶着巨大压力盖起来的，而后还被批判为超规格建造“楼堂馆所”。凡是来大连的人，都愿意在这儿留个影儿，后面写上：在大连最高饭店前摄影留念。1990年，我在大连渤海饭店请鞍钢矿山公司朋友吃了一顿饭。那时我还是个文学小说狂，正赶上矿山公司一位办报的朋友来到我当时所在的矿山检查工作。平时我俩关系就挺密切，请朋友吃一顿海鲜自然不在话下。大小海鲜十几道大连海鲜菜中，那道盐水杂拌给我吃服了，和海鲜全家福差不多，只是成了一道汤菜，海螺片、海参片、鲍鱼片、鱿鱼片、蚬子肉、大虾段等都在汤里一上一下地漂浮着，用汤勺舀一口，鲜流流的，海鲜片好个脆爽。我还记得那个厨师长叫夏焕斌，这些菜都是他亲手做的。他上来敬酒时，我问他这道菜以前没见过是谁创的，他说是老厨师研究做的。那是我第一次认识清淡海鲜菜。几十年后，牟传仁老菜厨师长王万锁告诉我，盐水杂拌是于云德大师傅当年在海味馆时研发的，当时只是想着让客人吃几口清凉海鲜，换换口味，因为卖得好，都来学，他就把它做成了档次高一级的“八仙过海”。我在后来火车站前的红梅酒家和兴工街蟹子楼，都吃过这道菜。红梅酒家是一家生意很好的店，现在也一去不返了。蟹子楼这二十多年来一直生意稳定，市政府还曾经把这家店评为百姓最喜欢的酒店。那天在渤海饭店吃的其他的菜像家焖黄鱼、尖椒炒鱿鱼、芸豆丝炒扇贝、罐焖红烧肉、盐烤大海虾、菠菜拌毛蚬子等菜味真好，绝不比现在一些高档酒店做得品位差。渤海饭店当时绝对算得上大连一流的海鲜老菜饭店，可惜到了2000年后一点点不做餐饮了，2009年时干脆就停了，也许是市场原因吧。

在20世纪八九十年代，一批新的经营大连海鲜为主的酒店餐馆应运而生：浪琴酒楼、新海味馆、天天渔港、双盛园、太阳城、鲁苑酒家、新东方美食城（后来的新东方渔人码头）、万宝海鲜舫等受到市民和游客的普遍欢迎。还有川南扣肉馆、喜宴、麦子大王、风味大王、川外川、潇湘酒店等一批特色风味酒店餐馆也不声不响地渗进大连餐饮这幅国画上来，各种风味墨色在不断缓慢地摊开着。

我曾在2005年的《大连晚报》将大连市内美食界定为6个圈6条美食街，目前来看，这些美食圈美食街餐馆有增有减，变化不大。我还是做了新的调整，把它调为时下的9大美食娱乐消费圈，取消美食街。原因是在这些美食街周围，已经形成了美食圈，不是街所能涵盖的。在删减与增补过程中，尽量还原时下大连餐饮娱乐街头真实的影像。

青泥洼桥至港湾桥的人民路美食圈。这是大连市最为璀璨的一个酒店娱乐消费圈。首先，五星级酒店大都在这里：富丽华大酒店、香格里拉大饭店、万达希尔顿、万达康莱德、海景酒店及后来的新世界酒店、洲际国际酒店、挂边的九州假日饭店等，尊贵的中外客人基本都住在这里。一些较有影响的酒吧也集中在这个圈子里，像漫琳、漫步云端、爱丽丝、芭娜娜等；还有一些大连知名的海鲜店也在这里，如新东方渔人码头、天天渔港、大连宾馆、大连饭店等，特色店受欢迎的有上海滩大饭店、皇城老妈、阿罗哈等。如果把这个圈往东面的市委方向再扩展一下，寺儿沟车站的黄土泥烧鸽子原始店、一烧一烤、三宝粥城、九华楼等都是抢眼的店，最大牌抢眼的，当数戴书经大师的浪琴酒楼。这家酒楼是从中山广场博览大酒店前的老窝子搬过去的，有十几年了，戴大师的弟子、主厨邓吉顺推出的时尚海鲜菜，一直被人关注和欣赏。

在这个圈里，港湾东部的十五库美食娱乐极品消费圈虽是近年冒出，却已风劲十足，让你慢下来的荷恬心语素食餐厅、每天一席的东港第8号私人会所、渔家傲的正宗金枪鱼料理、体验风情感的上海城港式火锅、原汁原味的日式铁板烧、老码头红酒音乐汇展出的海景红酒音乐主题会所、进口食材的波士顿龙虾纯西餐等，都深深吸引着前来觅得真心休闲一刻的人们。

正是这些有档次、有影响的店，使这个消费圈显得红红火火。

百年城美食消费圈。这里首先由瑞诗酒店和凯宾斯基饭店两家五星级酒店撑起了街面，雍景台的上海城风姿绰约横刀立马，瑞诗酒店的一流粤菜阿锋菜馆和凯宾斯基饭店的中餐馆、普拉那啤酒坊给大连美食注入了一针兴奋剂，百年城商场里招进了国内部分特色美食系列，万宝海鲜舫是解放路上最耀眼的以高档豪华而著称的海鲜明星，周边一些菜馆也各具特色。

星海湾黄金美食娱乐消费圈。眼下的星海湾可分为两个圈：星海湾黄金美食娱乐消费圈和星海新天地黄金美食圈。星海湾黄金美食娱乐消费圈出现比较早，已有十几年的历史，其中的左岸、钟海楼、台北1+1、聚宝隆火锅、渔港明珠、天下一品等现代餐饮深得大连人的喜欢，左岸和台北1+1不知何故几年前撤走了，有点遗憾。星海新天地黄金美食圈里的渔港制造、天顺酒店、星海渔港、牟传仁老菜旗舰店、渔港小厨等，更是成了大连人的浪漫时尚美食好去处。这两处消费圈，装修普遍高端时尚，消费自然比较“黄金”。

天津街悦泰·街里美食消费圈。时代发展到今天，天津街悦泰·街里新项目启动。2011年，原天津街老街项目开始招商，他们希望那些老字号快些回来，重塑餐饮街昔日夺目的历史。在确定入驻的20多家商户中，其中就有群英楼、狗不理包子、糯米香、马家饺子、四云楼烧鸡、恩祥园、山水楼7家老字号餐饮企业。雪龙肥牛餐厅、三宝酒店、云顶美食的加入增添了天津街的美食新元素。眼下，山水楼的老式菜品恢复相对最好。这是一个令人欣慰的消息，但愿这是天津街新的餐饮腾飞。

优·豪斯美食消费圈。原体育场对面的优·豪斯美食娱乐消费圈，如今也不亚于星海湾黄金美食消费圈了。蓝海湾酒店、上海城老店、宝格丽咖啡、大地春饼店、迪奥咖啡等不同特色的餐饮，使这里显得既有档次又有特色。不知为什么，这个圈里当年最火的龙海渔湾美食广场和德记酒店这两家海鲜酒店也不知去向。提到大连海鲜推向了一个新的时尚消费高潮，这个圈里的海鲜酒店功不可没。

唐山街至五四路美食餐饮圈。唐山街从大可以海鲜酒店、凯乐酒店开始，就步入了美食状态。大可以海鲜酒店的海鲜非常有名。凯乐酒店除餐饮大厅外整个楼宇的大规模包间，完全形成了规模较大的海鲜酒店（现已撤出）。川味当家在保持川味正宗风格的同时，效果很好地添加了大连海鲜。洪记饺子与众不同的透明脆皮，彰显着东北美食粗中有细的魅力。往西走，高尔基路上的野外海鲜烧烤，颠覆了大连脏乱烧烤店的陈旧理念，品尝这里的海鲜烧烤，有强烈的置身其中对比色彩的感觉。再往西快到太原街了，就到了五四路品牌挺亮的大连最早的上海菜馆浦江餐饮了，是1997年6月开业的，快20年了，几家上海菜馆都倒下了，它却依然坚挺，吃过他家的四喜烤麸、响油鳝糊、清炒芦笋、油面筋塞肉等地道上海菜，还有融入了大连菜风味的部分上海菜后，你就会明白它为什么一直是“不倒翁”了。

民主广场美食圈。这是一个不能小看的美食娱乐圈子，五星级日航饭店和四星级船舶丽湾酒店围裹着这里，以时尚菜海鲜的高品位规格俯瞰着周围各家特色餐馆。对面食着魔似的好生意黄土泥烧鸽子，东头坐镇大连十多年的湘港红馆把持着广场路边明显的位置，依然稳定地做着湖南菜生意。经典生活、正苑烤肉、韩香烤肉、悦涵生串及几家日本料理，你争我赶各显奇葩。真爱酒吧的欧美男女生与国内客人的友情碰撞，让这条湘鲁日韩特色餐饮和烧烤的香味更有时尚感。乐都会所、空间八度、纯K酒吧的风尚，吸引了一批批时尚男女。

新开路与黄河路至大同街美食娱乐圈。这个休闲娱乐街比较综合，前城国际街上吃的有大连海鲜老菜、大渔儿，火过几年的重庆人做的巴国布衣、川江号子现在都不在了，玩的有怡都夜总会、A68慢摇吧等，洗浴有高档餐饮洗浴中心等。身后有韩雅烤肉、千手予烤肉、巴蜀人家等多家特色店。一直往北走到了长春路上，有新海味这样的海鲜名店。往西前行有豪华可与万宝海鲜舫媲美的紫航大饭店、大连正宗绿色牛尾牛肉风味系列的马三妹跷脚牛肉等店。

山东路特色美食圈。大连目前有两个大众特色美食圈：山东路特色美食圈和黄河路至马栏子红旗路特色美食圈。说是大众化，是指消费群体很普通，正常情况下人均消费价位在30～40元人民币。山东路有一条长长的特色美食街，两边尽是特色美食。眼下街上的铁蝈蝈农家菜最为耀眼，臭菜、灌血肠菜、山野菜、炖江鱼等吉林农村菜，成了香饽饽。转向南头丰宁海鲜店融大连海鲜之精华，加之环境典雅，已成这里的海鲜名店。富龙休闲酒店也是一家高档的海鲜店和洗浴中心，因其精制而豪华受到不少消费者的关注。北头坡顶的旺顺阁酒店，装修时尚而高档，大盘鱼头泡上金饼，加上丰富的客家菜，一开业就很受欢迎。而像这条街上亮亮烧烤、大福龙火锅、铁锅烤大鹅、羊歇子等普通店，因为特色鲜明卖得一直不错。

从山东路穿插到千山路和华北路这一圈，就是当地有名的太阳城、千山饭店和盈春大饭店，这是三家有20多年历史的老店，生意的兴旺让人感觉不到它们的苍老。太阳城从中山广场移至这里后，生意一直没有萎缩，成为仅次于丰宁海鲜的精品海鲜菜馆。千山饭店依然是城乡结合部老少咸宜的餐饮中心，两套菜单使不同层次的食客皆大欢喜。盈春大饭店把大连老菜和传统海鲜一直做得红红火火，大到婚宴，中到生日宴，小到三五小酌，当地人都喜欢到这里聚餐，认为有一种实实惠惠的感觉。

黄河路至马栏子红旗路特色美食圈。这是另一条大众特色美食街，其实街很长。黄河路上的川外川、四同活鱼锅、双龙活鱼锅是很出名的火店了，吃川菜的大连人经常就会想起黄河路上的川外川，吃鱼头锅的人至今也尝不够那鲜香浓口的鱼头锅汤，吃实惠的人更是忘不了花钱合适的双龙活鱼锅。

马栏子红旗路上如今更是香鲜四溢，老灶台鱼馆的另类鱼头炖玉米饼子的吃法早已被大连人所接受，武汉烤活鱼的独家烤法香而鲜爽，东北炖菜的重味道，大连海鲜的多品种，都是受人追捧的重要原因。

曾经的你

20世纪80年代后，大连的海鲜名厨一浪高过一浪。自从大连市政府举办了海鲜菜电视大赛和辽宁名宴大赛后，大连海鲜名厨竞风流，百花齐放各显神通。时间过去了几十年，那些为大连海鲜做出过默默贡献的人，我们着实不该忘记。

鲁统贵，中国烹饪大师、高级技师。中学毕业后1965年至1975年在斯大林路饭店（后改为新亚酒家）从厨，1975年至1976年任天津街苏扬饭店主任。1976年至1979年在中国驻阿尔及利亚大使馆做厨师，1979年又回国在斯大林路饭店做主任至1982年。鲁大师的餐饮厨艺辉煌期是1982年至2000年，他到了位于天津街170号的山水楼做经理。在这里，他拜在山水楼做顾问的鲁菜大师、山东福山人张传本为师，加深对鲁菜厨艺的掌握。他的菜品“双燕大虾”、“云片三鲜”在这期间获得辽宁省优秀奖，并与“雪菜摊黄鱼”、“红烧海参”等宁波菜与鲁菜组成十大名菜，为山水楼创造了销售奇迹。2000年后，他到大连市烹饪协会任秘书长直到退休。

韩吉光，大连市烹饪大师、国家特一级烹调师、高级工人技师、大连开发区聚仙楼总经理。1978年，先后在海仙饭店、海仙楼、五月花大酒店、聚仙楼工作，并创办大连景林农场、金石锚地渔村，对海鲜产品情有独钟，做了大量的调查研究和开发工作，先后到过日本、新加坡，中国香港等国家和地区考察学习。他以鲁菜为基础，创造出具有大连特点的海鲜菜肴，代表菜肴“奇妙大虾”、“椒盐大虾”、“豆豉鲜鲍”等。1994年被开发区管委会评选为酒店业中唯一的“黄牛奖”；1995年获全国名厨大奖赛特等奖，并获中国名厨称号；1996年被推选为中国美食发展委员会学术委员，大连市烹饪协会副会长。

杜兆生，大连市烹饪大师、国家特一级烹调师、高级工人技师。1970年从业，先后在大连饭店、国际海员俱乐部、省饮服学校、市烹饪技术培训中心、中心饭店工作，他善于鲁菜、辽菜制作，擅长烹制海鲜山珍，代表菜“红扒鱼翅”、“清汤燕菜”等，1984年获辽宁省首届烹饪大赛三等奖，在国际海员招待会上所烹制的菜肴受到国外友人的赞誉，还为市区培训出中高级厨师多名，并参加《美味家庭食谱》、《食堂菜谱》、《厨师考核菜点300例》、《海鲜大全》等书的编写工作。

林波，大连市烹饪大师、国家特一级烹调师、高级工人技师、辽宁省烹饪学会理事、辽菜研究会理事、大连烹饪职高客座教授、新海味总经理。1975年参加工作，1985年成为戴书经大师大弟子。1986年创新的“玉莲仙子”、“珍珠琵琶虾”获大连电视创新表演赛第三名，并在1989年被市工商局评为优秀专项成果奖。1990年创新的“雪梅家宴”获市优胜奖，参与研制的“五香熏鱼”获中商部颁发的“金鼎奖”。同年创新的“花蝶彩拼”、“凤尾鲍翅”等在大连首届工人技能大赛中获第一名，被授予市烹调工种技术状元。1992年创新的“鲜鲍拜龙虾”在中国烹饪首届世界大赛中获金牌。并同名师一起编写《中级厨师培训》教材、《中国烹饪世界大赛冠军菜点》、《海鲜荟萃》等书，被大连市授予过新长征青年突击手，大连市总工会记大功两次。

邓基顺，大连市烹饪大师、国家特一级烹调师、高级工人技师、大连浪琴酒楼厨师长。1979年在大连海味馆工作，精通刀工、炉工，有一手娴熟的技艺。1986年他创新的“原爆双龙”、“软炸乌龙花”等菜肴，在天津饮食文化交易会上获得佳奖。1991年创新的“牡丹海参”、“丰收鲍鱼”获市工商局烹饪大赛第二名，大连首届工人技能比赛的第四名。1993年参加第三届全国烹饪大赛，他烹制的“兰花虾球”、“香扇紫鲍”获个人热菜比赛金牌和团体赛金牌，大连市总工会给予记大功表彰。

李亚东，大连市烹饪大师、国家特一级烹调师、高级工人技师，曾做过徐园饭店总经理。 1974年参加工作，烹调技艺十分娴熟，先后接待过中央首长和外国领导。在1982年省交际系统技术等级评定会上，他获得实际操作第一名和二级厨师称号。1988年调徐园饭店。在20多年的饭店经营管理实践中，他创制了独具特色风格的宴席“九龙荟萃宴”、“排翅宴”、“珍宝海鲜宴”等，其中“珍宝海鲜宴”获得1996年大连市十大名宴之一的称号。

夏焕斌，大连市烹饪大师、国家特一级烹调师。他精通大连海鲜菜、鲁菜、川菜、粤菜的烹调技术，代表菜“川味海鲜火锅”、“赤龙鲜花”、“凤尾桃花虾”、“蟹头鱼翅”等。

王玉春，大连市烹饪大师、国家特一级烹调师、高级工人技师，王麻子酒店总经理。1978年在海味馆从业，1986年调富丽华大酒店任总厨。他敢于创新，擅长炒、炸、焖等各式制作技术，代表作有“百花悦龙须”和“绿岛开旭日”等。1994年在国家旅游局举办的全国优秀鲁菜展示交易会中获优秀展台金奖、面点金奖、全国优秀鲁菜宴席金奖、冷菜金奖、热菜金奖等多项金奖。

郭阳，1978年从事烹饪工作，大连市举办的海鲜菜肴创新大奖赛获优秀奖；1990年参加大连首届春节家宴比赛，获一等奖；1993年参加全国烹饪大赛，他的代表作品“花盆鲜鲍”、“赤龙戏牡丹”获金牌，并荣获“全国优秀厨师”称号，同时还随大连渤海饭店集团代表队，参加全国团体赛，荣获金牌。现任鲜花农庄饭店总经理。

曲宏佳，1980年参加工作，先后在荟萃大酒店、杏花村酒家、渤海酒楼工作，1994年任王子饭店副经理，现任鲜花农庄饭店副总经理。他在冷菜、墩工、炉工等方面都有较高的技能，特别擅长刀工和冷菜摆拼。1993年他随渤海集团参加全国第三届大奖赛，作为助手辅助选手夺取了金牌，年底随团参加团体赛，负责冷菜摆制，取得了团体赛金牌，1996年他代表渤海集团去杭州参加全国第四届厨师节，荣获优秀奖。

当时，海味馆的于国桢、林雨生、胡勤生，山水楼的张传本、鲁统贵、刘忠斌，四川饭店的丛贤芝，群英楼的于云德，惠宾餐厅的丁禄敬、王道齐等，在炉头、刀工方面都很有名气，代表菜有“川味海鲜火锅”、“赤龙鲜花”、“凤尾桃花虾”、“蟹粉鱼翅”等。

大连最早的鲁菜大师还有孙华山、王学义、陈生发、吴永丰等人，他们大都来自于鲁菜名地山东福山，来的时候属于解放前后；第二辈鲁菜名师代表有牟传仁、丁禄敬、梁作善等人，属上世纪50年代；第三辈代表为戴书经、董长作、黄菊发等，大约为上世纪六七十年代；大连黑石礁酒楼总经理、国家特一级厨师、高级工人技师于卫东等人为第四辈鲁菜传人，约为上世纪70年代以后。上世纪80年代以后，鲁菜名师开始渐少，鲁菜也出现技术失传的现象。用于卫东的话讲，花样菜与杂交菜，几乎越来越成为时代变迁的主场题。

大连鲁菜名厨黄菊发曾提出“抢救大连老菜、保护鲁菜品牌”的想法。他说，他的师傅吴永丰的拿手好菜是软炸里脊和南尖丸子，在火候、刀工与色泽上十分讲究，南尖丸子口感是鲜香略甜，松嫩弹牙，而大连一些饭店出现的同类菜品吃上去却像干炸肉，硬而过咸，难以入口。近年来，一些厨艺大赛只靠花样与创意，时常忽视了菜品的口感与营养，难以服人，越是这个时候，那些曾经的大连海鲜鲁菜名厨越是令人想念。

牟汉东助推牟式老菜

前面说过，牟传仁的鲁菜功底深厚，运刀绝妙，技法娴熟，多年间形成了带有自己风格的大连老菜，具有调味丰富、造型精美的烹调风格，很多厨师都以此对照烹饪，研究菜式发展。而退休后卸下重任的牟传仁老先生，一度回归了平静休闲的生活。他的儿子、中国烹饪大师牟汉东不想再让老人家继续操劳，希望他好好享受自己的晚年，在高尔基路上开了一家叫世纪园的餐馆，做着大连人流行的家常菜。但是，一段时间里生意很不景气。

是什么原因呢？牟汉东陷入苦恼。

几乎每个人的一生都会遇上这样的真空怪圈：无助的时候，常常忽略了可以帮助自己的最大优势。

我与牟汉东的缘分，就是从这一刻开始的。2007年冬日正劲，我接到了大连世纪园厨师长王万锁的电话。在这之前，我认识的一位厨师朋友说，希望我择日去世纪园与牟汉东聊一聊餐饮的话题。因为做了多年美食圈的记者，一些酒店餐馆的老板或厨师长常会找我聊天。这位朋友的师傅，就是做了30年鲁菜的大厨王万锁。

牟传仁老菜的传承人牟汉东

王万锁和牟汉东都曾在20世纪七八十年代大连名气很响的四大名店之一海味馆做过厨师，都是现在大连的中国著名烹饪大师戴书经的弟子。那时的四大名店是群英楼、海味馆、山水楼和惠宾餐厅。1997年年初，海味馆在大连城市建设改造中轰然倒下，给后人留下了无尽的怀念和想象。当时海味馆那个地方令做厨师的人羡慕啊，一些当时全市优秀的大厨级别人物都在那里，著名的“大连餐饮三于”于国桢、于茂南、于云德三位老师都曾在这里共同打拼过。后来的戴书经大师也是这里当时的主力。1980年来到这里，王万锁做了10年刀工，在墩上学了一手刀工好手艺。后来到唐山街宾馆旁边的科达饭店做了16年厨师长，2007年跟随牟汉东来到世纪园做起了厨师长。

“这个店生意不太好，你怎么看？”牟汉东大哥直截了当问。

两盅白酒下肚，冬日的寒气立即驱散，借着酒胆，我把心里的想法一股脑儿地掏了出来：“说句大实话，大哥别生气，你们家有大连市最好的酒店品牌资源，扔在一边不用太可惜了。老爷子在群英楼做了那么长时间，群英楼的老菜哪个大连人不喜欢？‘天下第一饺'在中国第一个出口日本，给中国人争了光，也成了食品品牌，为什么不用好这个品牌？大连人谁知道世纪园是干什么的？！就算群英楼的牌子是国有的，不能用，'牟传仁'三个字可是自己的吧？这在大连餐饮界是三个多么响亮的字啊！'牟传仁老菜'、'天下第一饺'在门头一亮相，门头装修换的古色古香一些，包间和大厅再做简单重新装修，让牟老爷子穿上厨师服戴上大厨帽往那儿一坐，吃饱饭的人不想和老爷子合个影才怪呢。把做大连老菜好的手请过来，生意不好你就骂我是个胡说八道胡吹乱泡的人！从此不待见我！"在强烈的酒精作用下，我这一番话带着激情一口气说完，又一饮而尽。

星海湾牟传仁饭庄是目前最高级别的老菜馆

我至今记得也很清楚：牟汉东没有说话，在若有所思中沉静下来。王万锁一边听，一边默默地点着头。

几个月后就到了2007年5月8日，我接到了牟汉东的电话，他说想找我喝酒，说他的饭店有了点变化。我听了，打发了晚上的饭局来到他的世纪园。下了出租车一抬头，我愣住了——一个崭新的、古色古香装饰的"牟传仁老菜"、"天下第一饺"出现了。走进饭店，头戴高高的厨师帽、身穿洁白的厨师服的牟传仁老爷子迎面站起身来，伸手递向我。我忙过去轻轻拥抱了老爷子，那一瞬间顿觉这个店就要马上活起来了。进到包间，牟汉东大哥和王万锁已经在那里等着我了。牟汉东仍然疑惑地问，能行吗？我面对着一道道久违的老鲁菜，连连说到，一个月生意肯定大火，我敢和您打赌。我建议他在报纸上做一点宣传，他干脆地答应了。我看到，他是那种在比较沉静的外表下一旦选择就会立即设法完美做好的人。

几天后，我在《大连晚报》美食专版上写了一篇《牟传仁老菜唤醒大连老菜意识》。没想到，电话接了足足一周。打来电话的人中，40岁以上的似乎能感觉到有怀旧情绪的人最多。他们问的很多的是这个报道是不是真的，真是牟老先生开菜馆了吗，到底在哪儿之类。我预感到，这家店不需要一个月就会彻底火起来。

果然开业一周多后，包间就得必须提前一两天才能预订上。不可思议的是，这种现象一直持续到如今。在这家饭店面前，我看到了什么叫餐饮生意火爆。

这是牟汉东最开心的时刻。牟传仁老菜在他的力推下总算后续有望了。

1978年到1985年，牟汉东曾在父亲的建议下来到了海味馆。上世纪80年代初，牟汉东正式拜戴书经为师。在并不显得漫长的7年海味馆厨艺经历中，他跟随戴大师学了很多鲁菜烹饪技巧。戴大师是个聪颖勤奋的人，他从“三于”大师那里学到了丰富扎实的烹饪技巧，同时慢慢传授给牟汉东等几位弟子。他所拜的于国桢老师，教给了他许多宝贵的烹调技巧和做人原则。戴大师也把这一切，完整地传授给自己的弟子。这期间，他又到群英楼工作了1年，从父亲那里补充了一些鲁菜技能和经验。1985年，在五星级富丽华大酒店开业时，他来到这里的厨房助阵1年，因天性喜欢自己闯荡，后又撤了出来。

牟传仁老菜火了之后，牟汉东在主打父亲那些鲁菜的同时，决定试推父亲的辽宁名宴海珍宴。在原汁原味保留海珍宴的菜肴时，他将自己拿手的红烧海参、㸆大虾、火爆四宝、鸳鸯太极鱼等吸收进去，变成了更完美的牟家海珍宴。

2010年春节，在牟传仁老菜开始兴旺发达的日子里，牟传仁老人家安详地离开了这个世界。大连市各行各业的领导和代表，都依依不舍地前来为这位大连鲁菜顶级大师送行。

悲痛之后，牟汉东又相继在职工街和星海湾广场选址开了两家分店。星海湾广场的牟传仁老菜，以其富丽豪华的海边老菜馆形象，让牟老的菜风飘出了时尚的色彩。

牟传仁老人的女儿也在西南路开了一家规模较大的牟传仁酒店，把那一带牟老菜肴的粉丝们的热情也调动了起来。

海味馆回来了？

失去的东西，往往显得宝贵，这种感觉下，回忆就成了一种享受。如果有一天你发现失去的可能回来了，你就会疯了一样激动。有时大脑清醒地告诉你这可能是幻觉，你还会忍不住激动。有相当一批老大连人，对曾经的海味馆都持这种心态。

还是网友“独自行走的幸福”的记忆，这是一代大连人对那个时代通过海味馆这样的家乡餐馆对故乡发出的一种亲切的呢喃之语。

“海味馆坐落在现在的胜利广场上，门面在当时也是数一数二的。海味馆的菜以海鲜为主，也属鲁菜系。那年月，没有公款请客，所以饭店里的菜好像都不是很贵，一般人家也能消费得起，如果是双职工家庭的，星期天下个馆子什么的都属平常事。那时的海味馆好像也没有装修，木头的桌椅，桌上铺着一张塑料台布，台布上还放着一个筷子盒。

在海味馆最好吃的菜是熘鱼片。把牙鲆鱼片成薄薄的四方形，再浇上浓汁，吃一口嫩滑、细腻、浓香，味道好极了！

海杂拌也是海味馆的一道名菜，它用虾仁、海螺片、干贝丁、鱿鱼花再加上配菜组合而成。这道菜有点类似于全家福，但用料比全家福少，所以价格也相对便宜些。我则是最爱吃里面的鱿鱼花。

当然，海味馆的镇店之菜，我认为还是那道传闻于江湖的‘全家福’。这道菜的用料十分讲究，以海参、鲍鱼、大虾仁、上等鱼片、海螺片、干贝丁、鱿鱼花等近十种海珍品为主，辅以玉兰片、肉片等配料，便成了一道名扬四海的鲁系大菜，加之全家福的吉祥菜名，

新海味正在默默继承着老海味馆的足迹前行

更是全家团聚时必点之菜。

说到海味馆，还有一样东西是不可忽视的，就是鱼卤面。那是用新鲜鱼片作卤的一种鲁式面条，面条上浇有浓浓的酱色卤汁，加上几片白白嫩嫩的鱼片，爽滑可口，每每提起到它来，嘴里总是泛起鱼卤汤的清醇和鲜香。

随着城市的变迁，海味馆也成了历史，偶尔在回忆中会浮现出它的影子。

不久前的一天，老二略显神秘地带我来到一家饭店，下车后发现饭店门上赫然树立着‘新海味’的牌子，忙问是原来的海味馆吗？得到肯定的回答，心中狂喜，再看店内的菜牌上列着的‘海味馆老菜’的字样，不由得眼熟心动。忙不迭地点了几道菜品……”

2004年9月，新海味在长春路出现了。有人问，是海味馆回来了吗？

新海味的当家人林波说：“新海味是在原大连海味馆基础上组建的。大连海味馆1951年专营俄亚大菜，1954年经营中西大餐，1958年主营海鲜菜肴，以鲜活著称，在国内外享有盛名。新海味继承了老海味馆的精髓，融进鲁菜的精华，讲究营养、绿色和味美，选料讲究，精工细做，口味清淡，咸鲜脆嫩，对喜欢大连海味馆菜的人来说，让他们品尝着老菜，尽量重新找回老海味馆的味道和氛围。”

林波是戴书经大师的大弟子。早年师傅是大连海味馆的经理时，他就是副经理了，海味馆迁移到渤海明珠大酒店

新海味的领头人、中国烹饪大师林波

时他是餐饮部经理兼餐饮总监，对海味馆的烹饪技艺是最有发言权的，他知道海味馆每道菜的细节做法和火候用料。2009年10月19日，在中国饭店协会和天津市商务委员会于天津共同主办的首届中国名厨大会上，已是中国烹饪大师的林波荣获了中国饭店协会评出的“中国十大名厨”称号。这个奖项是表彰在全国餐饮行业餐饮管理成就显著，具有一定影响力，在烹饪技艺创新达到一定高度，在烹饪教育、理论成果和烹饪事业有一定贡献的大师级人物。

林波对菜的研究比较痴迷，是圈里

老菜新做锡纸鲍鱼

人公认的。师傅戴书经叮嘱他，无论怎样创新，鲁菜的功夫必须扎实，在不违背烹饪技艺的底子上加以创新。海味馆的老菜老大连人味道都记得很清楚，所以他不许有任何更改，红烧海参、糖醋黄花鱼、红烧海螺、熘鱼片、海味全家福这些老菜，他保持着过去海味馆的原汁原味。他知道，这里有老大连人的一份情愫在里边，是不能乱改的。也正是这份情愫，让他的海味馆老菜开业以来生意一直很牛。

台湾艺人凌峰有一年来大连，在朋友的介绍下来到新海味，吃了熘鱼片和糖醋黄花鱼这两道菜，伸出拇指连连叫着："大连有这么好吃的鱼菜，味道太神奇了！"

在烹饪技艺严格的基础上，林波在海鲜菜上还是做了一些创新。由海味全家福改成的汤味全家福，保留了全家福的海鲜食材，区别了盐水杂拌的过多水分，用老鸡汤熬制，汤味更鲜更浓。红烧灯笼活海参是把海参改刀成灯笼状，盘式大器漂亮，海参入味脆爽，没有一点腥味。水炒海鲜牛心菜不放盐、味精与食用油，拿浓郁的蚬子汤慢炒，牛心菜可以吃出海鲜味。用精选的海菜和新鲜的鲅鱼、黄花鱼或牙片鱼做成的海菜鱼圆汤，蛋白质营养丰富，清淡可口，女士一般都点这道菜。

从大连走出去的著名音乐家徐沛东每次回来，一有时间就会往新海味跑。他的味蕾被林波那道"鱼味狮子头"勾住了，每餐必点。他说，真是怪了，我也不知道为什么总是喜欢这道菜。

人民大会堂管理局一位姓孙的局长品尝后，也被这道创新海鲜菜折服了。他认为这是一道很好的养生菜，可以考虑向京城推广。

大家都知道淮扬名菜狮子头，色泽雪白，肉质鲜嫩，清香味醇，四季皆宜，只是因属肉类制品，胆固醇有点高。林波利用大连鱼鲜的特点，将味道鲜美的大头宝鱼剔骨留肉，切成小丁，加上豆腐，做成了鱼味狮子头。蒸熟后，入鸡汤加菜心轻轻熬制而成。咬一口含在嘴里，滑嫩咸鲜，营养成分主要是蛋白质和维生素，想健康长寿的人没有不喜欢的。

百姓要尝"官府海鲜菜"

"当官的吃什么菜？"对市民百姓来说，这是一个神秘的话题。

"从一些中央首长来大连工作的菜单安排来看，和老百姓菜差不多，只是考虑到首长日理万机的工作节奏和操劳程度，必须做得细致清淡一些，以保健营养为主。"董长作大师最有发言权。

"清淡精致，用料讲究，烹饪方法人性化，这是官府菜的普遍特点。"董大师的弟子、另一位国宴大师级大厨庄欣文解释。他是棒棰岛宾馆餐饮总监。

"这方面，让小庄子讲给你听。"董大师笑笑说。

庄欣文脸红了一下，给我简单讲了官府菜的发展历程。

官府菜在古代又叫士大夫菜，出自豪门之家，在不超过宫廷菜规格的前提下，由官宦家的厨师与品菜的品味家共同鉴定完成。历朝历代，北京官府多，官府菜也就最多。府中讲究拿手好菜，以招待同僚或比自己职位高的官员，最著名的就是直隶官府菜。直隶官府菜从春秋战国到元、明、清，以保定府为中心形成的官府菜肴由简到繁，由粗到细，由低到高，不断进步与发展，到清代日臻成熟，形成了自己的体系，在吸纳中华饮食文化、京师满汉全席等皇帝御宴及江浙菜、安徽菜等地方菜特色的基础上形成的，无论菜肴还是小吃、主食，都具备了一定的独到风格，尤其是菜肴的结构和筵席形成了一定格局。从风格上看，直隶官府菜系属中性咸香型，以鲜嫩爽滑、醇厚悠香为主，讲究口味绵长醇厚、原汁原味、咸淡适宜，同

谈到所谓官府菜，做事高调的庄欣文出言却非常低调谦虚

时不拘一格，口味多样。清代、民国以来，直隶官府菜和烹饪技艺发展迅速，形成了中国北方菜肴的主要代表之一。过去，孔府菜、东坡菜、云林菜、随园菜、谭家菜、段家菜是中国官府菜的代表菜。

官府菜发展到今天，已经逐渐失去了极其奢侈的食材，更多的是讲究营养和养生的搭配，把一些国宴菜和官府菜的常见菜纳入到设想完善的菜单里。目前有不少兴起的会所和五星级酒店，都在试着做官府菜。严格地讲，他们有的是在做官府式样的菜，而不一定是真正的官府菜，有的照猫画虎，根本就没把官府菜的精髓吸收进来。即使在古代，官府菜食材比较奢华，也是讲究营养价值的，只是没有像今天的人研究得更细罢了。

今天的官府菜，叫人性化菜更显得贴切。时下会所的菜，也应该有人性化的追求。人性化的菜，在酒店竞争激烈的背景下，将来肯定是一个趋势。

做“首长菜”，给了庄欣文习惯做人性化菜的机会。他说，我这一辈子都不能忘了师傅给我这个机会，让我知道了什么是真正的人性化服务和高档次宴请。

“让客人吃舒服了，就是人性化服务。”这话听了很简单，做起来就太不容易了。

“给家禽菜脱骨，不要小看了这个细节，师傅多年坚持这么做，让那么多首长满意，是有道理的，如果高档酒店和高级会所这么做，那些有消费能力的

看似简单，出品质量却很高

人能不买你的账吗？”庄欣文来了劲头，“每次首长用餐前，我们必须了解首长是南方人还是北方人，具体是哪儿人，甚至身体大致的健康状况，然后再根据首长秘书的建议设计菜单，这样做就能使烹饪的菜肴不出错。比如南方人喜欢甜辣，北方人喜欢咸鲜，糖尿病人忌讳菜肴加糖，年龄大一些的人注意菜肴细软嫩滑等特点。这些要是做到了，你的会所或是酒店能不火吗？”

我的眼前亮了起来。

庄欣文说，2002年董长作大师来到大连的国宾馆——棒棰岛宾馆后，给我们规定了5句话：家禽类菜肴要脱骨，香气类食材要天然加工出原香来，必需的分餐要讲究营养搭配，蔬菜海菜类食材做面条要打成粉，每次第一餐后要主动征求意见。对首长，对平时的客人，我们都这样坚持做。这样坚持下来后，宾馆餐饮一切都变了。一些经济条件好的人，还会带着一些平民百姓朋友来到宾馆餐厅，就是要来品尝赫赫有名的“官府海鲜菜”，其实就是人性化菜。

酱牛肉是用雪龙牛肉做的

有一道牛肉菜他总是做不好，牛肉品质很好，每次做出来口感发柴。师傅有一天下班后主动拉他来到厨房，教他做这道菜。师傅把切成块的牛肉放进锅里，一边焖一边往里“打油”，配上精细的芹菜段，炒好的牛肉更香更嫩。只有油才能让牛肉发滑，更有香味，这需要平日多琢磨。好多厨师来到这里点这道菜，却没有学会，就是没有真正用心钻进去。

松茸是个好东西，这得感谢二战。美国人的珍珠港被日本人冷不防炸了个天翻地覆一片狼藉后，他们闪电般地报复了日本人，也结束了二战，那就是向广岛扔下了两颗原子弹。几乎所有的生灵都毁于一旦，只有那一片片松茸在核残骸的废墟上蓬勃成长。科学家们开始把目光对准这颗从前忽略过的小菌类，发现它比一般菌类更加抗辐射抗癌症增强免疫力，是个绝对的好东西，是菌类中让人长寿的冠军。于是，松茸价格飞涨，在上世纪80年代，日本人就与中国内地商贸人士联系，从云南省和黑龙江省成批地进口。各地厨房也把松茸经常端到大席面上，松茸本身的香气却总是挥发不出来。

首长偶尔用的乌鱼蛋汤在大连宾馆百姓随时可买到

在董大师的点拨下，善于琢磨菜的庄欣文用蒸的方法来做这道菜。当那热气腾腾的松茸汤端到客人面前时，松茸的香气已经在餐桌上四处飘香了。这就是把食材的香气天然地加工出原香的效果啊。

松茸海参羹让庄欣文的不少师兄师弟都学会了，大连街头有一些档次比较高的酒店餐馆悄悄上起了这道菜。

所谓创新菜，是随着客人的兴趣要求来及时创新的。一位中央首长有一天午饭后在棒棰岛海边散步，捡起一条海带问陪他的庄欣文能吃吗，怎么吃，他马上回答，晚餐就可以上这道美食。他大胆地想到，这位首长喜欢吃包子，可以试着做海菜包子，海菜营养那么丰富，做成包子肯定不错。他去问师傅，师傅说行。当晚，他用棒棰岛独有的又紫又厚的海带，炖了道土豆排骨。这种海带市场上少见，营养成分比一般海带丰富。海菜包子也一同上了首长的餐桌。咬一口，海菜包子里肥瘦相间的肉丁夹在油裹的海菜碎叶中，油闪闪的，鲜香得似乎流油。首长一连吃了三个，让庄欣文高兴地一个劲儿说没想到。

那年夏天，大连一些酒店开始流行起吃海菜包子。

东坡肉是一道杭州名菜，相传为北宋诗人苏东坡创制，一般是一块约二寸许的方正形五花猪肉，一半为肥肉，一半为瘦肉。将五花肉切成大块，用葱姜垫锅底，加上酒、糖、酱油，用水在文火上慢焖即可。苏东坡《食猪肉》诗云："……慢着火，少着水，火候足时他自美。"东坡肉色、香、味俱佳，入口肥而不腻，带有酒香。因为一个人来大连，这道菜被轻轻改造了，还在大连流行起来了。

2005年10月17日，台湾国民党荣誉主席连战携夫人连方瑀一行来到大连，下榻于棒棰岛宾馆3号楼。省市领导欢迎他的晚宴菜单里，有一道五花红烧肉。连战是南方人，红烧肉的肥腴部分让他有些打怵。庄欣文用文火长时间地煮，把肥油全部逼出来，重新用东坡肉的做法烹制。连战吃过，满意地说："香甜清淡，没有肥腻感，比东坡肉好吃。"还兴奋地主动拉他合影留念。

这道菜在大连一些酒店流行后食客反映，在保留东坡肉色、香、味俱佳的同时，比传统东坡肉清淡了些，适合现代人的胃口。

贝类海鲜大都属于小海鲜的范围，鲜味是完美的，大连人的传统吃法基本都是蒸或煮着吃，找到原汁原味的感觉。这种吃法挺过瘾，但有些缺少档次。庄欣文换了个吃法，让它们上了档次。赤甲红或飞蟹很肥的时节，他将蟹子后大腿掰开，取出煮熟的蟹肉，用切细的葱姜蒜轻腌一会儿，加芹菜心段拌着吃，蟹肉原味不流失，还有风味的美感。海螺用高压锅轻压后，随将海螺肉取出，黄瓜炒、酱爆、芹拌，口感都很好。夏夷贝煮熟取丁，炖大白菜、海芥菜或豆腐，出锅时加上小葱香菜末，味道你都可以想象的到。活蚬子取肉，和肉丁、芸豆丁、海参丁一起下锅，用酱油爆炒，夹在面盒里吃，是另一番风味。

"首长菜"其实不像老百姓想象的那样，都是燕窝鱼翅熊掌鲍鱼什么的，有时候比富裕的老百姓还简单。比如，一位中央重量级首长在大连的两天时间里，只有一餐上过海参，一餐只有四道菜：一只蘸酱海参，一条炖黄鱼，一碟油菜心，一盘大白菜炖豆腐。

"首长们吃的，经常不如那些有钱人的顶级大餐，十个八个人，一顿都有好几万的，不了解的人，还真以为首长吃的多么奢侈。只有在他们身边亲自做饭的人，才知道他们吃的和咱老百姓差不多少，只是菜做得必须精致一些。"庄欣文的目光里流露出敬佩的神色。

"你只有见过首长们的菜单，你才知道他们吃的和咱们区别不大，只是有营养师控制着，营养搭配必须合理。"董大师接过话茬。

银鳕鱼的传统做法是香煎，即使红油、纸包、脆炸、椒香、茯苓烤、香槽烤等烹饪方法，也有出油腻人的缺憾。2012年4月的一天，一位中央首长和西藏自治区一位领导来到大连交流工作，那位西藏领导点了银鳕鱼。庄欣文知道，那位中央首长不喜欢油腻的食品。他把银鳕鱼改成鱼丁，用热水将鱼丁身上的油脂焯掉，加葱姜块爆锅，下入鸡汁和其他调料，倒入鱼丁、毛豆粒、冬瓜丁和枸杞子，小火慢炖，煮好时拣出葱姜块。两位领导吃得非常开心，觉得这道菜清爽极了。

人们心中神秘的官府海鲜菜，原来和寻常百姓差不多啊！

逼出来的船鲜味道

这世界上的美味珍馐，一想到会出自天性心灵手巧的青葱玉指之手，眼前好似立着因做一手好菜更显女人韵味的美人，饕餮起来自然心动情动，连打个饱嗝都不敢使劲，就怕破坏了那一刻的美丽瞬间。

咱们都知道，当代大厨多为爷们，大店小馆带火掂勺，电视报纸露脸上镜，男人大厨拥尽天下风光，岂不知中国古代最晃眼的大厨却是那美女厨娘。古代十大名厨中，美厨娘就占了6位。历史记载，中国最早的厨娘在唐朝，中国第一位名留典籍的糕饼女厨师肖美人在宋朝。

膳祖，唐朝一代女名厨，是唐朝丞相段文章的家厨。伺候过四位皇帝的段文章人生只有一大嗜好，讲究美食。他的儿子大文豪段成式后来编的《酉阳杂俎》书中名食，都出自膳祖这美人之手。

五代时的尼姑梵正，著名女厨师，以创制“辋川小祥”风景拼盘而驰名天下，将菜肴与造型艺术融为一体，使“菜上有山水，盘中溢诗歌”。我称她为中国盘饰的鼻祖。我很服她，一个小巧女子，能在肉脯、肉酱、瓜果、蔬菜等原料上雕刻拼制成一道道风景。

南宋高宗时代，宫中规定宫廷厨师必须是男人，刘娘子硬是凭着一手好菜被宋高宗称为“尚食”刘娘子，成了历史上第一个宫廷女厨师。

宋五嫂是南宋著名民间女厨师。高宗赵构乘龙舟游西湖，曾品尝她的鱼羹，赞美不已，于是名声大振，奉为脍鱼之“师祖”。

明末清初的秦淮名妓董小宛，善于制作蔬菜糕点，桃膏、瓜膏、腌菜等名传江南。现在的扬州名点灌香董糖、卷酥董糖，均系她创制。

萧美人乃清朝著名女点心师，以善制馒头、糕点、饺子等点心而闻名，清代大文学家兼大美食家袁枚颇为推崇她，在《随园食单》中盛赞其点心“小巧可爱，洁白如雪”。

而鲁菜之乡山东福山，却有了比6大厨娘更早的历史印记：在唐宋以前就有了女性厨师，她们厨艺高超细致，还发明了被列为中国主要烹调方法之一的“塌”，为中国烹饪做出了卓著的贡献。

闯荡到大连的山东后裔不仅有大批男大厨，也有不少女大厨——厨娘。这些厨娘一旦下厨，可了不得，能把爷们大厨的嚣张气焰几巴掌打掉。

21世纪伊始，大连餐饮一个时期里达到了空前的繁荣。各种菜系风味的加入，花样菜意境菜的闪回，让人在眼花缭乱的美食享受中左顾右他，味觉错乱。尔后冒出来一些饭店菜品只顾花色和味道加入各种对人体有伤害的超标添加剂的新闻，人们吃着吃着就不敢吃了，你的菜肴做得再下功夫，再安全可口，客人犹犹豫豫不敢进饭店的门。这下子真把一些人逼急了，其中就有大连一些饭馆下厨的现代厨娘。

一招鲜，吃天下。

认识孙杰之前，就听说了海肠韭菜饺子。都说那个鲜呀，语言无法表达。我就不信，跟着董大师和电视台的主持人一峰径直来到了传说中的小平岛这家叫日丰园的小饭店。小饭店门脸极小极普通，门外的几十万上百万的豪华车一台挨着一台停在那儿，不少人站在外边抽着烟等座，这是我没想到的。

因为是一峰头一天订了座位，我们幸运地进了包间。一进饭店的门，就是拥挤等座的人们。展台上，是新鲜的各种季节鱼类，鱼眼睛是发绿铮亮的，鱼身是银亮银亮的，一看就是刚网上来或新钓上来的。一会儿，有两位穿迷彩服的渔民，身上抹着带腥味的泥巴，抬着一筐鱼虾蟹子晃进门来，筐底下滴洒了一溜儿海水。筐里是正宗渤海湾刀鱼，有手掌宽，两指厚，肉滚滚地闪着银色的光。几片海菜飘在鱼身上。一看就知道，市场上见不到这么好的渤海刀。

大连第一厨娘孙杰

“来一份海肠韭菜饺子。”几个不大的包间和不大的餐厅，不时响起同样的吆喝。

我想起听说过的话，到她家就吃海肠韭菜饺子。

“吃她家的海肠韭菜饺子，还有炖鱼、虾酱、海螺水饺、老板鱼肝、素馅包子、茄子炖蚬子等，你在别的地儿吃不着，她家从来不上农贸市场采购海鲜，全是渔船送货，逮到什么就上什么，真正小船海鲜的味道。”旁边那桌人边吃边议论。

我们终于见到老板娘，也就是饭店的厨娘，叫孙杰，里外见她又包饺子又炖鱼。这真是一位身兼数职的现代厨娘：从选食材、加工处理到煎炒烹炸，都是她一个人，服务员经常只是端端盘子。问她何必这样劳累，她温暖憨憨地一笑：眼下其他人暂时不太懂的情况下，我就得全盯着干。这么个小店开

首届厨娘评比活动让8位厨娘一鸣惊人，左三为孙杰

大奔的人来这么多，信的就是这个认真较真儿。

与孙杰大姐唠嗑才知，真正的厨娘绝不是吃干饭的，难怪香港美食家蔡澜一提到顺德厨娘几乎肃然起敬，就连清朝大美食家袁枚的厨娘招姐出嫁前，他还在惋惜“我的口福要被夫君分去一大半了”。

孙杰说，现在养殖鱼多，最好多吃船上打回来的鱼。她家海边的店9年生意一直不错，和长年包船有绝对关系。四季所有的鱼是新鲜的，味素在这里基本上省了。真正好吃的晒干鱼，必须是刮北风时在岸边晒的，太阳下晒的鱼泛油而且容易烂，不好吃，每年4月5号前晒的鱼最好吃，所谓吃鱼就吃冬春“两头干”。

“来之前听到外面盛传你这儿有三句话：海肠水饺鲜有咬头，炖鱼五脏基本保留，秘制虾酱咸鲜十足，给我们讲讲呗。”

在我们的强烈要求下，孙杰不好意思地道出她其中三道绝活菜肴的要领：

所谓海肠水饺鲜有咬头，先将粉嫩嫩的海肠洗净剪好，放两勺鲜酱油两勺色拉油，撒进切成末的韭菜，搅拌成馅，包饺子时连馅里的汤一块包进去，煮出来的饺子一咬特鲜，带着鲜汤。海肠本身就是最好的“原始味素”，调馅时切不可放味素，不然煮出来的饺子微苦而且鲜味不纯。

所谓炖鱼五脏基本保留，只是摘掉苦胆，其余保留。好处是五脏在炖的过程中，鱼的整体浓浓的混合味道随鲜味溢出，吃起来滋味强烈，回味不断，浓郁的酱色也完全诱人地表现出来。我们只有7个普通包间，一道炖胖头鱼一天卖20盘左右，就是很好的例子。

所谓秘制虾酱咸鲜十足，是指用蒙虾或海虾做的酱加入适量的盐后，严格按照发酵时间进行多层次发酵，达到既有咸味更有自然鲜味的效果。

温和兼容直爽，善良而又激扬，海产经验丰富，谦逊仿佛沉香。正如她的丈夫丁先生所喻：我家厨娘就是一道回味悠长的美味佳肴！

“你也太有胆量了，连农贸市场的海鲜也不选购了？”董大师问。

“没办法，都是叫人逼的。好好儿的菜，有些人非得往里面加这个加那个，味道是好了，那些个添加剂谁知道哪一项对人体有害？我只好长期雇船，哪个季节有什么，吃什么，养殖的海鲜我坚决不要。”这话有点过于绝对，我还是挺欣赏她的勇气的。

前面我告诉过你，这位大连厨娘在全国大有名气，2011年被青岛邀请去做海肠韭菜饺子，还在上海东方卫视美食大赛节目上PK掉了北京的中国当代名厨。当冒着热气的海肠韭菜饺子端上来时，她很谦虚地向董大师讨教意见。

还未品尝，董大师仔细看了看，果断地说：“你的饺子少了一道工序。”

我们和孙杰一起瞪大了眼睛。我看了三遍也没发现错在哪里。

“海鲜饺子开一个滚儿就熟了，这没错。你看这盘煮熟的饺子，有的饺子皮很透明，里面粉红色的海肠都能看清楚，说明煮熟了。有的饺子皮和海肠馅很模糊，说明没有煮熟。”董大师指着饺子分析说。

“对呀！我怎么就没发现呢？”孙杰激动地涨红了脸，有些要五体投地了，“真不愧为大师！你说这道工序该怎么做？”

“很简单，开锅时用笊篱轻轻压住饺子，从中间往外围一个方向转圈晃动20秒左右，这样煮饺子的温度是一样的，饺子熟的程度也是均匀的。”董大师指点。

孙杰差一点要跪下了，双手紧紧攥着：“到底是大师火眼金睛，我的海肠韭菜饺子这么有名了，这个环节的错误却一直没发现，您今天一来就发现了，神了神了！”

“孙杰离不开你了。”我笑着也是佩服地对董大师说。

像孙杰这种逼出来的海边鲜味，大连这几年也在不断地出现。只是一些海鲜菜馆既得利益意识太强，难有孙杰这种魄力。

啤酒菜别客气

天下吃喝玩乐之事，只要和皇帝一沾边，就是历史名吃名喝名玩，就会给后人留下一笔品牌价值无限的财富。

啤酒菜看似从天而降，实得感谢康

啤酒菜

熙大帝。

传说康熙巡访江南，悄悄微服到临武县游玩起来。只见山川秀美，河泽清澈，河泽里到处都是一些美丽异常、貌似天鹅的小鸭。兴致正高，天公偏不为天子作美，时近傍晚，天降大雨，势如倾盆。康熙只好跑到一家以鸭肉闻名的客栈。伙计把一大锅煮好的鸭肉端了上来，康熙顿时雅兴大起，举起当地醇香的米酒。酒醉之时，一不小心，把杯中的酒倒进沸腾鸭肉锅中，顿时奇香四溢……次日醒来竟浑身有劲，热血腾腾。兴许之时，挥笔题词“盛友湘客栈”。回宫后，康熙对此菜记忆犹新，特吩咐御厨为他做这道菜。经多年实践，采用了从埃及进贡的啤酒和多种名贵中草药做原料，做成了这道啤酒鸭菜。那以后，啤酒鸭菜便从皇宫传到了民间。

啤酒在世界上已有5000年的历史，已发展成为世界酒类中生产量与消费量最大的酒种，世界上有165个国家和地区生产啤酒，一年人均消费量20升以上。啤酒在中国的出现才100年，从上世纪初才传入中国，属于人们所说的“洋酒”。啤酒的“啤”字在中国过去的字典里是不存在的。而中国是近年来啤酒发展速度最快的国家，1994年全国啤酒产量突破1400万吨大关，已超过德国，成为仅次于美国的世界第二大啤酒生产国。

早在11世纪初，英国人的餐桌上就出现了用啤酒烹调出来的“塞浦路斯鲑鱼”菜品。因此菜口味之美，香气之浓而风靡英伦，并异域飘香传遍欧洲甚至世界各地，引起许多营养学家和医学界的关注，纷纷给予各种理论上的认可。于是，许多国家名厨也相继成功地烹调出很多啤酒名菜来。像德国人的啤酒烩鳗鱼、烧鲤鱼、煮薯粉等，意大利的啤酒焖鸡、比利时的啤酒烩牛肉、爱沙尼亚的牛奶啤酒汤等都很有名。

中国最早用啤酒做菜，当为哈尔滨道台府。民国三年（1914年），由道台府扶持建立的五洲啤酒厂在八区开业，这是由中国人开办的啤酒厂，生产啤酒和格瓦斯。

酒厂开业第一天，就

给道台府送了十几桶啤酒，可能是官员们喝不惯这种“洋酒”，李家鳌道尹吩咐，赏给府内差官喝吧，让大家也尝尝这“洋酒”的味道。十几桶啤酒被抬到膳房，道台府主厨郑兴文尝了尝，苦涩的味道，他也觉得不好喝，其他人尝后都没人爱喝。啤酒在膳房放了好几天，也没人喝，郑兴文请示总管，问怎么处理这些啤酒，总管想想说，既然大家不喜欢喝，那就把它倒掉吧，免得占地方，道尹大人要是提及啤酒之事，就说酒都喝了。

于是膳房人员把啤酒抬到外面，偷偷地把啤酒倒掉。正在倒酒时，从桶中流淌的啤酒散发浓浓的麦芽香味，一下子吸引住郑兴文，他马上喊：停。他想，啤酒也是粮食酿造的呀，他与我国的黄酒差不多，中国菜不是许多菜都要用黄酒调味吗。他对手下人说：“啤酒别倒了，先留着，我们看看能否用它来做调料烹调菜肴。”

郑兴文先用啤酒试探着烹制“红烧肉”，用啤酒顶替黄酒。菜做好后，郑兴文发现菜肴的色泽光亮油润，赋有食欲，他一尝，口味也变得与众不同了，他像发现新大陆一样，兴奋不已，他用啤酒又试做了鱼、牛肉、鸡等菜，都收到了意想不到的效果。

郑兴文高兴地把这些啤酒菜端到官员面前，官员们品尝后也都认为味道很好，有特色。官员还用啤酒菜招待外国人，他们品着啤酒菜肴，都赞不绝口，当知道这些菜是用啤酒烹调出来的，都夸中国厨师了不起，竟能用啤酒做菜。

后来，郑兴文还用啤酒调制糨糊来炸制食品，炸出的食品麦香松脆，颜色金黄美观，啤酒菜为道台府膳食又增加了新的特色品种。

这些年，国内的啤酒菜不知为什么没有兴起来，这对开创中国啤酒菜的郑兴文来说，实在是一大遗憾。

大连啤酒菜的诞生，得感谢一个企业——华润雪花啤酒大连有限公司。2007年5月30日，华润雪花啤酒大连有限公司和大连晚报社举办了一个前所未有的“啤酒菜王挑战赛”电视专题节目，掀开了大连啤酒菜的历史篇章。这次活动之后，大连啤酒菜在各大饭店及家庭中兴起。

只要喝得适量，啤酒真是个好饮料。在那次活动现场，我认识了国家一级品酒师成薇女士。她告诉我，每人每天饮啤酒不超过500毫升，对保健最为适宜。她说，啤酒的酿制过程主要包括麦芽、蛇麻子、酵母等原料，对人体非常有益。啤酒中含有维生素B1、B2和B6，含蛋白质、钙、镁、磷、钾等成分，啤酒花的苦味与香味，有健胃利尿作用。白鼠试验证明，每天喝两杯啤酒后，动脉粥样硬化率明显减半。经常饮啤酒有促进体内钙吸收，提高骨密度的功效。啤酒还含有多量促进肠道有益细菌生长繁殖作用的食物纤维，有降低血清胆固醇浓度作用、抗过敏反应症作用和增强肠道免疫作用等功效。

大连有位叫李颖渊的大厨，是酒店的餐饮总监，他经常在家里用每瓶啤酒的百分之二十将清洗干净的鸡浸泡20分钟，上笼蒸制，味纯鲜嫩。还喜欢用啤酒代水焖烧牛肉，由于啤酒中的酶能把牛肉中的蛋白质分解为氨基酸，使烹制出来的牛肉更加鲜美，异香扑鼻。他还建议酒店上这些啤酒菜，酒店试了几次效果真是不赖。大连有一道啤酒炖鲤鱼，是在炖制过程中，让啤酒与鱼产生脂化反应，使鱼去腥后格外芳香。啤酒与咖啡相溶，放入白糖，苦中含香，有提神开胃作用。在我国一些城市，近年来像啤酒烧鸡、啤酒炖鸭、啤酒炖牛肉、啤酒烧花蟹、啤酒烧黄鱼等菜肴都十分流行。

成薇女士说，啤酒酵母的保健有效成分有50多种，是含维生素B群最丰富的天然食品。啤酒经过加热百分之三十左右后，有养胃作用。啤酒菜的兴起，绝不是一阵心血来潮的食界流行风。风味与保健，是主要的魅力。

那个啤酒菜电视大赛让大连人很开眼界，我在现场尝过。退休在家的张月香老人十分筋道的啤酒焖面，香爽的口感来源于啤酒。金石滩的大厨兼老总王晋的“啤酒生腌基围虾”、“千里猪手”和“肥肠鱼”三道菜，啤酒的气泡在其中起到了重要作用。四同活鱼锅的“啤酒草鱼锅”的鲜爽劲是啤酒的爽口感带来的。

董大师说：“每年的国际啤酒节设在大连，大连人对啤酒的热情在全国绝对前三，啤酒菜营养价值懂行的都认可了，啤酒菜的风味感真挺棒的，雪花啤酒推啤酒菜是做了件好事，大连的啤酒菜推广的还真不够。”

或许，这个惋惜的时间不会太长。

海鲜盛宴

不该有遗憾

最鲜美的北纬39°

如果你出生在一个食之丰富的地方，你的人生幸福就达到了一半。老祖宗说的“民以食为天”，我想就是这个道理。

我偏偏出生在一个北纬38°～40°的地方，再准确一点，是北纬39°，于是我也成了食之幸福者。因为这是一个许多国家和地区都没有的令人为之羡慕的地方，这里的黄海与渤海因为这一纬度，海水异常的凉，盛产的海鲜生长期慢，营养价值极高，品种非常丰富。这方面，是其他许多国家和地区的海鲜无法相提并论的。

我认识一个叫邹正平的海鲜水产商，也算是一位水产学专家了。她告诉我，含盐量24‰～35‰海域的海产品，营养最为丰富、味道最为鲜美，大连地处北温带，海水含盐量为30‰左右，造就了国内外闻名的大连海鲜。大连的皱纹盘鲍在美国人试验室做过试验比较后，国际水产学家承认这大连鲍在营养价值方面确实是当今世界营养价值一流的海鲜食品。当然，还有再生能力十分顽强的大连海参。一只活海参，抡起刀来剁几段，扔进大海里，半年又长大，顽强的再生能力令人吃惊。无胆固醇、蛋白与活性成分十分丰富的海参，营养价值超过了一些鱼翅。另外还有大连的海肠子、海胆、牡蛎、文蛤、蚬子、海红、乌贼、巴蛸、鱿鱼、海蜇、黄鱼、黑鱼、梭鱼、牙片鱼、小嘴鱼、黄花鱼、大头宝等鱼类及贝类以及花盖蟹、赤甲红等大连蟹，大对虾、裙带菜、凉海蜇、虾皮汤更不用说，渤海湾刀鱼和黄渤海的海带都是海鲜中之佳品。大连的海鲜菜肴美不胜收，其烹调技术精湛，做法独特，口味各异，鲜嫩见长。在大连素有“无参不成宴，无鱼不成席，无贝鲜不足”的说法，正是这些大连海鲜，将这一纬度的天下第一海鲜美味故事演绎得精彩绝伦。

渤海刀

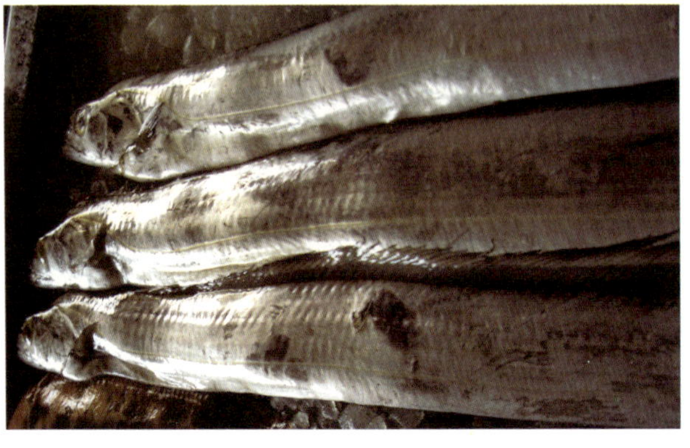

棒棰岛悦海楼最适合观海品茗尝海鲜

大连人喜欢自己的海鲜，外地人和外国人也十分喜欢，虽然大连海鲜菜肴不在国内八大菜系范畴，但大连海鲜在中国美食界一枝独秀一鲜天下的格局早已形成。不然，国内游客不会把大连旅游加上一句“大连海鲜品尝游”。如果想定位一种城市菜式，“大连海鲜”似乎更加贴切并具有城市品牌意识。大连素有“没有海鲜不成席”之说。顿顿有海鲜、餐餐有海鲜，迎来送往更是离不开海鲜，天南地北的中外宾客无不为大连的活鲜所折服。在大连吃着海鲜，走时带着海鲜，简直成了海鲜流。一股股清新的海鲜味道走遍大江南北。车站、机场无不为充满着的海鲜味所包围。大连人天天嚷着要吃海鲜，老爷们下班吃不上一两种海鲜一个晚上睡不舒服。

如果说一个懂吃的人被别人仅仅看作单纯爱吃的话，我却认为这样的人并不单纯。因为我们的心灵世界是由丰富的情感体验和思想逻辑组成的，懂吃的人在吃的过程中一定注入了他的情感、知识和体验，成就了一种丰富的感受。所以可以说，懂吃的人永远是一个善于体验和总结的人，同时也是一个具有丰厚内涵的高品位单纯者。

大连人在全国真不含糊，出了不少有名的运动员，马俊仁队伍的竞走纪录至今无人超越，足球冠军在全国一拿就是连续八年，出了不少著名的作家演员影视歌星艺术家科学家，每年考上清华北大的大连孩子在辽宁省比例是最高的。大连人说，这都是大连海鲜的功劳，这话自然挺夸张，谁又敢不承认这个成分？日本人至今在世界上是最长寿的国家，就有营养专家认可和吃海鲜吃海鱼有关系的说法。

说到极其鲜美的大连海鲜，还得提那闻名中外的棒棰岛。似仙境非仙境，这是人生感受最美妙的时刻。在这样的美景中品味零污染的野生海鲜，当然也是人生最愉悦的憩间。那天我们驱车来到棒棰岛海边右拐到头，大连棒棰岛宾馆悦海楼就以这样的感觉飘至我们的面前。

顺古朴石阶蜿蜒而上，就到了亭阁式建筑、十分奢华而又厚重典雅的悦海楼内。一流现代时尚的地毯、门廊、豪灯与酒架，在椭圆形的落地玻璃窗前都稍显逊色，因为落地玻璃窗框几乎就是几幅油画相框，将窗外大连风物传说中的棒棰岛和波光粼粼的海面上银帆点点的小渔船，挥抹成了一幅幅经典不俗的油画。从窗前向下望去，潜水员正在将海里的各种野生海鲜捞上岸来，哗哗装进水桶。据说，目前大连市部分重要的国际友人宴请，都安排在了这里，每次都让这些客人惊呼这里野生海鲜的零污染原生态和绝佳的美景美色。

没有人不知道大连棒棰岛宾馆这座始建于1958年的国宾馆，14栋中、欧式风格迥异的别墅参差错落于海边，全馆设中、西式总统套房，豪华套房，标准客房300多间，周恩来、邓小平、叶剑英、江泽民、胡锦涛、朱镕基、金日成、西哈努克亲王、李光耀、叶利钦、施罗德、基辛格、萨马兰奇等国家领导人和国外部分元首名人都曾下榻这里，给予高度评价。这里冬无严寒，夏无酷暑，三面环山，翠岭起伏，一面临海，碧波荡漾，海光十色，相映生辉。悦海楼的诞生，可以说是品大连野生海鲜在棒棰岛又有了新的亮点。

据棒棰岛宾馆悦海楼管理者孙世礼先生介绍，这里的野生海鲜体现了原生态、零污染、很珍贵的特点。这里的海长年无污染。生长4至5年的野生海参体现的是韧润的口感和丰富的蛋白质。生长5年左右的盘纹九孔鲍更是国内鲍鱼极品。其营养价值极高的绿壳海螺在一般农贸市场根本看不到。被称为“鞋底蛎子”的棒棰岛大海蛎子，其醉人的鲜度、滑嫩的口感和高于一般牡蛎营养价值几倍的特点，很受国内外人士的欢迎。海带被日本人称为长寿菜，有极高的营养价值，钠、钾、镁、铁、硒、铜、碘的含量均丰富，特别以碘含量高最为著称，海带的碘含量在陆生与水生植物中都是最高的。而棒棰岛黑海带的这些营养价值比一般海带更高，加上宽厚糯软的口感，得到业内专家首肯。这里特有的栉孔贝的蛋白营养成分，比一般扇贝的营养丰富，许多人都直接蘸辣根生吃，有鲜、嫩、爽的特点。

“珍珠蛎子翡翠螺，鲍鱼海参真野生，黄鱼撸鱼栉孔贝，非仙境时仙人梦。”这是棒棰岛海鲜给我的深刻印象。

坐在悦海楼的董长作大师，兴奋地给大家说起了大连平民化的海鲜。

先说这渤海湾的大对虾，中国的主要产区就在大连，体态优美，肉质鲜嫩，春天虾肉最肥，成熟后每只二三两重，体长15厘米左右，味道非常鲜美，长年远销欧洲各国。大对虾可做许多道菜，如“彩蝶虾”、“琵琶虾”、“烤全虾”、“凤尾虾”、“橘子大虾”、“盐水虾”等多种菜肴。产妇多吃虾能多下奶，虚弱的人吃了有调理养生作用，常吃还能预防高血压及心肌梗死，虾皮能镇静安神治疗神经衰弱。

大连的紫海胆俗称刺锅子。大连是中国的紫海胆主产地，产量占全国同类产量的95%以上。它像个刺猬，黑刺坚硬端尖，俗称“海底刺客”，生活在大海低潮区岩石、海藻或石缝中。适合生吃、蒸蛋吃、炒蛋清、海胆羹等。尤其把用酱油调好的辣根往金黄闪闪的海胆上一倒，用小勺挖着吃，鲜流极了。日本人最喜欢海胆了。在日本的饮食中，每天约四分之一以上的食物为深海紫海胆制品，日本能够成为世界最长寿国，据说与其饮食有着必然联系。生活在深海200米以下的海胆早在明朝时，就已成为贡品，被称为云丹。深海紫海胆生殖腺营养价值极为丰富，具有药用价值，

大连赤甲红螃蟹

这些夏夷贝肉质很鲜嫩

是预防心血管等疾病的有效药物。卵黄含有大量动物性腺特有的结构蛋白、磷脂等活性物质，具有雄性激素样作用，是最好的“固本”食品。从中可提取的“波乃利宁”能抑制癌细胞生长。日本人从20世纪80年代就从大连进口海胆，中国每年出口日本的海胆成品在300吨左右。在中国出口日本韩国的海胆中，95%的出口量集中在大连，在大连对日出口阵营中，穆云奎的乾日海洋食品有限公司的“大洋岛”牌海胆独占半壁江山，每年出口量达150~200吨。现在大连乾日海胆的加工出口额是全国第一名。在日本人眼里，穆云奎就是中国的“海胆王”。

大连市场上常见的海蟹有两种，俗称“飞蟹”和“赤甲红”。海蟹秋后开始肥，一般产卵是在春至夏季。吃海蟹可以从秋季吃到4月前后，过了4月左右，海蟹进入繁殖期，体内比较空，肉无鲜味。历史上有“吃螃蟹第一人”的故事，可见海蟹的文化内蕴。蟹是公认的食中珍味，民间就有“一盘蟹，顶桌菜”、“螃蟹上桌百味淡”的谚语。螃蟹有清热解毒、补骨添髓、养筋活血等功效，有腰腿酸痛、淤血损伤和风湿性关节炎的人不妨经常吃些螃蟹。吃螃蟹宜蒸不宜煮。因为水煮会使蟹子中的营养物质大量溶于水，蟹肉营养降低，鲜味变淡。蒸蟹可将蟹肉中有害生物尽快杀死，营养成分流失很少，蒸制过程中容易固定蟹的形态，螃蟹熟后形态完整美观，鲜红透亮。旺火蒸15分钟效果最好。蒸熟的蟹肉雪白细腻，成丝状，味道鲜美。蒸熟的螃蟹蘸姜汁吃，简便又保持原味。烹饪成菜的有“全蟹舞锤”、“姜汁海蟹”“芙蓉蟹片”、“脆皮炸蟹钳”等。

海螺素有“盘中明珠”的美誉，在日本被作为民众最受欢迎的食品大量输入，而韩国的济州岛也世代流传大病后喝海螺汤就会恢复元气的说法。海螺是一种典型的高蛋白、低脂肪、高钙质的天然动物性保健食品。长期吃海螺的人，体形会保持得非常好，而且基本不容易患高脂血症、冠心病及动脉硬化等病症。大连地区最常见的两种食用海螺是香螺和红螺，而不少大连人都称香螺为“海螺”，称红螺为“红里螺”。香螺和红螺在外形上很相似，主要差别是：红螺的个体较大，贝壳厚重，壳形粗短；香螺的个体比红螺稍小，贝壳比红螺稍薄。红螺的贝壳外面多为浅灰绿色，壳口的内面为红橙色或者是带有深棕色条纹的棕黄色；香螺的贝壳外表面多为黄褐色，壳口内面多为淡黄色。海螺的吃法太多了，可以直接蒸煮后蘸酱食用，也可切片制作成各种菜肴。

传统的“海八珍”之一扇贝大连市场常见，虾夷扇贝1980年从国外引进，原产日本。“扇贝柱”或“扇贝丁”的干品被称为“干贝”，干贝是我国传统的“海八珍”之一。目前，大连产的虾夷扇贝非常著名，产量占全国大部，是扇贝中个体最大、肉质最好、价格最高的一种，也是高档海鲜酒席中常见的食材。虾夷扇贝上壳略小而扁平，外表面呈赤褐色或紫褐色，下壳略大且较为膨出，色泽为白色或黄白色。虾夷扇贝可以蒸后直接蘸蒜酱食用，一般只吃中间白色的扇贝丁和粉红色的生殖腺，黑色的内脏要去除。常吃扇贝可以大大减少血栓的形成和血管硬化的现象。而且扇贝中的DHA俗称“脑黄金”，是脑神经和视神经发育不可缺少的物质，可以促进智力开发和提高智商，降低老年性痴呆症的发病率。对于学生来说，多吃点扇贝比乱吃补脑产品有效多了。扇贝吃法太多，蒸、煮、葱油、蒜蓉都可以，肉极鲜嫩。

鱿鱼中含有丰富的钙、磷、铁元素，对骨骼发育和造血十分有益，常吃鱿鱼能缓解疲劳，恢复视力，改善肝脏的功能。长期工作劳累和饮酒的人，以及学生群体不妨经常吃点鱿鱼。

大连的海蛎子就是太平洋牡蛎，大连是中国太平洋牡蛎主产区之一。味美肉细，营养价值很高，前面已经讲过，它的锌含量很高，锌是管老爷们雄起的，含大量牛磺酸的鲜牡蛎汤素有“海中牛奶”的美誉。大连现在一年能产10万多吨呢。

大连市地处黄渤海和冷暖海水交界带，有着中国最冷和交换能力最强的海水。正是这两个特点，使得大连的海参、鲍鱼、海胆、海螺、虾夷扇贝、裙带菜等海产品成为中国同类海产品中高品质的佼佼者。董大师说：“海产品，冷水出的东西要好于温水，因为冷水地方的生物生长慢，含水量低，蛋白质、糖分高，尤其是含有多种不饱和脂肪酸，有益身体健康。”

眼下，老一辈大连名厨强调大连海鲜的原汁原味，新一代大连名厨大胆提出海鲜创新。据说，两种烹饪观念碰撞十分激烈，大有火拼之势。不过两种东西碰撞最大的好处，就在于能让所有的人明辨是非。在碰撞的声音中，人们可以辨别谁的声音更真实，谁的声音更适宜，在两种声音的融合中，可能就有一种新的声音产生了。这个新的声音，一定适应现在人们的需要。一种局势摇摆不定的时候，就给了另一种格局介入的机会。当大家还在为大连海鲜是否吃法简单讨论不休时，特色餐饮这几年在大连渐渐地火了。

尼克松让大连鲍一夜成名

鲍鱼，以网鲍、麻窝鲍、吉品鲍最为盛名，统称“三大名鲍”。肉质细嫩，鲜而不腻，有滋阴清热、益精明目之功，是一种理想的营养保健美食。鲍鱼的别名有鳆鱼、石决明鱼、镜面鱼、明目鱼、将军帽、耳贝、九孔螺等。中国人吃鲍鱼始于汉朝。《汉书王莽传》记载：“王莽事将败，悉不下饭，唯饮酒，啖鲍鱼肝。”足见那时王莽就喜欢鲍鱼。古代还把鲍鱼叫鳆鱼。《请祭先王表》中记载：曹操死后，儿子们每次祭典，总要把鳆鱼供放灵位前，曹植就说：“先主喜食鳆鱼，前已表徐州臧霸送鳆鱼二百。”在宋朝时日本鲍鱼已进入中国，人们管这些外来鳆鱼叫“倭螺”。中国那时对鳆鱼需求量很大，日本人急输其货抬价谋利。苏轼《鳆鱼行》一诗提到：“东随海舶号倭螺，异方珍宝来更多。磨沙瀹沈成大胾，剖蚌作脯分余波。”可见日本鳆鱼的品质极佳，博得京城人士的一致好评。《东坡续集》又云：“膳夫善治荐华堂，坐令雕俎生辉光。肉芝石耳不足数，醋芼鱼皮真倚墙。中都贵人珍此味，糟浥油藏能远致。”如今日本网鲍风靡华夏食界，其实早在宋代就已启端倪。

大连鲜鲍

鲍鱼在明清时期就列为八珍菜之一，全鲍宴当时就在宫廷出现。沿海官吏向朝廷进贡鲍鱼，已是常态。民国末期的谭家菜，就有“红烧鲍鱼”、

“蚝油鲍鱼”等名菜。新中国成立后人民大会堂的国宴和一些大型宴会中的菜单，鲍鱼经常位列榜上。

“一口鲍鱼一口金”，这是人们给予鲍鱼的美誉，很有道理的形容。鲍鱼有“海味之冠”美称。大连盛产的紫鲍，亦称皱纹盘鲍，是国宴必备佳肴，身价之高不亚于熊掌。 鲍鱼营养价值很高，含有二十多种氨基酸，每百克鲜鲍鱼肉含蛋白质23.4克，脂肪3.4克，无机盐钙32毫克，铁3.0毫克，还有相当量的碘、锌、磷和维生素A、D、B_1等。

有丰富的球蛋白，滋阴不燥，鲍鱼壳中医称“石决明”，能平肝明目，清除白内障。鲍鱼肉中能提取一种被称作“鲍灵素”的生物活性物质，提高免疫力，破坏癌细胞代谢过程，却不损害机体的正常细胞。

大连是中国皱纹盘鲍的主产地，大连鲍鱼资源量占中国70%以上。

大连鲍一夜成名，还得感谢美国总统尼克松。

1972年2月21日，美国总统尼克松正式访华，举世瞩目的中美两个大国在历史上首次建交，周恩来总理决定用顶级鲍鱼招待美国总统。

那时候在北京都说大连鲍鱼，而不说山东鲍鱼，都觉得大连鲍鱼比山东鲍鱼肉韧、味鲜，其实这是缘于大连低温海水海产品生长慢，营养和口感更佳的缘故。周总理把这个任务交给了野生鲍鱼品质最好的黄海深处大连獐子岛人。

周恩来总理要求准备1000公斤的新鲜鲍鱼，让美国总统彻底领略一番这个东方大国的饮食文化。当时的潜水队长王天勇在执行这个任务的过程中，一艘灰色军舰一直停泊在海湾里等待运送鲍鱼。

王天勇接令后，带着采捕小队，冒着零下20℃严寒潜海找野生鲍鱼，船上的社员冻得都瑟瑟发抖，手脚几乎不听使唤。潜水队员一出水，本来就十分笨重的潜水服立刻被冻得明盔亮甲，一拍“哗哗”直掉冰。每次出水，潜水服都被冻得明亮，用手一拍直掉冰。更危险的是，因为温度太低，专门给下潜到海底的潜水员输送氧气的塑料管很容易被冰冻住，潜水船

当年下海为周总理宴请尼克松碰鲍鱼的王天勇

上的社员要不断地清除附在管子上的冰块儿。

王天勇他们一连找了七天，先后潜水100多次，才在二三十米深的礁石根处找到那些密密麻麻的越冬鲍鱼，“我们高兴得都忘了寒冻，第一天就捞上来100多公斤”。他们于是频频潜水采捕。

“冷还不可怕，最可怕的是鲨鱼。”王天勇说，多年前有一次，他正在水底采鲍鱼，忽觉头上有大黑影飘荡，抬头一看是条四米多长的大青鲨，张着大口，露出尖牙。“当时我吓坏了，拿着一根两米长鱼叉跟鲨鱼对峙，几分钟后它又游到上方，绕着输氧塑料管转圈，我更紧张，一旦它咬断管子，我非死不可！”情急之下，他抬起穿大铁鞋的脚用力跺海底，沉闷的噗噗声终于把鲨鱼吓走了。所幸的是，这回并没有碰到鲨鱼，也许它们更怕冷，早离开这水寒彻骨的地方了。

于海昌做的焗鲍鱼让陈慕华首长在大连的几天工作中连续吃了三次

10天危险而奇冷的工作后，王天勇和他的队员采集到1500公斤的鲍鱼，从中选出1000公斤优质个大的鲍鱼装上军舰，转乘飞机，运抵北京，按时出现在尼克松一行在北京期间的国宴上。

尼克松品着茅台酒，嚼着这鲜嫩的獐子岛鲍鱼，问起来源。周总理告诉他，这是中国北方冰封雪飘的黄海深处最新鲜的野生鲍鱼，尼克松感动了。餐后，他签署《中美联合公报》时没有一丝犹豫。

周总理后来专门致电辽宁，表扬大家是中美谈判的幕后英雄。

大连鲍鱼不仅营养价值很高，一些新的做法也让许多人慕名而来。2002年7月19日，全国人大常委会副委员长陈慕华来到大连检查工作。当地一位领导知道她喜欢鲍鱼，带她来到永嘉大酒店。当时的厨师长于海昌刚从日本回来，有一手技术扎实理念前卫的好厨艺。于海昌为陈慕华做了一道新式焗鲍鱼。这种烹制方法在国内少见，在大连更是首次出现。她吃过后，连声赞叹。2002年7月25日，陈慕华视察大连工作后回到棒棰岛宾馆。晚餐前，她想起了在永嘉大酒店吃的那道焗鲍鱼，由衷地念叨了一句。领导马上安排专人赶到永嘉大酒店，让于海昌再次做了这道鲍鱼菜，趁热送到她的餐桌前。她很激动，把这道鲍鱼菜吃得很仔细，很缓慢，流露出品尝的神态。

于海昌为陈慕华做的新派焗鲍鱼

于海昌曾对我说，一位首长能在来到大连之后再次想到我为她做的菜，我很荣幸，值了。

小海参大世界

南宋时期，文人许及之写过一首著名的海参烹饪诗，当时的海参名叫“沙巽”。其诗云：

沙巽巽沙巧藏身，
伸缩自如故纳新。
穴居浮沫儿童识，
探取累累如有神。
钓之并海无所闻，
吾乡专美独擅群。
外脆中膏美无度，
调之滑甘至芳辛。
年来都下为鲜囿，
独此相忘最云久。
转庵何自得此奇，
惠我百辈急呼酒。

大连海参古时就让李时珍整的很出名

人生有欲被舌瞒，
齿亦有好难具论。
忻兹脆美一饷许，
忏悔未已滋念根。
拟问转庵所从得，
访寻不惜百金直。
岂非近悟圣化时，
望兹尤物令人识。

原诗载作者《涉斋集》卷四，诗题为《德久送沙巽信笔为谢》。我们从此诗所咏海参“访寻不惜百金直”之句，知道了海参身价之贵；又从“外脆中膏美无度”的形容中，了解到海参的美味程度；更是从“调之滑甘至芳辛”的讴歌中，探讨当时烹饪的某些意念。

海参用于滋补身体烹饪佳肴已有千年历史，影响最为深远。《文选·江赋》所引《临海水土异物志》中，就提到了“土肉”的炙食，这种土肉即海参。南北朝时，海参一跃成为宴席之珍品。元朝人贾铭在《饮食须知》卷六中记载海参“味甘咸，性寒滑”，已经识别了海参的某些特征。

明代李时珍的《本草纲目》、姚可成的《食物本草》都曾用大段文字介绍海参。这一时期，海参被列入皇室贡品和御膳中。明代的宫禁御厨、清代的南北饭庄，也都把海参当作东海极品而予以烹调。据《明宫史·饮食好尚》记载，明宫御膳有一道皇帝喜爱的名吃，叫作“三事”，是用海参、鳆鱼、鲨鱼筋烩制而成。

到清朝时，有关海参烹饪的著述开始增多，学者、食客和庖厨之人都关注这一食界美味。清代后期将海参收入“八珍”之中，列为筵上珍品。曹庭栋所引《行厨记要》、王士雄所著《随息居饮食谱》、无名氏所著《调鼎集》、朱彝尊所著《食宪鸿秘》、袁枚所著《随园食单》、丁宜曾所著《农圃便览》、郝懿行所著《记海错》，都把海参列为重要的条目。清代北京著名饭庄如福兴居、义胜居、广和居，皆以“葱烧海参”而火爆京城，上海的庆兴楼乃以“扒海参”而名噪沪上，至于江南四宜轩的“芥辣拌海参”、三山馆的“蝴蝶海参”、聚星园的“十景海参”，更是以一店绝技而享誉食界。海参菜在历史上的强大声势，使得这一种鲁菜美食早已誉满全国。

20世纪二三十年代的大连饭馆，海参烧得再好，也是原汁原味的鲁菜做法，因为做得好吃，卖得就很得意。大连现在的酒店餐馆，好像没有哪一家不会做红烧海参、葱烧海参的，因为多，量取胜，无形中就给人烧海参就是大连菜的感觉，其实一半是错觉。

山东胶东海鲜是海参菜的发源地，曾经创造出许烹调技法著名的三派，即胶东派、济南派、鲁西派。胶东派烧海参，先焯水，再过油，并且煸以葱段，烹料酒、酱油，烧焖片刻，勾芡，淋葱油（或鸡油）出勺。济南派烧海参，以大料瓣和酱油佐味，淋葱段而求其香，烹制时，焯水入味后直接烹烧，爆锅时讲究油热、葱香、大料味荤，烹酱油起锅烧煨入味，打芡翻勺，淋花椒明油。鲁西派烧海参，先将海参放碗中，加鸡架子骨、肥肉、葱姜、花椒、大料，上笼蒸入味，再烧制。三派技法不同，但烧制海参各有独到之处，如果汇三派之长而于一体，则能把海参菜做得更加出色。

大连人有“冬季海参进补，春天上山打虎”之说，他们习惯了从冬至这一天开始食用海参，九九八十一天，每天早晨空腹吃一只，一年陈病不犯，可祛除繁疾，强健身体。这个习俗还真管用，大连人的体质和全国其他城市的人比总体不错，人均寿命上在国内早就占得了先机。其中有吃海参的重要原因，是大连人心理上默认的。你即使告诉他跟吃海参没关系，他也不会相信。

关于大连海参的传说，可谓五花八门。最典型的有两个。

几百年前，大长山岛里的海参虽说是又多又大，渔家却没有人吃过它。看那肉乎乎的样子怪吓人的，都管它叫黑癞瓜子，怕它有毒不敢吃，怕它咬人不敢抓。老魏家祖祖辈辈打鱼，生活并不富裕。老魏体弱

大连海参菜品在全国绝对是一流

多病，不久就去世了。留下两个儿子，老大叫魏敬，老二叫魏石。魏敬娶了个心灵手巧的胖媳妇，把家拾掇得干净利索。魏石有一天上山砍柴，回来时在雨中滑倒，摔了一身血。胖媳妇对小叔子一开始照顾得很好，后来钱没少花，就不耐烦了，暗暗盼着他早死。她来到海边，瞅着石板下那些黑癞瓜子发愣，还是带回去切成块做了汤，给小叔子吃，希望他能被毒死。没想到，小叔子越吃越觉得身体有所好转，脸色也好看起来了。这时候胖媳妇才知道，这黑癞瓜子是救命虫。向丈夫做了忏悔，招呼全村人来吃。村医说，山上有人参，这黑癞瓜子长在海里，咱们就叫它海参吧。

还有一个不靠谱的，说的是公元前219年，秦始皇曾坐着船环绕山东半岛，在那里他一直流连了三个月，他听说在渤海湾里有三座仙山，叫蓬莱、方丈、瀛洲。在三座仙山上居住着三个仙人，手中有长生不老药。告诉秦始皇这个神奇故事的人叫徐福，他是当地的一个方士。秦始皇听后派徐福带领千名童男童女入海寻找长生不老药。徐福奉秦始皇之命，率"童男童女三千人"和"百工"，携带"五谷子种"，乘船泛海东渡寻找长生不老药。他漂流好久，也没有找到。徐福知道秦始皇是个暴君，不敢返航，粮食又都食尽，便带着这千名童男童女在一个小岛上落脚生存。在那里，徐福发现了一种奇丑无比的海洋生物，就是我们现在所说的海参，徐福向来有种冒险精神，决定要尝尝此"怪物"是何滋味，于是命属下厨子蒸煮，一股清香飘来，令徐福不禁食欲大开，吃之，爽滑可口，徐福连连叫好。之后，每天让属下捕来食用，数日，感觉气运通畅，浑身充满活力，于是徐福便长期坚持下去。就这样，徐福在岛上生活了50多年，年且九十，依然面如童颜，须发俱黑，百病皆无，徐福大悟，原来"长生不老药"在此！因参如土色，故称之泥肉、土肉。徐福派人送至始皇，然始皇此时早已命归黄泉。徐福叹息曰："早知土肉（海参）如此，尔岂会崩命焉！"

中国海参市场究竟多大？

有一份统计，中国海参的总产量2008年已达到9万吨，总产值超过200亿元，海参产业已成为国家支柱水产养殖业之一。业内人士都认可的是，中国海参的竞争，其实就是辽宁省与山东省的竞争，辽参的海参代表产地就是大连长海县，李时珍《本草纲目拾遗》提到的对人体有长寿大补效果的辽参就在长海县大小岛屿之间。2008年，山东省海参产量为6万多吨，产值超过100亿元，产量和养殖面积接近全国一半，超过辽宁。但海参单品产值却不及辽宁。2008年，仅在大连以海参为主要产品、产值过亿元的企业就有5家，全国知名海参品牌达50余家，海参业年产值达60多亿元，一个市就抵了半个山东省。所以，2005年国家质检总局把海参地理标志城市颁发给大连，是有一定说服力的。

一只小小的海参，弹跳出一个大大的海鲜市场。

大连的海参分三个圈层，第一个圈层是渤海湾圈层，第二个圈层是大连湾圈层，第三个圈层是长海县和獐子岛圈层。在不同的圈层里，又有各自的产地小圈层。不同圈层从产地、品种、品质、规格及产品标准上形成区隔，最终体现为价格和产量的区隔。在不同的圈层，结合产业发展战略及不同企业的定位与战略，形成区域海参产业竞争力的发展模型。

海参生活在洁净的大洋深处、浅海和沿岸浅水区，目前已经发现的海参有1000多种，仅有40种可以被食用，在我国可以食用的仅20种左右。除了采捕野生海参以外，目前世界上只有中国等少数几个国家开展了海参的养殖和增殖放流工作。在我国海参种类中只有刺参开展了增养殖，增养殖方式主要有以下几种：第一种为海区浮筏笼养：即在海上浮筏悬挂养殖笼或将养殖笼放置于海底养殖海参；第二种为池塘养殖：具有管理方便、见效快的特点，又可同对虾等养殖结合起来；第三种为陆上工厂化养殖；第四种为底播增殖放流：通过改造海底环境，移植亲体海参或在海区投放海参苗的办法达到收获海参的目的，底播增殖放流刺参的成活率和回捕率均较低，但海参质量相对最好。

按位上的海参如今卖的十分叫座

海参营养价值好坏主要看体表是否有“刺”，分为无刺的“光参”和有刺的“刺参”。无刺的“光参”就是大连人常说的“海茄子”，营养价值和价格比较低；有刺的海参包括“刺参”、“绿刺参”、“方刺参”、“红刺参”等，其中以产于包括我国北方沿海在内的北太平洋、日本海沿岸的刺参（又称仿刺参）的营养价值和价格最高。在我国辽宁、山东沿海通常把刺参称为“海参”。

刺参，是海参族中高贵的一派。大连是中国刺参的主要产地。营养价值极高，是宴请中外贵宾的高档专用品，主要分布在黄渤海区。刺参作为一种珍贵的

2007年，韩建华大厨获得大连海参菜大赛“大连海参王”称号

海味被列为“八珍”之一。据《本草纲目拾遗》中记载，“辽东产之海参，体色黑褐，肉嫩多刺，称之辽参或海参，品质极佳，且药性甘温无毒，具有补肾阴，生脉血，治下痢及溃疡等功效”。因其药性温补，足敌人参，故名海参。

一般来说，3年以上的海参是适合采捕和食用的。而5年以上的海参营养价值更高，对身体极其虚弱和肿瘤严重的人是有较大的大补和缓解作用的。

一方水土养一方人，大连人引以为豪的海参给这个城市带来了无限的健康荣光。各种海鲜烹饪大赛和海参菜大赛，为这道城市荣光不断地增添着新的光环。

韩建华，在大连做过多家酒店的一位厨师长，在他23年的厨艺生涯中，对海参菜的探索几近着迷。在把胶东派、济南派、鲁西派烹饪技巧试验个遍的同时，对南方海参的一些做法也加以考究。他觉得，南方海参的养生质量虽说不如北方，清淡鲜爽的做法却有高出北方人做海参菜的优势。江南菜系中自古就有海参精品，苏州人就创造出煨海参、蝴蝶海参、十景海参、八宝海参、变蛋配海参等著名菜肴。江南菜系格外强调海参菜的配伍、造型和花样改制，菜品上盘色泽鲜亮，造型美观，主次分明，同时又香气外溢。这种强调香气与精美的海参烹制手法，理应成为大连海参菜的借鉴之宝。在2007年大连市政府举办的中国海参文化节暨棒棰岛海参大赛上，他参赛的一道海参菜“蓝花海参”获得金奖，专业评委还封他为“大连海参王”。评委大师董长作说，这个荣誉不仅仅指他获奖这一道菜，而是他多年来对海参菜研究的执着。摩根机械公司一位老总在乡下母亲过生日大寿时，亲自上登请他做这道香气十足盘式优美的“蓝花海参”。

概念大海鲜

"大菜"的概念，过去一般指三个内容：1.酒席中后上的大碗的菜，如全鸡、全鸭、肘子等。2.泛指酒席。3.旧称西餐。从这个传统的定义中就会发现，大菜的特点是盛器大（大碗），菜肴档次高（过去一般家里请客把全鸡、全鸭、肘子当成大菜），菜肴品种多、数量大（酒席），漂亮各异而繁多的器皿装的一道道菜（西餐）。于是可以得出这样的结论：大菜就是场面大，席面菜，丰富的菜肴和味道，盛菜的器皿美妙大器。

大连人把大菜通常叫硬菜，请朋友吃个饭谈点事，没有大菜有时是不行的。你在大连常会听见朋友说："今天请老王吃饭，整点什么硬菜？"这个"硬菜"，就是档次比较高的大菜，像海参、鲍鱼、鱼翅、燕窝、生吃鱼刺身、牛刺身什么的，或是设计一个什么样的大席面。

大菜见证了一个厨师的深厚功力和文化修养。

"我认为，做大菜要注意六个亮点：味道好是第一的，菜漂亮是必须的，好菜名是必要的，盛器美是重要的，有意境是完美的，养生菜是都要的。我当年获得辽宁名宴的'海鲜豆腐宴'，就是参照了这六个标准来设计的，评委认为我的豆腐和海鲜原味很浓，盘式美观，几个菜名紧扣主题，用的器皿也让豆腐上了档次，有意境感，都是养生的搭配。"董长作大师的大菜六条标准，我默默记在脑子里。

我想起了另外一件事和另外一个人的话。

2004年9月18日和19日，我随同当时还在大连一家三星级酒店做厨师长的朋友李颖渊一道，坐船赶到天津塘沽，参加在那里举办的中国国际中餐名厨创新菜展示活动。多年前从大连富丽华大酒店跳槽辗转几家

炒鱿鱼

星级酒店做总厨的李颖渊，是大连王麻子酒店主人、中国烹饪大师王玉春的徒弟。王玉春又是大连中国烹饪大师戴书经的弟子。那是由中国烹饪协会与天津市烹饪协会等部门联合主办的一项活动，每两年举办一次，是中国厨师行业最具权威性、最高规格的奖项之一。在那次活动中，包括台湾、香港、澳门及国内近20名中国顶级菜系的代表大师汇集天津集闲佰悦大酒店，进行了菜品展示。我在那两天时间里，还有幸见到了在这之前中国烹饪协会首度评出的让我十分崇拜的中国十大烹饪大师们，其中就有大连的戴书经大师。

大厨李颖渊平时就喜欢用啤酒做菜，爱研究大连海鲜，获得全国大奖并不出人意料

李颖渊当然是来参加比赛的，和国内其他参赛选手一样，还带来了两位助手，陶强和小付。陶强的刀工我见识过，是很厉害的，豆腐能切成细丝，中餐盘式比西餐盘式还要有艺术性。有他打下手，李颖渊是最放心的。

记得18日晚上，匆匆吃过欢迎宴，我就和这哥儿仨赶到大酒店厨房。全国的选手基本都到齐了。连国内和港澳台十几家电视台记者也扛着摄像机，早早对准了自己省份的选手。在大连的中国烹饪大师戴书经的亲自指导下，李颖渊创意完成的一组风光夺目的菜肴组合“龙腾四海宴”，分别由“跪拜赤龙”、“黄龙太极”、“蟠龙献花”、“龙车献果”、“白龙吟诗”、“青龙争鸣”、“苍龙穿云”、“游龙戏月”8个系列及精美菊花6小碟组成，获得了中国中餐名厨金奖。

“龙腾四海宴”的创意几乎将大连海鲜原料全部用尽，在数不清镁光灯的闪烁下被多名顶级大师称赞。大连的海参、鲍鱼、鱼翅、大虾、海螺、海胆、赤甲红蟹、大夏夷贝等大海鲜，蚬子、文蛤、蛏子、海肠、海蜇、海红、虾爬子、海蛎子等小海鲜，以及渤海刀、大蚆蛸、牙片鱼、偏口鱼、鮟鱇鱼、黄鱼、黑鱼、鲅鱼、鳕鱼、梭鱼等大连海鱼，还有海带、紫菜、裙带菜等海菜，都被他用上了。这是一个大胆的想象，也是对大连海鲜真正意义上的一个全面性的主题概括。

中国当代鲁菜泰斗王义均当时也在现场，那年他刚77岁。许多记者请他评价一下这道让众多人瞩目的海鲜大菜创意的效果，我记得他是这样评价的："集尽海鲜原料，创意生动活泼，营养搭配合理，尽显大连优势。"

我与王老交换了一些大连海鲜菜的心得。王义均泰斗说："大连与山东一海之隔，胶东海鲜与大连海鲜几乎同出一海，相对来说大连海鲜更有一些优势。小李子创造的这道海鲜大菜，做足了大连海鲜的主题。大连海鲜这些年在每届烹饪大赛上都占了先机，说明大连海鲜是全国人认可的啊。小李子获得的这个奖，含金量高，大连人该为有这样的海鲜菜值得骄傲。还有，这里的一组小海鲜做到这么大气，是我比较欣赏的。"

"您老的意思是说，这小海鲜也能做成大海鲜？"我试探着问。

"对，这个形容好，做小海鲜要有大海鲜概念，即使一般原材料也要想到，它可能就是一道大菜。"王老说得很坚决。

宣布李颖渊获奖那天下午，好像是我获了奖似的，我硬是拉着李颖渊在天津街头乱窜。天津人挺奇怪，下午居然很少有酒店营业的。我们只好进了一家快餐店，点了六瓶啤酒和几道快餐小菜算是庆贺。

"王老对你的评价你都听见了吧？"我问。

"鲁菜泰斗这样评价，我很不好意思，不过，我会记住这份鼓励的。"

"他说到'做小海鲜要有大海鲜概念'，你怎么看？"我觉得他一定有自己的想法，不然不会把那组小海鲜做得那么好。

我一直记得，那是获奖组合海鲜大菜"龙腾四海宴"中的第三组"蟠龙献花"，煮熟微红的小蚆蛸搂着海螺壳套成的树干弯曲而上，伸出花一样的数只八爪展开，在彩色扇贝壳、毛蚬子壳、花蚬子壳等花朵型的围裹下，各种贝类肉五颜六色地变成几朵层次不同的鲜花，海菜挂在树干上，倒了酱油的辣根是鲜花的根部。由三文鱼肉、金枪鱼肉和黄剑鱼肉做成的主菜龙，高高挺起，腾飞状盘旋在席间中间金黄色宫廷式大器皿的盘中。

"我一直有这个念头，"李颖渊说，"大连菜主要是海鲜，很多厨师瞧不起小海鲜，我不这么看，小海鲜的营养价值不比大海鲜差，既然如此，你就应该把小海鲜当回事。我每次做小海鲜，都想到这可以做成一道海鲜大菜，原料组合、器皿搭配、营养结构、典故韵味，有了这些想法，这道菜就可能做得不错。"

他给我讲了一道菜的故事。有一

鲜炒蚆蛸

次他到乡下寻觅新菜，发现农家小饭店用粉条和土豆丝煮着吃，吃的人真不少，就是觉得缺了点什么。他想可以改良一下啊。回到酒店经反复思量，他改良起这道菜来，鸡蛋、粉条、土豆丝、小海鲜肉放在一起油煎，呈田园形状端上来，起名叫“海边田园菜”，营养味好，盘式动人，那一个月里卖了89盘。老板说，这哪儿是小毛菜，是大菜啊。

“一道菜色、香、味、形、意、养的内涵都具备了，就是一道大菜，无论它的成本多么低或多么高。”这与董大师的大菜六条标准不谋而合。

那年在天津举办的中国国际中餐名厨创新菜展示活动中，大连人收获颇丰。大连著名中国烹饪大师戴书经和把大连名老菜馆聚仙楼继承发扬做下来的开发区中国烹饪大师韩吉光喜获中国烹饪大师展示金奖，戴书经大师的获奖菜肴“蚝皇南非鲍”和“鱼扇千层肉”以及韩吉光大师创意的“金凤献鲍”，给人留下极深的印象。我注意到，获奖大师的菜品，与大菜概念十分吻合。

“大连的小海鲜品种多，市民百姓也喜欢，把小海鲜做成大海鲜，就能检验一个厨师长的水平和功底，小海鲜做成了大海鲜，经济效益和烹饪技巧的意义就大了。”董大师略显惋惜地说，“有些年轻的厨师不像从前的年轻厨师那样钻研技术了，老是想着走偏门，投机取巧，小海鲜中的大海鲜概念四不像，小海鲜也糟蹋了不少。比如炒蚬子，配上好的时蔬和其他海鲜食材，打好创新的盘式，就可能是一道很好的大菜，他们却没有那个想法，就是平时学艺不精钻不进去。”

我眼前却浮现出一位比较年轻的面孔，还是看到了大连顶梁柱厨师在这方面的希望。

有风景的大连海鲜

风景菜肴，就是将大自然中的风光景色浓缩再现于菜肴之中，烹技独特，色彩鲜艳，造型美观，能给人以精神和物质享受。它是通过对各种食品的雕刻、拼摆、烹制等方法而形成的一种特色菜肴，以冷菜为主，热菜、汤菜为辅。

有一个叫卡尔·华纳的英国食物摄影师，拍摄了一组作品，将菜市场菜肴变成了一张张艺术杰作。初一看，它们好像是一般的风景画，然而这些独特的美术品却是菜肴艺术品，因为其所有素材都是食品。比如，让大蒜气球漂浮在椰菜地里。在购买这些素材之前，华纳先将自己的想法预先绘制成草图。大多数作品都要几天时间才能制作好，期间还使用烧针和超强力胶水。这些食品非常优质，足可以食用。

我看过十几幅华纳的食物风景图。谁能想到，各色的蔬菜肉品除了能成为

卡尔·华纳这位英国食物摄影师的作品没惊着你吧？

餐桌上的佳肴，还可以摇身一变，组合成为栩栩如生、意趣盎然的风景画呢？在落日的余晖下，一艘绿色的小船在肉红色的海中荡漾。但是如果你把手伸进引人心动的波浪中，你可能会被扎到。因为这个波光粼粼的海洋实际上是用还冒着热气的大马哈鱼的肉做成的。散落四处的岩石和小鹅卵石都是黑色的苏打面包以及马铃薯堆积的。沙土则是用红糖堆撒出来的，欧芹和莳萝的叶子被做成树木，船是豌豆荚摆成的，即使天空也是食物做的，大马哈鱼肉被切成薄薄的小片，外面罩上一盏灯，看起来就像满是阳光的天空，神秘的海底世界，西兰花是主角，水下正中带刺的家伙是一种热带水果。远处陡峭的山崖由面包做成，下面还有一顶饼干小帐篷，那倒挂的钟乳石，你看不出来是胡萝卜，土豆变成了岩石，西兰花化身为大树，坚果的碎屑铺就了乡间小路，气球则由苹果、芒果、草莓、香蕉、大蒜、柠檬和酸橙雕刻而成，小推车的框是面包片做成的，且有一个蘑菇轮子，想不到吧？在巴斯特牧场，蘑菇被设计成拖车的轮子，车身是用意大利烤宽面条做成的，车上摆满了大蒜，意大利通心粉围成各种形状的田野，脱脂意大利干酪捏成建筑物和白云，松子搭建矮墙，倒立的辣椒形成树的模样，烤面包构成了阿尔卑斯山风景的背景，有斯第尔顿奶酪和切达干酪岩石、薄脆饼干的屋子、花椰菜云彩和面包屑铺就的乡间小路。托斯卡纳住宅充满美味，有新鲜的意大利面窗帘和桌布、新鲜土豆制成的碗、新鲜巴尔马干酪制成的墙用西兰花和豌豆做成树的形状，用黑面包做成山脉，上面撒上白糖成为瀑布，香草荚树中加上豌豆，孜然撒成小径小镇风情，屋子是脱脂意大利干酪做的，遮阳棚是彩椒切片而成的，坚果与碎屑铺就了小路这一幅田园风光图，我只看得出地面好像是用大米铺就而成的。又是一幅美丽的画卷，山丘因雕刻的切达干酪带来了生机，大蒜球在湖上充当小船，面包棒做成的码头，等待着同样是面包的汽船远航归来，不过汽船上的烟囱，却是芹菜做成的，狂怒的大海和暴风雨天空由紫心卷心菜制成，而船体是一个小胡瓜，桅杆是直立的芦笋，嫩豌豆构成舵手室，天空、树木、山丘，想不到意大利冷肉竟然身兼数职！猜猜近处的小推车和远方的小木屋是什么做的？面包棒河滩上的怪石是面包，木屋是面包棒做成的，屋顶是冷肉片，河流、天空同样是冷肉薄片，牡蛎、扇贝和螃蟹构成前景，鲭鱼和鲱打造远方的海洋，鳕鱼和西鲱制成海岸，百里香竖立成树木，而船只则是葫芦插上一片嫩豌豆当桅杆，很逼真的。在介绍给您这些风景菜肴的同时，我自己都陶醉了。如果你是一位厨师，读到这里，我相信你一定找到制作风景菜肴的感觉了，那你可真得谢谢我帮你大开眼界呢。

风景菜肴早于中国，历史悠久。

宋代陶谷的《清异录》载：五代时尼姑梵正顺制精巧，曾用创、烩、脯、酱、瓜、蔬等，黄赤杂色，对成景物拼盘，若坐及二十人，则人装一景，二十只盘景合起来，则拼成一幅大型风景拼盘，就是唐代诗人王维住处“耦门”的风景图样。可见五代时我国的风景菜肴已有了一定水平。尼姑梵正也由此成了“菜上风景”的鼻祖。

新中国成立后，国家对传统烹饪技艺极其重视，广大厨师发挥了积极的创造精神和想象能力，用手中的刀具，描绘祖国的壮丽河山，使这一传统技艺得到继承、发展和创新，达到了新的烹饪艺术境地。近年来，各地陆续出现了许多优秀的风景冷盘：北京创作了以“北海”为题材的作品；杭州创作了以西湖的“三潭印月”为题材的作品；扬州创作了以瘦西湖上的“五亭桥”为题材的作品等。风景菜肴各地开花招人喜爱，是社会物质发展的一个侧面反映。梵正再世，一定会心悦诚服。

大连也有一些40岁左右的厨师，在风景菜肴的象牙塔里镂刻，多年痴心不悔。全国最佳厨师、全国优秀厨师、国家高级烹调技师、大连名厨刘宏亮，这些年就是受大连海滨风景的启发，创作了不少大连海鲜风景菜肴。

就说大连景点菜品“海之韵”吧，地地道道的大连海鲜大菜。主料是鲍鱼10只，大海虾10只，调料是鲍汁100克，高汤2000克，红花汁10克，番茄沙司25克，泰国鸡酱25克，大红浙醋50克，砂糖50克，红花汁少许，味啉、生粉少许等。做法是鲍鱼经加工，改切呈树叶状。经上汤高压煲制入味后，用鲍汁、红花汁、味啉调制勾芡后围边。大虾去头尾洗净，片改成虾球形，呈浪花涌状。腌制沸水后加番茄沙司、泰国鸡酱、大红浙醋、砂糖、小火煒制围在盘中。特点是口感独特，造型别致，营养丰富。在这道菜中，菜品经雕刻及改刀后有

全国最佳厨师刘宏亮迷上了风景美食并获得了全国大奖

一种波涛汹涌浪花起溅的感觉，再配以海豚、海鸥以及鲍鱼制作的象形树叶，有一种有山有水、安静祥和的韵意，因此得名“海之韵”。这道菜曾在武汉举办的全国中餐技能创新大赛中荣获创新大奖。

我看过一部分刘宏亮的海鲜风景菜肴图片。他的食物风景虽然不如卡尔·华纳那么可以称王称霸大气磅礴，却也是袖珍海鲜大连风景的精致版本。这个刘宏亮平时不声不响，像不存在似的，却净做露脸的大事。

“一口鲍鱼一口金”真不一定

《五杂俎》中载：西汉末年，新朝皇帝王莽非常爱吃鲍鱼。每当忧闷不食时，就用鲍鱼做菜下酒，吃了鲍鱼菜后，就会精神大振。一只十几年才长成的1.5千克重的超级大鲍，炮制后大约只剩下200克重，十几年的精华一口吃掉，所谓“一口鲍鱼一口金”实不为过。鲍鱼的身价名气在中国菜里绝对有高不可攀的霸主气势。

这里说的“一口鲍鱼一口金”，并非完全指鲍鱼。凡是大连的海鲜好食材，都在其中。大连海鲜名扬天下，不是新鲜话题。大连海鲜是否真做到了“一口鲍鱼一口金”，还真不一定。海鲜好食材，一定应该是大菜式的精品菜效果，这里就包括了厨艺到家的功夫和养生文化的底蕴。

任何一国饮食的文风，都与它的历史盘根结缘。

中国人的大吃大喝在夏商时代已经形成，今人认为始于夏桀的“肉山脯林”，食必方丈，酒池肉林，一副贵族的派头。到了周代，“礼食”有了“八珍百羞”，丰盛之极。汉成帝时，面对五侯有时一起送来的美食，不知怎样品尝更好，就将所有馔品倒在一起，回锅一炒，“合以为鲭”，这就是中国历史上最早的杂烩菜了。南北朝时，大型花式拼盘菜肴历史上首次出现了，一顿饭摆出若干盘盏，仅为悦目而已，“积果如山岳，列肴同绮绣”，吃东西开始讲究美了。隋唐时期，饮馔风极，李白在《行路难》中就有“金樽清酒斗十千，玉盘珍羞直万钱”的愤世诗句。宋代是中国饮食史的一个例外，君臣节俭之风形成一种社会时尚，文学家黄庭坚在《食时五观》中告诫人在饮食上不能过贪、过嗔、过痴时，又强调了五谷五蔬对人“正事良药，为疗形苦”的饮食养生道理。饮食之道到了清代真正形成了古代美食理论完善的状态，李渔的《闲情偶寄》和袁枚的《随园食单》代表了这个状态。清代著名戏剧理论家和作家李渔，把《闲情偶寄》分为饮馔、种植、颐养三部，饮馔部分又分蔬菜、谷食、肉食三节，蔬菜为第一节，肉食为第三节，明确提倡清淡饮食的主张。清朝大文学家和大美食家袁枚的饮食思想接近了生存的实际，他认为饮食生活上过于奢和过于俭，都失之偏颇。他在《随园食单》中介绍了300多种南北菜肴饭点茶酒，20条厨事原则，14条饮食原则，今天许多烹饪大师和美食专家的厨艺与理念，都和这位不是专业厨师的大文豪息息相关。你看这个不是专业庖丁的袁枚，比庖丁还专业：选择食材要取精良而用之："物性不良，虽易牙烹之，亦无味也。"清洗烹饪原料，要抓住关键所在："肉有筋瓣，剔之则酥；鸭有肾臊，削之则净；鱼胆破，而全盘皆苦；鳗涎存，而满碗多腥。"这些实践所得，可都是厨师要掌握的啊。还有菜肴"相女配夫"式的搭配，调剂原料的灵活多变，武火与文火的把握，美食配美器的必要性，咸淡酸辣的上菜顺序，菜肴味型的浓腻把握等一系列知识，都是他自己无数次的下厨所获，这简直就是厨师的爷爷辈啊。

松露黄金鲍

切不要以为我对国人食话概述的啰唆，不了解这一切你就不可能在中国做出一手好菜来，"一口鲍鱼一口金"的发财梦，就是一句笑话。从贵族派头，你知道了有时吃喝排场的重要性；从悦目美食饮馔风极，你知道了中国人宴请盘饰的点缀不可或缺；从李渔的清淡饮食主张到袁枚的专业烹饪美食理念，你知道了好食材加工成天然养生美食须有专业功夫的重要性。总结国人食话，就是在细心开发"一口鲍鱼一口金"的丰厚内涵。

有一个大连人，真的把大连海鲜做成了“一口鲍鱼一口金”。我认识他，就是从见识他那道风靡东北的“松露黄金鲍”开始的。这个人叫由晓东，是大连富丽华大酒店中餐总厨师长，也是一位山东福山县的厨师后代。

2010年夏天，由晓东邀请董长作大师和我到富丽华大酒店品尝他的几道创新菜。那晚我才知道，这位在大连中餐圈里很低调做菜又很厉害的人，爷爷和四爷上世纪50年代是天津市相当有名的餐饮哥俩，爷爷叫由芝岳，“面二”的高手；四爷叫由芝玉，天津鲁菜大厨，中国烹饪大师、天津狗不理包子餐饮集团公司董事长赵嘉祥就是他的大弟子。这哥俩平时话不多，做事可很牛。1950年毛泽东主席到天津市检查工作，吃的就是这哥俩做的饭。爷爷由芝岳的银丝卷和四爷的额葱烧海参，都被毛主席首肯过。他还记得小时候看爷爷做空心拉面和牛肉蒸饺的情景，十几岁时听过四爷讲过葱烧海参九转大肠等鲁菜的做法和看过他做菜的示范。可能是受爷爷和四爷的影响，他从小就喜欢看人做菜。在大连旅游职高烹饪专业毕业后，又去了重庆烹饪技校学习，在重庆老四川学了川菜，到北京长富宫饭店学了日本料理，还到广州白天鹅酒店学了粤菜，之后又到日本做了几年餐饮，一回来，就被富丽华大酒店聘用了。

中国烹饪大师、富丽华大酒店中餐总厨师长由晓东

由晓东的菜品青笋菜

“了解了中国美食理

念的发展过程，客人需要任何宴席你都能做到心里有数。比如客人需要一桌既排场又清淡的宴席，你就可以把盛硬菜的器皿设计得大器华丽一些，再把那些清淡菜设计出田园风光的感觉来，客人就会对这种有档次和有特色的菜肴很满意，还不影响酒店的收入。”由晓东举了自己工作的例子说。

“松露黄金鲍”端上来了。摆在一侧的五片比拇指盖大的黑松露，国际价是很高的。盘中一只去肚的大连鲍鱼焗成金黄色，半切两刀，上边贴了金箔，黄灿灿地闪着光。鲍鱼旁竖着一片切好的面包片，左右配着西红柿圈与立起的青菜叶。西红柿下简练地流淌着胡椒汁。盘饰的颜色、构图与空白如此艺术，是有别于日本料理和卡尔·华纳的英国食物风景的另一种意境画，蛋白质、维生素C和碳水化合物的营养搭配比较合理。

我与董大师互相看了一眼，没有动手里的刀叉。

“别担心，我自己花钱，借酒店环境来用一下，请你们多提宝贵意见。”由晓东态度很诚恳。

在他的带头下，我们品尝起来。

黑松露口感润滑，鲍鱼似乎入口即化，配上香酥的烤面包格外舒爽，青菜叶和西红柿片及时润口补充水分。吃的过程，味蕾一直在变化之中。

另外，“五彩沙拉鱼翅”新在八珍食材与西餐的组合，“清芥海参”打破传统的鲁菜海参做法，“酱烤银鳕鱼”淡淡渗进了酱料的复合鲜味，“酸萝卜炒螺片”有意思地强调市井口味与商贾大菜的难分难解，无盐矿泉水煮的“南方芽菜羹”大胆地夸张着李渔的清淡美食观。上菜的顺序也很有道理：“酱烤银鳕鱼”的咸鲜开始，再上淡鲜的“松露黄金鲍”与“五彩沙拉鱼翅”，接着上微酸的“酸萝卜炒螺片”，继续上微辣的“清芥海参”，最后上无盐却感觉鲜美的“南方芽菜羹”。根据人的味觉承受感，菜味的不断变化总是很舒服。

董大师情不自禁地赞叹：“晓东的菜好就好在面对任何层次的客人，都有一套合适的菜单，无论是几道菜，根据客人身份要求，做到专业合理搭配，不降档次还有特色。上菜的程序也很科学，比如最后上的这道用不放盐的矿泉水煮的‘南方芽菜羹’，如果一开始上就没味道了，最后味蕾已经承受了很多味道，这时候上这道汤，天然的鲜美菜味就很舒服地表现出来了，这是综合知识、文化修养和厨艺水平的结晶。”

这话我服。几年前他获得的中华金厨奖菜品“珊瑚海参”，在用糖做珊瑚时注意食用糖的实际需要量，加上他的主菜，在大连市第一个发明的蜜汁卤水海参，把味道、色泽、香气、营养、意境和造型做到了几近完美，评委基本一致地打了高分。新加坡前总理吴作栋、朝鲜前主席金正日、日本前首相桥本荣太郎、香港著名演员梁小龙、中国作家蒋子龙等一大堆名人政要，吃过他的菜都会夸赞几句。看起来，国家级中餐评委、中国烹饪大师、高级技师和辽宁省烹饪协会理事这些头衔，不是白戴在他脑袋上的。

把文化人请进餐厅

做餐饮的人一定要与文化沾边，美食一与文化沾边，就会做出带火花的菜，美味四溢，激情四射。

与文化沾边的美食，古时莫过于伊尹的故事。伊尹在平民时就以才能和厨艺高超而名闻四方。商汤听说后，向他询问天下大事。伊尹从烹调的技术要领和烹调理论，引出治国平天下的道理。商汤听后心悦诚服。后来，汤尊伊尹为宰相，并在他的辅佐下，讨伐夏桀，建立了商朝。

伊尹以美味来讨论治国的道理。老子也曾说过：治大国如烹小鲜。凡事物的至理，大都暗合于道。虽然饮食只是小道，一旦达到极致，也包含天下的至理。“虽小道亦有其可观之处”，此之谓欤。

谭家官府菜肴的清汤燕窝素有“食界无口不夸谭”的美誉，“长于干货发制”、“精于高汤老火烹饪海八珍”是大家都知道的。在所有谭家菜的头菜中，清汤燕窝和黄焖鱼翅这两道菜为珍宝中的明珠，“厨师的汤，唱戏的腔”这句餐饮界名言说的就是谭家菜的高汤和谭鑫培老先生的唱腔，也形成了谭家菜独有的文化特色。谭家菜的黄汤千百年来被称为“珍馐”，入汤的鸡一定要用皮紧、皮薄、皮下有黄油的走地鸡才能煨得出鲜美异常的谭家汤。再加入提香的火腿，提鲜的瑶柱，以及干贝、整鸭等多种名贵食材，慢火细吊至少十钟头，待入汤食材的营养与美味全部融入汤中后，才会过细箩出醇汤。那些名贵食材为汤汁只有鞠躬尽瘁死而后已被放弃了。吊制出的汤分为浓汤和清汤两种，在清汤燕窝这道菜中用以煨燕窝的就是“汤清如水，色如淡茶”的清汤。

古来有一些宴席，必须伴有吟诗联句活动，让诗与食一体联动，多见于文人聚会。《三秦记》中就有汉武帝元封三年（公元前108年），以香为柏，筑柏梁台，台成置酒，诏群臣赋诗。这是中国最早的文人酒宴。据说凡能为七言者乃可得上座，被后人称作“梁柏体”。唐宋时代，吟诗作文的“文酒会”、“文字饮”活动，三天两头出现。若多文人雅士，面对珍肴美味，把酒临风比诗，千古绝佳妙句，更是不胜枚举，造就了一地一文一景一味，留下了名店名菜名厨名人。君不见，曹雪芹一首《食螃蟹绝唱》，道出的吃螃蟹经供几代后人食蟹享用。明代诗人李流芳一首《纯羹歌》，使杭州莼菜成了多少代各地人士喜尝的美味。陆游的《食粥》美句“我得宛丘平易法，只将食粥致神仙”，印在了多少人的感觉里。范仲淹《齑赋》曰：“陶家瓮内，腌成碧绿青黄；措大口中，嚼出宫商角征”，声色并茂，谁人都想爽试这道妙绝。

大连不少酒店餐馆在文化意识上都很强。春天酒店是大连一家二星级酒店，酒店级别不高，却总是有那么多层次比较高的人士前往，一般市民请客，也要设法订到那里。北京贵宾楼饭店大厨李英民曾经评价过这家饭店：规模不是大酒店，菜品绝不次于大酒店。他还把春天酒店的一组梨园新春菜肴拍成几百幅照片，发到北京的酒店让他们模仿学习，说这些菜肴文化味之浓超过北京一些大餐馆。

春天酒店经理代红彬是科班出身的酒店经理人，他做了这家店十几年的经理，恪守的一条原则就是菜品要精，名字要好，味道要好，器皿要配得漂亮大器，要有意境。为了把厨师长的菜肴变成真正的文化味菜品，他不惜请报社电视台记者为他们酒店的菜肴起名。

酒店有一道和盐水杂拌的菜肴差不多的菜，在海毛菜漂浮的稠汤下，组合了海螺片、海参片、虾仁段、鱿鱼片、蚬子肉、海蜇皮六种比较高档的海鲜食材，点了水淀粉的鲜香老鸡汤配上胡椒粉后，喝一口鲜鲜的稠稠的，海鲜肉片嚼在嘴里，脆嫩爽爽的。菜肴盛在一个大大的唐宋风格的青瓷大碗里，看上去很大器，怎么看都是一道充满古典文化味道的菜肴，就是名字不好听，叫海鲜羹。被邀

喜欢和文化人打交道的春天酒店代红彬总经理

香格里拉大饭店中餐总厨赵升武对菜品的文化色彩很讲究

来品尝的大连电视台记者赵强本身就是一位诗人，当场就叫停了这个名字："这个名字把这挺高档的菜给贬值了，我看就叫'青瓷大海'吧。"我第一个叫好，好名字，青瓷这只大碗本身就有中国唐宋文化的韵味，六种有档次的海鲜肉盛在其中，代表了海洋，大连是一个海滨城市，名字还好记，是个好名字。代红彬带头鼓掌。在一桌被代红彬看作的所谓文人的七言八语下，十几道菜的名字都改了，代红彬让服务员一一记下，几天后就更改了菜名。

据说在春天酒店厨师长不好当，代总对他们要求太高，不过从春天酒店走出去的厨师长，在外面"混"的都挺明白，因为他们出品的菜肴很棒，客人喜欢。大连市几位副市长经常去他的饭店"捧场"，一位副市长说，春天酒店的店面不是大店，每道菜的精致感和文化味挺有意思，味道也不错，小代这人很会在菜上经营。

赵升武是大连香格里拉大饭店的中餐厨师长，属于大连餐饮业中坚那股力量。2011年他从外地一家五星级酒店回到大连，就让这家酒店的中餐有了不小的起色。他对老板的中国风格菜肴配器皿大为欣赏，他知道香格里拉的主要客人是中国人和东南亚人，基本血统接近中国南方人，老板眼光挺准，了解他们需要什么样的美食，在器皿上以南方人喜欢的圆形盘式为主。他对菜品的悦目感觉看得很重。他说，食物除了味道与营养外，看着舒服最重要了。食物本身就有色与形，就有一定的艺术色彩，烹饪成一道道看上去精美不断有创意的珍馐美味，那就是一件件艺术品了。

菜品的环境与菜肴的颜色，是他烹饪时把握的关键。他告诉我，菜品颜色能舒缓一个人不好的心情，像芙蓉鸡片、熘鱼片这样的菜，吃着清淡、松嫩，给人洁净、轻松的感觉；松鼠鲤鱼、樱桃肉、生吃金枪鱼片等菜，味道酸甜、香甜、清辣，让人感觉神经兴奋和刺激；一走进绿色的餐饮环境，人就感觉明媚、自然、鲜活；茶色食品像干烧鱼、酱烤鸭、炸乳鸽等，味觉浓郁芳香，有一种生活厚重成熟的意境感等等。他研究菜与别的大厨不同的是，一定要了解客人的身份与心情，餐厅的环境色彩与风格，再下菜单。

他给我举了一个例子：一位女士在他的餐厅订制一桌八菜宴席，女士是位成功商务人士，希望品位显得挺高价格又挺实惠，趋于清淡海鲜风尚。他给她设计的是“养生参花豆腐羹”、“荷塘海胆酿胶肚”、“鳕鱼芝士焗鲜鲍”、“海胆酱烤大海虾”、“蒜蓉青芥雪龙牛肉”、“豆香蔬衣海鲜饼”、“薄脆青芥虾球”和“家乡海肠窝”八道菜。在这个宴席菜单里，他将菜品颜色定位为鲜亮紫红，洁白翠绿，金碧辉映，清凉画面。女客人甚是欢喜，后在两个月内连订了3次宴席。

菜名就是美食文化。赵升武一直重视这个。他告诉我一个“秘密”：每隔一两个月，他就会请一些文人在他的餐厅包间吃上一顿，当然不是白吃的，提点意见，起个菜名，留点想法，出点主意，这是文人们必须做的。

历史上第一次在大连电视节目上看见大连名厨做节目，始于2000年后一个叫姜军的厨师。当时他很年轻，跟随从富丽华大酒店出来在当时的万达国际饭店做总经理的褚宝玉来到万达国际饭店做行政总厨。有人说富丽华是大连餐饮界的“黄埔军校”，为大连和外地培养了一批餐饮管理人才与酒店厨房大厨，这话还真不假，眼下大连不少人都在各大酒店做着总经理或副总经理及行政总厨。褚宝玉是个有超前意识又踏实于眼前效益的酒店管理精英，他在全市第一个想到了用广告费推自己的厨师长

姜军

在电视上为酒店餐饮做广告的念头。《今天吃什么》这个节目就这样出笼了，每天教大家一道菜的姜军成了家喻户晓的餐饮大厨。姜军目前是大连中山大酒店负责餐饮的副总经理，还做着酒店管理策划的工作。他曾感慨地说，是当年褚宝玉总经理的英明，才有了我姜军后来在全市的知名度。其实，跟那些大师比我差得很远。而他，现在也是一位烹饪大师了。

“大连的民俗文化很丰富，美食典故挺贫乏，经常请文化人到餐厅，不失为一个补救的好办法。”董大师也这样认为。他的餐厅里就常有被邀请的记者和文人出现。

大连菜的故事呢？

一道菜一个故事，这是中国的美味精华。中国的东西南北菜肴，囊括了不止几千个美食故事。

追根溯源，或许大约一万年前火锅的诞生是中国最早的美食典故。那时我们的老祖宗发明了最早的容器——陶制的鼎，一个非常大的锅子，无论是三足或四足的鼎，在当时，只要是能吃的食物如肉类为主，通通都丢入鼎内，然后在底部生火，让食物煮熟，成为一大锅的食物，当时叫做“羹”，这就是最早的火锅了。到了西周时代，聪明的祖先不但发明了铜与铁，还把各种陶器品也改良制作成较为小型的器皿，适合一般人使用。直到现在，我们还是使用最实用、最普遍的火锅器皿，而大的鼎最后则延伸为权力的象征了。

“腊八粥”这道美食产生于汉朝，每年农历十二月，人们必定要举行年终腊祭，因此农历的十二月又叫“腊月”或者“蜡月”。在腊月初八所煮的粥，就取名叫“腊八粥”。这个故事与民俗关联密切。

中国的菜肴，基本就是故事组成的。这话听起来有些夸张，还真不是。一个鱼虾类菜肴，就有60多个故事。杭州“西湖醋鱼”的“叔嫂传珍”美味，把思念交集的感情味道都做进了菜里。扬州松鹤楼做“松鼠鳜鱼”的厨师，在乾隆皇帝非要吃敬神的鱼时，为回避宰杀神鱼之罪，巧妙地将鲤鱼做成松鼠形状，表达了厨艺可以拯救自己的小巧智慧。“全家福”的故事就是一场古代政治灾难，秦始皇听了李斯的谗言，大举焚书坑儒，儒生们妻离子散四处逃难。到秦二世登基，一儒生返回家园发现妻儿不在，跳河自尽被人救起，巧遇家人团聚。为庆贺死里逃生幸福团圆，特请厨师创出这道著名的“全家福”。多种高档海鲜食材融为一锅大菜，代表人间多种难言滋味。对虾大菜“红娘自配”，讲述清宫名厨梁会亭通过设计菜肴引发慈禧太后善举，放生做宫女的侄女梁红萍和其他大批宫女回到民间的故事，彰显了厨艺可救他人的大德智慧。肉类、禽蛋类菜肴故事达几百个，素菜、水果、干果、调料和酒水也有几百个故事，一个小吃类也有50多个典故与传说，随便拿出两个就很精彩。大家都知道春卷是一道小吃，却不知道它的故事。古时京城一位僧人来到楚国江陵某地，闻到庙旁酒店飘过来的阵阵卷饼香味，实在忍不住了，就翻过庙墙跳进酒店饱餐了一顿，后人便赋诗道：“春到江陵卷异香，无怪高僧跳高墙”，春卷的美名，于是叫响了。牛肉拉面大家都爱吃，却不知道里面有好听的故事。汉武帝为自己庆寿，期望御厨美食有新花样。御厨想到用自己擅长的小吃拉面做点文章。看见满满一桌夹着醇香牛肉条的细长的面条，汉武帝大为不悦，脸拉得很长。一位足智多谋的祝寿大臣忙喊大喜：“恭喜万岁！当年老寿星彭祖活到880岁是因为脸长，‘脸’就是‘面’，这一碗碗长长细细的面是万岁益寿延年的象征啊！”汉武帝一听从大不悦转为大悦，喊着百官文武立即吃长寿面。过生日吃长寿面的习俗，于是正式在中国形成了。

王晋是金石滩一家海边酒店厨师长出身的经理人，这些年最大的爱好就是研究菜肴中的民俗文化宴。他有一道“金石九龙成真梦”，受到圈内人的褒奖。夏天高考后的谢师宴，在他的酒店订这个席面的人最多。他的师傅董长作大师也鼓励他，多研发几席大连当地的风俗宴席，能提升大连海鲜的品位。

王晋说，“金石九龙成真梦”这组宴席源于大连金石滩一个传说。

在金石滩大鹏展翅景区内，矗立着一面刀削般的巨石壁。石壁纹理纵横交错，色彩斑驳陆离，隐约可见龙的身影。这就是金石滩著名的景观之一九龙壁。

相传，龙王爷晚年才得子，且一胞九子。九条龙九种颜色，九种能耐，九种性格。九条龙虽各有不同特点，但都有一个共同的方面即自恃本领，并仰仗龙王娇宠，做尽坏事，搅得人们寝食难安。龙王越来越老了，九个龙子各怀心术，竟然窥视起龙王那块象征无上权力的玉玺来。龙子们为争夺权势钩心斗角的丑恶姿态，使老龙王心里阵阵发痛。一个风和日丽的日子，龙王将一座巨大的石山化作一摊水，盛入一只巨鼎内，并将玉玺放了进去。然后差人将九子唤来。九位龙子透过清清的水，看到了那颗晶莹剔透的玉玺，立刻垂涎三尺，眼里流露出贪婪的目光。龙王看看他们，淡淡地说：“为父老了，一直计划把王

善于用民俗故事来设计菜品或宴席的王晋

位传下去，但你们几个各有千秋，我无法决定传给谁。所以，今天我将玉玺放入巨鼎内，为你们九兄弟提供一次平等的机会。先抢到玉玺者，可继承王位。”听到下令，早已摩拳擦掌的九兄弟争先恐后地冲进了巨鼎之内。霎时，巨鼎内乱作一团。你掰断了我的角，我扯断了你的龙须。九兄弟怒火中烧，使出了浑身解数。龙王爷看着这一幕，痛心地闭上了眼睛，暗暗地运用了法力。巨鼎内的水渐渐凝固了，一心争夺的九条龙并未意识到身边的变化，慢慢熔化在水里，最后变成了石头。传说从前赶考的人，进京前都会到九龙壁前试一试运气。如能看见九条龙，必是真龙天子的化身，八条龙为宰相，七条龙是御史，六条龙是巡抚，五条龙是知府，四条龙是知州，三条龙是知县，两条龙是乡长(镇长)，即使只能看出来一条龙，也能当个村长。直到现代，依然有人慕名前来瞻仰石壁风采，以求预见自己的未来。

王晋想，这个创意好，每年的晋升宴、谢师宴酒店都火，这不是现成的好题材吗？九只大小不同的龙虾龙腾起舞，倚在用香菇、木耳、松茸、海菜打成泥子炸成的巨石壁上，前面是用面包片和面包碎撒成的海滩，远处是用肉酱和火腿做成的早晨冉冉升起红日的大海。在这里，大小海鲜食材都有了，海菜蔬菜菌类食材也全了，面包肉类都在其中，蛋白质、碳水化合物、脂肪、VC营养成分是均衡的，确是一桌健康的美食大餐，有点英国食物摄影师卡尔·华纳作品的意思，一个人成就金榜题名官禄达成的愉悦气氛好个浓重。

“在金州，风物传说的故事很多，我一直在琢磨把有价值的故事开发出来，做成宴席或是菜品。中国的菜肴典故太多了，一个菜有时是几个故事，就说佛跳墙吧，就有4个故事，东坡肉至少也有3个。据说大连围绕海的风俗传说故事有上百个，出自这些典故或故事的大连菜太少了。”王晋有这个意识，是大连美食文化的福分。

风物传说菜肴让王晋一直着迷。金石滩古城神牛斗海妖的故事，金州老和尚山和尚帮助穷人斗财主的故事，青龙火龙争夺珍珠姑娘的“二龙戏珠”的故事，小龙女和小老大誓死相爱的“无情石”故事，都吸引着他，他正在设法把这些风物传说做成宴席菜或单品菜肴，让客人在满足口感味觉的同时，深入了解大连民间风俗。

大连还有一位烹饪大师叫李仁义，业余时间做着中国饭店业国家级评委等几项任职，其烹调业绩还被收入《辽宁史料丛书》。他创意的几道海鲜菜渲染着民间典故文化的色彩。“刀鱼焖鲜海蜇”本身就是一个典故，据传大连以前是一个小渔村，渔民靠打鱼为生，一日渔民打上一条四指宽大刀鱼，很是高兴，便叫上邻居一同享用，其妻子将鱼焖入锅内。可是邻居来得太多，其妻子怕不够吃，正好看见一同打上来的鲜海蜇，便一起焖入锅中，没想到鲜上加鲜，非常美味。众人吃后赞不绝口。以后这道刀鱼焖鲜海蜇在渔村便流传开来，一直延续至今。这道菜重在老汤调味，收汁装盘放入香菜提味，操作关键是鲜海蜇一定要泡水去咸味，体现的口味是鱼鲜味美海蜇爽脆。“砂锅裙带菜海胆糕”这道菜肴的创作灵感源自大连盛产的海胆，味道很鲜美，单独做汤有些口感单调。他把渔家蒸水蛋的故事内

大连烹饪大师李仁义

李仁义的刀鱼焖鲜海蜇

李仁义的招牌干烧辽参

大连“故事菜经理”姜勇（左）

容改良后，创造了“渔夫寻妻献海胆水蛋”的故事，海胆加入蒸水蛋和鲜裙带菜，使汤汁更加鲜美，得到食客的一致认可。操作关键，是海胆别蒸老了。汤汁咸鲜，海胆糕爽滑，是这道菜的看点。“招牌干烧辽参”套进了一个“李时珍发现辽参”的故事，来增加这道菜的卖点。软糯、咸鲜、干香、色泽明亮，是它与其他海参菜不一样的特色。“美极香煎大连鲍”的典故与一个外国厨师在大连用西餐方法做大连鲍鱼的故事连在了一起，咸鲜香浓的口味有些特点。

大连还有一位叫姜勇的酒店经理人，曾经做过几家四五星级酒店经理，现在是大连团山花园大酒店总经理。这些年，有人给他起了个外号——“故事菜经理”：无论走进哪家酒店，他都会掺和到餐饮活动中去，专爱给菜编故事起名，什么“蚬子撒娇驴打滚”、“罗锅虾相亲”、“夏夷贝的圆舞曲”、“幼蟹勾引色海螺”、“吓不死的虾爬子”、“钢钢不倒的金枪鱼”等等，服务员是一边讲他编的故事一边上菜，食客笑着听完了故事菜也吃完了。临行前还要用某道菜名奚落一下同桌人。在大连的经理人中，他还是很有特色的。

大连人在努力寻找自己的美食故事，大连菜的故事还是少之又少。大连厨师该卖力了，大连文化名人该做点什么了。

窗外的大连海鲜

海滨城市的人骨子里都挺浪漫，喜欢吃海鲜的人大都有浪漫的情愫。对于大连人来说，大连海鲜远比南方海鲜高档得多，海鲜味道来得更加直接入骨，咸鲜的味道，进入你的胃肠立即变成一种刻骨铭心的长久滋味。多年来喜欢大连海鲜的人越来越多，在全国各地开大连海鲜馆子的人不断增加。

与大连庄河大骨鸡的命运相似，大连海鲜也遇上了“墙里开花墙外香”的瓶颈。近年有不少细心的人发现，大连海鲜馆子在外地逐渐有地位降低、市场缩小的趋势，品位较低的大连家常海鲜馆比较多，有人甚至自问大连海鲜怎么了?

大连海鲜曾随着国内外人士的喜爱，已经在几十年的城市发展中成为一个品牌。提到大连，人们就会垂涎欲滴地想到大连海鲜。当外国专家给予大连海鲜“世界海鲜营养价值最高的纬度海域水产品”赞誉时，大连海鲜就注定了它的营养保健价值具有不可复制海域水产品的世界领先性。

改革开放后，大连酒店经理人和大连大厨们到外地闯荡事业的也多了起来。

刘克忠，在北京、上海和成都餐饮行业漂泊了8年的大连人。1982年，他从酒店服务员做起，到2012年，一晃就是30年。30年的风雨磨砺把他打造成一名中国杰出酒店管理人、中国高级职业经理人、国家高级服务师和国家高级营养师。外地人对大连海鲜的态度，他最有发言权。

他说，从20世纪80年代起，以大连海鲜各种形式的酒店就在北京、上海、天津、哈尔滨、长春、沈阳等全国至少十几个城市相继出现。那时最具代表性的双盛园海鲜在北京一开就是四五家店，天天渔港也成为外地人心中的大连海鲜品牌。发展到2006年，香港也出现了大连牙片鱼馆。当大家都知道其他海域无法相比的大连海鲜独特珍贵的营养价值后，有的饭店老板哪怕卖的是其他海域的海鲜也要挂上大连海鲜的牌子。

他通过实例，把大连海鲜外地市场起伏因素归结为品牌小农意识、品牌意识淡薄和品牌缺少保护。

以北京为例，可以说是小农意识害了大连海鲜外地餐饮市场。大连海鲜餐饮生意刚到北京市时，因为市场缺乏，海鲜成本比较低，做火了很容易。当时各种费用和租金也比较低，每天的利润还是相当可观的。其实此刻正可以将品牌做强做大，而相当一部分目光短浅的商家，却满足于小富即安高枕无忧，说好听点是大连海鲜品牌意识淡薄，严格地说是毫无品牌意识，更别提品牌保护了。当市场需求越来越高、各种成本也"水涨船高"时，一些商家有些撑不住了，档次规模慢慢自己降了下来。而一些外地商人则看准了大连海鲜这块牌子，用大连以外其他海域的海鲜做起了"大连海鲜"，这些"大连海鲜"其中不少是南方海鲜，而南方海鲜由于海域纬度的差异，营养价值与大连海鲜相差甚远。

刘克忠在北京宏景集团管理有限公司曾经干了三年餐饮管理，对北京市场的大连海鲜最为了解。他发现，挂大连海鲜牌子的大大小小饭店至少近百家，而这些大连海鲜饭店大都以"大连海鲜饺子馆"、"大连海鲜家常菜"居多，即使叫大连海鲜店的，所做的菜品也很一般。在这些店里，能常常看到质量较差的红烧大连自发海参、海味全家福、小白菜炖海螺、鲜虾土豆饼、锅贴饼子炖小鱼、大连海鲜面条等，有的甚至伴着低级烧烤。他十分感慨："不懂大连海鲜的外地厨师在北京'祸祸'大连海鲜，懂大连海鲜的大连人在北京不懂得保护大连海鲜品牌，为了眼前利益宁愿用便宜的外地海鲜冒充大连海鲜做到垃圾档次，看着真是心堵啊！"

常年在外的大连餐饮管理人刘克忠

好美食永远四处飘香。

刘守军，大连人，自小喜欢烹饪，初入厨师行业，即刻苦钻研，同时自己不断推陈出新，在继承古法烹调的基础上，精益求精，技艺日渐完善，曾在北京同行盛邀之下，赴京上任，根据自己的心得，创作出一系列精品佳肴，使不少同行纷纷登门拜访，食客交口称赞，各店效益屡创新高。他现在是南京君乐餐饮管理有限公司总经理、法国厨皇会会员和北京西餐行业协会会员。

刘守军在北京的大连海鲜餐饮市场做了几年，觉得做到品位的大连海鲜还是很受北京人喜欢的。他说，东城区鼎香渔港大连海鲜酒店就是范例，开业时用的完全是大连厨师，大连最先进的海鲜时尚餐饮理念也迅速融合进去，大连豪华亮丽的海鲜盘式与出品赢得了大多北京人的认可。开业岁不足一年，生意好的让人羡慕。东城区建国门的金龙大厦海泉湾餐饮公司，也因经营鲍汁扣辽参、生拌活海参、烤大虾、葱油螺片、老醋蜇头、煎溻蛎子等正宗大连海鲜菜，生意兴隆。西城区金润大连海鲜的大连鱼鲜和面条炖黄鱼、崇文门特吉利大连海鲜的大连海鲜真味、丰台区志欣大连海鲜酒店的大连时尚海鲜等，生意都一直火爆。

中国烹饪大师董长作分析说，这几年在北京做大连海参鲍鱼和其他大连海鲜的老板生意一直上扬，北京人对大连海鲜的热情度一直不减，客观上带动了大连海鲜品牌在北京的发展。对做大连海鲜餐饮生意的人来说，这是一个峰回路转的机会。只要不忘大连海鲜这个品牌，时刻想到做好她呵护她保护她，大连海鲜这个品牌就能做强做大。好东西，永远是更多的人想要的。

大连籍名厨刘守军

海鲜水饺做大品牌

好吃不如饺子。饺子好在一口下去有馅有面有汤有味，正餐饱腹酌酒小吃均为好食，一碗饺子就能满足人的胃口。

饺子起源于北方，有2000多年的历史。建安初年，瘟疫流行，长沙太守张仲景辞了官职，告老还乡，决心为百姓治病。正值数九隆冬，看到那些为生存而奔波的穷苦百姓中许多人耳朵都冻烂了，心里更加难受，决心专门舍药为穷人治冻伤。

他在家里南阳东关空地上搭起了医棚，盘上大锅，把羊肉、辣椒和祛寒的药材放在锅里，熬到火候时再把羊肉和药材捞出来切碎，用面皮包成耳朵样子的“娇耳”下锅煮熟，分给治病的穷人，每人一大碗汤、两个“娇耳”，这药就叫“祛寒娇耳汤”。人们吃后，顿觉全身温暖，两耳发热。从冬至起，张仲景天天舍药，直舍到大年三十。乡亲们的耳朵都被他治好了，欢欢喜喜地过了个好年。

第一个在全国做高档海鲜水饺的大连麦花食品集团董事长曲玉珍

海鲜水饺

以后每到冬至，人们就想起张大夫为乡亲治病的情景，也模仿着做“娇耳”的办法，做起了食品。为了区别“娇耳汤”的药方，改称“饺耳”。因叫着别嘴，后来人们就叫它“饺子”了。天长日久，形成了习俗，每到冬至这天，家家都吃饺子。

国家一个新的政策，就能改变一些人和一些产品的命运，食品自然也在其中，当然也包括了饺子。

大连人的饺子，传统上一直是韭菜猪肉馅、白菜猪肉馅、纯牛肉馅和韭菜鸡蛋虾仁馅，改革开放后馅料才多了起来，芹菜饺子、海螺饺子、大虾饺子、荠菜饺子、海菜饺子、香菇饺子、木耳饺子、羊肉饺子等几十种馅料饺子，让人大开眼界，也让做饺子产品的人思路活跃起来。大连麦花海鲜饺子就在这样的背景下，隆重地被推出来了。

大连有麦花、三叶、础明、好利来、棒棰岛、瑞安八珍等十几家重点食品企业，其中麦花规模目前最大。把海鲜饺子做成了品牌，销往国内部分商超，也只有麦花食品了。麦花是大连当地人自己做的一个有半世纪之久的国有老字号食品，随着中国改制的步伐变成了股份制企业。董事长曲玉珍是个食品界能人，把麦花馒头做成了大连市民离不开的天然绿色香味馒头。口感香甜，特别筋道，这是大连市民对麦花馒头的评价。麦花馒头车间和面用的都是纯净水，手工揉制造型，不添加任何防腐剂和增白剂。又香又筋道的口感是因为使用了高档品质面粉。麦花月饼自从曲玉珍当了董事长后，从1996年开始连续16年被国家评为中国名饼。

制作麦花海鲜水饺的起因，和大连海鲜近年备受国内食品业关注有关。一些北方城市对大连海参、鲍鱼、海螺、大虾爱得就差下跪了，你做成什么他们就买什么。这个市场脉搏，被他们一下子号准了。

活海螺水饺选用的是上等无污染的活海螺，上午处理原料下午包。经人工去壳剔除后脑、螺黄后取肉，再用盐揉搓将黏液洗净后拌馅入料。手工制成后立即进入-37～-40℃速冻机速冻成型。活海螺水饺吃起来螺肉鲜味浓郁。鲍鱼水饺是精选上等鲜活的极品大鲍，为保证新鲜度，亲自到海边采集，采集后用海水洗去表面的泥沙及污物。摘除连接的内脏，改刀后入料拌馅，手工包制后立即速冻成型。鲍鱼水饺口感爽滑，鲜香四溢。

大海虾水饺是精选上等大海虾为原料，每个大海虾个头必须是20厘米以上的新鲜大海虾。当天采购后，进行手工扒皮，去虾头等杂物后，只取鲜嫩的虾肉入料拌馅。经手工包制后速冻成型。口感是虾肉纯正，鲜香嫩滑。

每天凌晨，麦花食品的采购人员就会亲赴渔港，带回刚刚打捞上来的活鲍鱼、活海螺、大海虾、辽刺参、活扇贝等优质海鲜，回到工厂后，工人们在低温的车间里现场敲壳取肉、剔除螺脑、螺黄，大海虾剥皮剔线、去头尾，然后在最短的时间内用橄榄油小盆调馅，纯手工包制成型，再经过-39℃左右低温速冻，最终形成制作精良的麦花海鲜水饺。麦花海鲜水饺要保持鲜味，坚决不能用冻品，这是麦花水饺的“核心机密”，如果是冷冻的成品海鲜，吃到嘴里鲜味立即大打折扣。原料中所用的大虾，必须从海边买回厂当天处理，为的就是原汁原浆。

麦花的饺子皮，全部采用手擀工艺；另一方面，馅料也是麦花工人手工切制，橄榄油小盆和馅，这种传统、手工的制作工艺虽然烦琐，效率也比较低，每天制作的数量非常有限，但可以最大限度地保持其传统天然口味。也正是这样的制作工艺，才可以保证麦花的饺子不但味道鲜美，而且个个是咬在嘴里“一包汤”，让每位顾客都找到自己在家里吃海鲜饺子的味道。

流动的海鲜大宴

2011年7月，央视纪录片《舌尖上的中国》编导杨晓清率摄制组在大连长海县獐子岛进行了为期4天的前期拍摄、采访，主要内容作为该纪录片最后一集《我们的田野》中的重头戏，而大连獐子岛海洋牧场则是本集的重点。央视还首次使用高清设备和水下专业设备进行海洋牧场拍摄，这在2000平方公里的獐子岛海洋牧场还是第一次。正如纪录片对大连海洋美食文化的描述：

“中国人说：靠山吃山、靠海吃海。这不仅是一种因地制宜的变通，更是顺应自然的中国式生存之道。从古到今，这个农耕民族精心使用着脚下的每一寸土地，获取食物的活动和非凡智慧，无处不在。

獐子岛，黄海北部一个不足15平方公里的岛屿，却因为海域里的物产富甲一方。碧波之下，生存着一个兴旺的群体。被中国人视为海中珍品的海参、鲍鱼、海胆等无脊椎动物恰好占据了其中的多数。纯净的水体和活跃的洋流造就了它们非凡的品质。

不同地域的中国人，运用各自智慧，适度、巧妙地利用自然，获得质朴美味的食物。能把对土地的眷恋和对上天的景仰，如此密切系于一心的唯有农耕民族。一位作家这样描述中国人淳朴的生命观：他们在埋头种地和低头吃饭时，总不会忘记抬头看一看天。”

獐子岛在国内外“海鲜大鳄”的中国影响力，在国内一些城市流动的海鲜大宴，是央视这部纪录片创作人员盯上她的主要原因，尤其那令人垂涎的海鲜大宴活动展示。

流动鲜活地展示品牌形象，会加速人们对她的喜欢。

2005年4月19日上午，大连富丽华大酒店，獐子岛渔业集团首创的“中国首届扇贝美食节”轰动了大连，当时的中央电视台《天天饮食》栏目主持人刘仪伟亲自掌勺，主理扇贝美食，迎来了众多好

獐子岛

奇的“品贝客”，掀起一股强劲的喜贝品“鲜”热潮。喜贝不仅仅是开运造福的吉物，更是鲜美可口的海鲜珍品。

扇贝是大连市主要的养殖产品，在国内占有较大优势。长海县虾夷扇贝的产量占中国的90%以上，年产值10多亿元，已经成为带动地区经济发展的主要品种，以獐子岛渔业为代表的一些企业加工的扇贝系列产品，成为出口创汇的重要品种。

“喜贝”的原名叫“虾夷扇贝”。在南方，虾夷扇贝被称作“圆贝”，寓意“团圆美满”，是中秋佳节家人团聚的必备佳肴；雌雄半壳贝搭配摆上婚宴餐桌，被称作“鸳鸯喜贝”。扇贝含有丰富的不饱和脂肪酸，俗称“血管清道夫”。

令人有些遗憾的是，许多大连市民那时候不太了解美味营养的虾夷扇贝，尽管虾夷扇贝大都生长在长海县，基本都用于出口。

2009年9月7日，北纬39°打造出的有国宴海鲜之称的獐子岛原产地原生态海珍产品入驻武汉，中国上市唯一的海洋渔业公司獐子岛首次与武汉餐饮酒店在货源供应上展开战略合作，重点开发活海鲜市场，海鲜当天早上采集，下午就可空运直抵武汉，端上餐桌。武汉也要刮起大连海鲜的鲜活品质风尚。此前，獐子岛在北京、上海、长沙等地已经设点直供海鲜，武汉是其直供的第5站。獐子岛还为武汉市民带来了6款獐子岛海参新吃法：凉拌海参、冰镇海参、酸汤海参、小米炖海参、黑米炖海参、炸酱海参。

2010年9月15日，上海市烹饪协会主办了“獐子岛喜贝美食节（上海）”活动正式拉开帷幕。在这项活动现场，喜欢清淡口味也好，热爱浓烈香味也罢，各道扇贝新菜式让上海人看花了眼。情人扇贝、XO酱炒扇贝、冬瓜扇贝……这一道道全新做法的扇贝菜式在活动各大协办酒店同时现身，等待大家前来品尝。喜贝海鲜文化，铆足了劲。

2010年12月20日，为倡导低碳环保，创新绿色美食，促进扇贝产业沟通发展，由广东烹饪协会主办，《名厨》杂志、名厨网承办，大连獐子岛渔业集团股份有限公司全程独家冠名的“獐子岛圆贝美食节”在广州龙苑酒家隆重举办。这也是继獐子岛圆贝荣获“全国首个碳标志认证食品”以来，第一次亮相羊城。

美食节现场，厨界名流云集，高手过招之间，尽洒恢弘气势。来自广州、深圳两地30位名厨有幸成为了本次比赛的选手。参赛选手现场通过抽签分组，轮番烹饪扇贝创新菜式。最后经过激烈的角逐，来自广州矿泉大可以饭店的陈建志总厨以一道“金香酱烧獐子岛元贝”创新菜品摘得大赛的冠军。此外的二十余道香气四溢、引人垂涎的海鲜美味，陆续被摆上自助餐台。参赛选手首次推出的“珠联璧合”、“元宝满

尚凯军

仓”、“圣诞钻光”等喜宴类扇贝创新菜品，让与会嘉宾尽情享受了一场别出心裁的海珍味觉之旅，现场大厨回到各自酒店，将这些贴合喜宴、年节等实际需求的菜品加入酒店菜谱。

早已上市的獐子岛渔业硕果累累，各地城市流动海鲜大宴活动的举办功不可没。獐子岛渔业集团董事长吴厚刚的观点是，流动海鲜大宴活动是一个鲜活的广告，对不了解大连海鲜的人会印象加深地了解大连海鲜的鲜美度和营养度，从而以不同的速度与形式爱上大连海鲜。

每年大连酒店与其他城市酒店举办的“大连海鲜美食节”活动，是另一种流动海鲜大宴的展示。尚凯军，大连泰达美爵酒店行政总厨。他在把大连海鲜做到精致诱人的同时，与几个城市的酒店厨师长有着很好的合作往来。一年下来，在外地酒店与人合作举办的“大连海鲜美食节”不下八九次。有时是小海鲜美食节，有时是极品海鲜美食节，有时是大连鱼鲜美食节，有时是贝类海鲜美食节，横向纵向，由表及里，把大连海鲜展示得淋漓尽致。尚凯军的十几道自创的大连海鲜菜，在外地一些酒店成为名副其实的原装大连海鲜菜。

“大连海鲜在全国响当当，靠实力、靠宣传、靠交流，光有实力没有宣传和交流，也难做好。”董长作大师伸出拇指，“长海县给大连海鲜长了脸，獐子岛就是大连海鲜活广告，外地搞的‘大连海鲜美食节’是另一个活动广告。”

“你可以当策划大师了。”我开起玩笑。

“不过现在的大连海鲜变化大了。”

“变得是好是坏？”我疑惑起来。

大连味在融合

阿贤粤菜的“早恋”

融合美食，亦称“无国界料理”，当2006年巴黎、纽约、伦敦和悉尼刮起的这股时髦饮食旋风从欧洲飞向世界各地时，意味着全球融合美食时代的开始。中国的上海和北京，是最早卷入融合菜旋风中的两个城市。

将世界各地不同菜式的食材、香料和烹饪技术加以创新性地融合，或向本地菜式中引入异国风味，务求打破种族与地域界限，天下美食共冶一炉——“融合美食”的基本精神“东西碰撞”，在美食文化上走向多元。这个多元融合理念，有点像中国最早出现的美食典故“火锅”概念，万人在一个大鼎火锅里共涮、任何食材都可以下锅的天下美食。印度泥炉烧烤比萨，酸橘汁腌鱼配柠檬香草，后殖民时代的高蹈理论没有这样的甘美滋味。美食家觉得这场以“融合”为旗帜的烹饪革命，更可能源自一种单纯的冲动——让食物更有趣，烹饪更好玩。我却以为，融合美食也在顺应“合久必分，分久必合”的螺

大连最早的粤菜馆——阿贤粤菜如今变成了名车坊

旋式轮回上升的生活逻辑。

另外，我认为中国的“迷踪菜”也是融合美食，比西欧人要早很多年。“迷踪菜”相传起于清嘉靖年间。清嘉靖末年，战乱四起，嘉靖皇帝愁容满面，长吁短叹，茶饭不思。时有一祖籍河南的御厨，突发奇想：既然各大菜系均不如龙意，我不如采众家之长，融入一炉，取菜之原汁、原味、浓香、醇厚之特点，做几个菜肴作为代表献于皇上。菜做好献于皇上，嘉靖皇帝吃后赞不绝口，龙颜大悦。当皇帝知道此菜无名后，性情大发御赐“迷踪菜”以表赞赏。此后，“迷踪菜”声名大噪，一直流传到清朝末年。八国联军进军攻陷京师后，该御厨归隐民间，从此藏于民间。至上世纪90年代，北京及南方一些城市“迷踪菜”再度兴起，杭州一度更是“迷踪”美味尘嚣至上。杭州烹饪大师胡宗英提出现代“迷踪菜”餐饮理念，杭州一些“迷踪菜”馆将其做的风生水起，堂哉皇哉，至今回忆起来还有些白头宫女追思玄宗天宝当年的盛世感慨。

鲁、粤、川、苏是中国最早的四大菜系，传统上鲁菜代表官府菜，粤菜代表商务菜，川菜代表百姓菜，苏菜代表文人菜。而在中国广袤富饶的南方大地，最重要的菜莫过于粤菜了。粤菜发源于岭南，以广州、潮州、东江三种地方菜为主，是我国“四大菜系”和“八大菜系”著名菜系之一，在国内外享有盛誉。粤菜集南海、番禺、东莞、顺德、中山等地方风味的特色，兼京、苏、扬、杭等外省菜以及西菜之所长，融为一体，自成一家，味道讲究清、鲜、爽，口感偏重滑、嫩、脆，调味遍及酸、甜、苦、辣、咸、鲜，类型有香、酥、脆、肥、浓之别，早在两千年前西汉人所著的《淮南子》一书中，就有“越人得蚺蛇以为上肴”的记载。粤菜夏秋力求清淡，冬春偏重浓醇，尤其擅长小炒，以烹制海鲜见长，汤菜最具特色，刀工精巧，口味清纯，注意保持主料原有的鲜味，有独特的乡土风味。北方菜和南方菜相比，有时略显粗糙。对和南方同样生活逐渐富裕了的中国北方来说，追寻精致的粤菜兴趣就自然多了起来。于是，20世纪80年代末期，大连街头开始出现粤菜馆。

1992年6月18日，在大连商检大厦身后的中山区兴和街5号，出现了大连第一家粤菜馆——阿贤粤菜。大连人刘远贵在大连餐饮史上首次请来了广东厨师，白灼虾、鸳鸯膏蟹、卤水拼盘、生菜龙虾、潮州牛肉丸、砂锅粥、薄皮鲜虾饺、叉烧包、蟹黄包、糯米鸡、盐焗鸡、葱姜炒蟹、香芋扣肉、烤乳猪等一批粤菜，让大连人开了眼界。广东人把当地的龙虾、膏蟹、卤水、红花蟹等食材空运赶到大连，当晚就上了餐桌。吃腻了鲁菜的大连人感觉到粤菜那个新鲜哪，三五成群地往这家粤菜馆钻，生怕没了位置。

粤菜在大连初来乍到，买卖挺火，让另一位大连人李永夫看在眼里。他一想，自己何不也开一个粤菜馆。于是在阿贤粤菜做了半年左右于1992年夏天，他选中了更具人气的七一街市公安局中山分局旁边的热闹处，开起了阿福粤菜馆。

这个李永夫后来很了不起，他和当年锐气很足的于东升、曲涛合作开了一家大连著名的中餐馆太阳城，“新的生活，每天从太阳城开始”的广告语被大连人传为佳句。大连第一家宵夜——太阳城宵夜，是他们三人谋划的，做得非常成功。大连第一家JJ迪斯高、大连第一个海鲜餐饮超市酒店——新东方大酒店（现渔人码头），都是他一手策划做出来的，当年在大连影响很大。

当时两家粤菜馆大有你追我赶的竞争气氛，把大连粤菜风潮掀了起来。

后来在大连其他区域，也有粤菜馆零星开办起来。

大连海鲜与粤菜的融合，是从阿贤粤菜和阿福粤菜开始的。那时的大连，常用蒜蓉、煲汤、清蒸、小炒来做粤菜。大连人无论遇上什么好吃的菜，满足了一阵后还是离不开自己家乡的海鲜。老板希望广东厨师拿出办法，把大连海鲜融入到菜肴中去。广东厨师绞尽脑汁，试着用粤菜烹饪方法做起大连海鲜来。南方人喜欢用酱油加姜丝葱丝清蒸，这种方法做出来的清蒸鲍鱼、清蒸黄鱼、清蒸黑鱼、清蒸时蔬、清蒸蛏子、清蒸海螺等粤式清蒸大连海鲜，就这样流行起来了。南方的白灼虾很有名，一般是白灼当地的清鲜小河虾。广东厨师把大连的海虾和基围虾进行白灼，配上掐菜，蘸着白醋酱油吃，口感很是清爽。蒜蓉夏夷贝和蒜蓉大海虾，也是那个时候在大连冒出来的，阿贤粤菜和阿福粤菜厨师用粤菜的蒜蓉烹饪方法，在大连海虾和扇贝上做实验，品尝后口感很妙。小炒是粤菜的常见烹制法，用小炒来烹制大连小海鲜，效果出奇地不错。大连的海参和甲鱼，运用了粤菜的煲汤方法后，滋味鲜浓，大补养生的感觉挺好。有人说，大连这两家粤菜馆是融合了大连海鲜才越做生意越好。更多的人认为，这是历史上大连粤菜与大连海鲜的一次“早恋”，注定了大连海鲜从此进入了融合时代。

阿贤粤菜与阿福粤菜的出现，也给大连本地大厨们带来了大连海鲜食材改良的思考。大连街头目前流行的一道葱油螺片，就是新海味大厨兼老板林波1992年创意的。那一年，“鲜鲍拜龙虾”这道菜让他手捧首届世界中国烹饪大赛金奖刚刚回到大连，电视台请他在节目中做一道物美价廉、操作方便、时尚风味的地方菜，他便做了这道“葱油螺片”，在电视上播出后受到多家酒店的效仿。他就是受了大连两家粤菜小炒的启发，加了粤菜常用的葱丝和姜丝做出来的。他说，他还把粤菜的白灼虾做了新的改造，把掐菜蒸熟铺底，上铺白灼海虾，撒上葱丝和姜丝，浇上海鲜汁，口味比较清新。

从阿贤粤菜与阿福粤菜开始，大连海鲜老菜与各种菜系悄无声息地调和起来。

刘远贵的阿贤粤菜做了5年后，1996年又到普兰店市拓展自己的餐饮生意。在那里，他关闭了阿贤粤菜后开了一家香港娱乐城。2008年又回到大连，在体育场东侧重新开起了阿贤粤菜。2011年体育场动迁被拆，他的阿贤粤菜也再度歇息。

阿福粤菜在中山公安分局旁做了5年后，李永夫转投到正在筹建打造的JJ迪斯高娱乐城上去了。那家店连续火了好几年，是年轻人最喜欢放松的夜场去处。

五星级酒店在干什么？

文明，是从五星级酒店开始的。我一直相信，一个城市的五星级酒店越多，文明的程度相对越高。我不敢想象一个没有五星级酒店的城市会是一种怎样的文明环境状况。

1988年8月28日，注定是大连酒店业一个吉祥如意的日子。东北第一家五星级酒店在大连繁华的人民路中段诞生了，“富丽华大酒店”这个名字，从此印在了大连几代人的脑海之中。就是这个名字，给大连人带来了真正的文明生活，这种带来，是静悄悄的，细雨润无声的。一位经常随地吐痰的大连普兰店暴发户在富丽华大酒店住了一夜后，给酒店写来了一封长信。他在信中说，当他看到富丽华的服务员不声不响地弯腰将他在酒店大堂随地吐的痰用餐巾纸擦净拾起朝他微笑的时候，他人生第一次感到了羞愧万分。回到家后，他坚持改掉了随地吐痰的习惯，连他自己都感到吃惊。

之后的陆续十几年里，香格里拉大饭店、日航饭店、瑞诗酒店、凯宾斯基饭店、新世界酒店、洲际国际酒店、百年汇豪生酒店、万达希尔顿酒店、万达康莱德酒店等大连五星级酒店一家家雨后春笋一样拔地而起。与南方相比，大连的五星级酒店数量并不起眼。但在东北三省，大连这样一个如今有着十几家五星级酒店的海滨中等城市，还是十分显眼的，更何况，2012年建成的万达康莱德酒店与海南康莱德酒店，是目前中国顶级的两家六星级酒店。

五星级酒店餐饮一般都十分豪华，

吴立新是大连五星级酒店管理者的典型代表

规模庞大，人员众多，厨艺出色，最适合举办各种美食节，是国内外美食交流最好的平台。正是这种多元化的餐饮交流，城市菜谱变得越发琳琅满目、丰满多彩起来。

吴立新，在大连富丽华大酒店有着23年五星级酒店餐饮管理经历的酒店高级经理人。眼下，他是大连日航饭店董事长。在富丽华大酒店做餐饮总监时，他就主张多举办美食节，大连海鲜到国内外各地风味的美食节，是他一贯强调的理念。他还提出，让外地厨师来大连办美食节时，也来烹制大连海鲜。

五星级酒店的自助餐展台，是一桌世界菜系大融合的宴席。这桌宴席是旋转的，流动的，不断添加取舍的：忽而大连海鲜被做成了马来味道，海鲜大菜是香辣的娘惹酱做出来的，鲜味中带着香辣的味觉，用加入罗望子、月桂叶和香芋等原材料的马来咖喱来烹调大连海鲜，那就是一口串了味儿的酱香甜辣的另类海鲜；忽而大连海鲜部分鱼类和贝类海鲜变成了日本料理，黄鱼、黑鱼、牙片鱼、海螺片、活蚆蛸、夏夷贝都可以蘸着辣根生吃，就像进了日本料理店；忽而大连海鲜中冒出了川味海鲜，用大连海鲜做出的麻辣虾蟹色泽鲜亮，皮酥肉嫩，麻辣鲜香，营养丰富。端来几只麻辣海虾，细嫩香滑的肉质与特有的辣椒共拼，色泽诱人，留得满嘴清香。川式吃法剁椒扇贝、干煸冬蟹、椒盐基围虾等等，川厨们一改海鲜清蒸白灼等比较寡淡的做法，将川式烹法巧妙运用其中，可以烹出川菜24例味型中的任意一种，而干烧海鲜则给大连海鲜食客留下了麻辣鲜香的回味……曾经一直在五星级酒店负责餐饮的吴立新，这些年来做了法国、美国、印度尼西亚、马来西亚、日本、泰国等十几个国家和台湾、香港、澳门、四川、云南、上海等几十个中国省市至少150多次异国他乡主题的美食节。每次举办的美食节，回头率高的海鲜新吃法统统被留在了酒店的菜单里。

2007年融合美食之风刮到了沿海城市大连，特别是在五星级酒店，整个五星餐饮形成了“采多家之长”的风气。其中，国内厨师还从自己的经验和技术出发，增添了很多有中国特色的融合菜，你也说不清是什么流派和风格。

吴立新告诉我，“融合”从某种意义上就是“混搭”，对中餐厨师来说，融合菜更重要的就是让厨师来学习“中菜西做，他为我用”，不断从国内外的烹饪中发掘新原料、新调料、新厨艺，创造出属于自己独特的菜肴烹饪方式，同时遵循“中餐为主，西餐为辅”的原则。其实，中国厨师对“融合菜”不该陌生，每个成熟的菜系中都能看到融合的影子，比如北京菜既来源于鲁菜和东北菜，又形成了独特的“京菜”派系。台湾菜也是融合菜的成果，它的烹饪手法整合了闽菜和粤菜之长。

北京、上海、广州是中国的大城市，外国人多，有海外生活经历的中国人也多，他们是融合菜的主要消费人群毫无疑问。但是，发展到今天的融合菜因为抛弃了中餐油腻多盐等缺陷，吸纳了西餐营养丰富、形色美观等优点，所

富丽华大酒店

以已经迎合了现代所有人的生活观念。

曾有一份调查显示：在北京有80%的外企员工喜欢融合口味；在上海62.5%的白领吃过融合菜；广州则有35%的公司职员每个月都要尝试一道融合菜肴，吃融合菜已成为城市的风向标。人们喜欢有明显的道理：融合菜口感新颖，味道独特，摆盘和装饰漂亮，每款菜肴都有一种新鲜的感觉，值得期待。

西餐时代

西餐是最标准的“融合菜”，相信我这个说法没有人能反驳。

西餐这个词是由它特定的地理位置特点所决定的。我们通常所说的西餐不仅包括西欧国家的饮食菜肴，同时还包括东欧、美洲、大洋洲、中亚、南亚次大陆以及非洲等地的饮食。西餐大致可分为欧美式和俄式两大菜系。欧美菜系主要包括英、法、美、意菜以及少量的西班牙、葡萄牙、荷兰等地方菜。有人把古希腊烹饪归于西餐之源不无道理，古希腊的主要食物和烹调方法直接长期地影响着西方许多国家的饮食烹饪习惯，荷马史诗《伊利亚特》和《奥德赛》就有过详细的描写。从一些出土文物的分析线索来看，希腊人的饮食状况、食物食材、烹调技术、正餐与宴会的布置，和今天西欧国家饮食宴会的习惯非常相似。西餐一般以刀叉为餐具，以面包为主食，多以长形桌台为台形。西餐的特点，就是不断与各国食材与厨艺的融合。

提到融合菜我们就必然要先来认识一下西餐的食材，使用新食材实为融合的第一步。西餐最具有代表性的算法餐了，而法餐中最著名的食材当属鹅肝、蜗牛、生蚝等高档食材。挪威三文鱼、新西兰羊小排、阿拉斯加鳕鱼、澳洲牛排等也都是享誉全球的高档食材。随着全球贸易、物流的便捷，这些食材也源源不断地被引到中国，配送到每个重要城市。在中国各大中城市，现在可以很方便地采购到各种世界知名食材。引进需要的各国食材，就成为融合菜的第一步。

有了好的食材还要出色的佐料才能达到形神兼备。与中餐不同，西餐常常加各种香草、奶酪和红酒入菜。融合菜可以大胆地借鉴西式佐料，比如用红酒代替绍酒烹制肉食，虽然只是简单的变化但会丰富菜品的颜色和口感，使整个菜肴品尝起来大变模样，新奇生动。

西餐中的各种香料也是用途广泛，比如迷迭香、百里香、罗勒、鼠尾草、他力根等，而且现在都有现成的干香料供厨师大显身手。所以添加一些新的西式佐料，也是体现融合带来口味变化的重要技巧之一。

广州的太平馆，是中国第一家西餐馆，开设于1885年，标志着西餐正式登入中国。1897年，上海最古老的西餐厅德大西餐社在当时已经很有名了。北京的起士林是中国第一家极有影响的西餐厅，于1901年开业，到现在已经有100多年的历史了。西餐在中国从最早的“住宅菜”、“洋人饭店中的西餐厅”、中国商人经营的“番菜馆(20世纪初期)”，已发展到今天社会上众多的“西餐厅”、各大涉外宾馆、饭店的“西餐厅”。

史料记载，1945年8月8日，苏联对日宣战。9日，百万苏联红军分四路对驻东北日军展开全面进攻，先后解放了牡丹江、密山、吉林、珲春、延吉、佳木斯、嫩江、长春、沈阳、齐齐哈尔、大连、旅顺、锦州、承德等大中城市。1945年8月14日订立的《中苏友好同盟条约》贯彻了雅尔塔会议期间达成的秘密协议。在中苏签订的《关于大连之协定》、《关于旅顺口之协定》等几份文件规定，大连为自由港，对各国贸易及航运一律开放，中国将所有港口工事及设备之一半，无偿租给苏联，租期30年，其余一半由中国留用。旅顺港为中苏两国共同使用之海军基地，仅供两国军舰及商船使用，在规定的基地范围内，苏联有权驻扎陆海空军。所以，大连像模像样的西餐是从俄餐开始的。

20世纪50年代初，大连天津街百货公司三楼出现了西餐厅，主营俄式西餐，服务员和厨师大半都是旅顺口过来的，因为苏联红军当时就驻扎在旅顺口，他们习惯了吃俄餐，就把俄餐带到了旅顺的苏军军营，在那里调教出了一些俄餐厨师和西餐服务员。

“文革”前后，在天津街老文物店旁当时的交通旅社，开了一家红旗饭店，里面也做过西餐，不是很正宗，时间不长就夭折了。

20世纪80年代末，在民主广场电车站旁的一栋小楼，又出现了一家有俄罗斯女服务员的俄罗斯餐厅，做的还是俄餐。大概过了五六年，这家餐厅也销声匿迹了。

2005年9月16日，在大连市中山区公安分局旁边，开业了一家西餐馆——红馆西餐。业主马绍德这个名字你可能不太熟悉，但提起哈尔滨市波特曼西餐厅，你就不会陌生了。马绍德正是波特曼西餐厅的股东之一。看到大连浪漫时尚的城市环境资源，他将资金转投到大连，花了500多万元，设计装修了大连当时最为豪华时尚最具规模的四层楼红馆西餐，主要经营俄式大餐和法式大餐。据当时的店面经理邢红云回忆，那时市内不少有身份的人经常来到这里宴请聚会，吃西餐的派头和动作都是标准的。当时的罐焖牛肉、罐焖虾等俄式菜和鹅肝、蜗牛、牛排等法式菜，卖得相当馋人。而大部分讲究面子的大连人，因当时不懂西餐吃法，怕丢面子，迟迟疑疑不敢走进来。因为这种文化差异，马绍德又不想随波逐流把西餐做烂，只好在成本很高利润很低的背景下，不得不于2007年1月17日关门歇业。改革开放以来大连经营的最正宗时尚最具有规模和品位的西餐厅，就这样消失了。邢红云每次想到这件事，就会一声叹息，太可惜了，搁在现在一定会生意很好，现在的大连人西餐意识已经很棒了。

目前在开发区有一家基辅餐厅，这个店是11年老店了，北京和三亚都有分店，里面的墙上全是俄国将领的老照片和各种勋章军服的点缀，西餐主打当然是俄菜为主的西餐大菜。

对大连西餐有影响的人物尚远新

大连人真正接受欧美西餐，是从富丽华大酒店开始的。大连当下的西餐代表人物叫尚远新，是富丽华大酒店西餐总厨。1986年6月，富丽华大酒店还没有开业时，他就来到这里的西餐厅，直到今天也没有挪动地方。在大连西餐界，人们总会把大连西餐和尚远新的名字联系在一起。国家西餐行业重视尚远新，是认为他把大连海鲜恰到好处地与西餐融为一体，做出了在全国都可以叫好的大连海鲜食材西餐。

大连绝佳的海鲜食材，成就了富丽华大酒店的西餐知名度。随着尚远新的大连海鲜西餐菜品在国内频频获得大奖，富丽华西餐厅的生意也越来越好。在连续几届的中国西餐文化节上，他的菜品“海胆大虾黑鱼子酱沙拉”、“芝士焗鲍鱼”、“番茄海鲜酱缠丝大海虾”、“黑松露风干火腿银鳕鱼”等西餐大菜，都获得了中国西餐金奖。他善于用海藻类汁、柠檬汁、菌类汁、时蔬汁、红白葡萄酒和香草等来烹制西餐，十分迎合现代人健康养生的追求。

中国西餐权威、北京贵宾楼西餐总厨韩少利老先生对尚远新曾这样评价：尚远新是把中国海鲜好食材——大连海鲜融入到西餐目前效果最好的一位，他的这些获奖菜在此之前的中国西餐界，都是没有出现过的，说他是大连海鲜中国西餐第一人，实不为过。

2011年秋天，曾经获得过法国厨皇蓝带勋章的尚远新当选了中国餐饮行业西餐专业委员会副秘书长，是全国西餐业7位副秘书长之一，他还当选了国家一级西餐评委和裁判员、国际烹饪艺术大师和辽宁省餐饮行业协会西餐专业委员会主任。同年底，大连西餐专业委员会成立，尚远新任会长。

1987年就来到富丽华大酒店后来成为西餐厨师长的唐胜斌的西餐创新菜也很有特点，在全市西餐创新方面算是出类拔萃的一个。多年在炉头上挥勺舞蹈的他，西餐创新是他多年的追求。他的“香草煎虾”等菜品都获过全国西餐大赛金奖，尚远新认为他是把西餐创新做得比较超前的大连西餐人。

大连西餐专业委员会几位副会长，也是清一色的中青年实力派：富丽华大酒店西餐厨师长唐胜斌精美创新西餐和他指导下的面包“发棒”在大连屈指可数，香格里拉大饭店西餐总厨唐瑛德功力厚实，海昌集团餐饮总监金军是掌控西餐大席面的高手，百年汇豪生西餐总厨张楠时尚西餐绝对一流，秘书长宋涛是中国烘焙领域的权威人物，副秘书长泰达美爵酒店西餐总厨周魁把西餐厅生意做得比较兴旺，副秘书长日航饭店西餐总厨于海刚做精准消费西餐十分在行……随着大连这座海滨城市更加浪漫和时尚化，大连西餐正在风尚迷人的融合中走向成熟。

红酒来了

世界上所有浪漫的城市都离不开红酒，大连近年来也在这方面开始觉醒。

大连这座城市和欧洲一些海滨城市十分相像：港口贸易繁荣昌盛，大海把世界各地的时尚信息美味物品带了进来，包括文化艺术，足够你来风风火火或是慢条斯理地消化。她和波尔多、马赛、勒阿佛尔这些法国的港口城市，有

喝红酒在大连已成时尚

着异曲同工之妙。

法国有一座美丽丰饶的港口城市波尔多，中世纪古堡的尖角自城内密林中探出，在和煦暖暖的常年阳光眷恋下，不停地散发出幽深而浪漫的伯爵气质。雨果说："这是一座奇特的城市，原始的，也许还是独特的。"这里有最适宜葡萄生长的气候，绕着世界著名左岸多情的水域，是闻名世界的五大葡萄酒庄。如果你有机会摇上一支小船，慢慢随着加伦河水流动的走向，就会缓缓深入这片世界美酒之乡的怀抱，去感受醇正的酒香在空气中酝酿的情调。多年以后可能没有人会想到，浸润在这座城市的红酒，会随着法国人的味蕾，一同飘向了世界另一个幽深而浪漫的港口城市——世界东方的中国大连。

大连人有这样一种性格：一种时尚的东西一旦被人蜂拥地喜欢，就会不顾一切地去尝试它，不管这是不是有可能被戴上"盲目、虚荣、无知"帽子的危险。"的确良裤子、苞米面肚子"的大连人自我标签，可以让我们揣摩到他们正在被人考量的矛盾心理。

大连西南路有一家私人会所，叫鸿宾楼，2008年发生过这样一件事：会所推出的99999元的春节除夕大餐，不但被人埋单吃掉，还卖出了一瓶据说是1982年的法国拉菲红酒。那瓶红酒，就是近7万元人民币。我当时不太相信这是真的，亲自去会所问了几个服务员，他们一口咬定没错。我如入五里雾中，半天没有反应过来。我想，可能自己变成井底之蛙了。我还是怀疑他们是否在进行炒作。那些日子，街头巷尾的人也在议论这件事，大都感叹现在有钱人太多了，不知该怎么花了。

到了2010年，这家会所在市场竞争中运作愈加艰难，后来与旁边自己的子店鸿宾楼菜馆合为一体，又做回了家常菜馆，生意蛮不错的。不太适宜的会所位置和高端消费，让他们真的经营很累。那瓶卖出去的天价红酒和除夕大餐，只能成了美好的记忆。

真是无独有偶，2010年夏天，《大连晚报》也爆出一条猛料消息：两位男士在星海湾一家豪华海鲜酒店花了11万余元钱吃了一顿午餐，结账的时候，埋单的那位汗珠子噼里啪啦掉下来了。点菜点酒的时候，他只顾照档次最高的菜肴和酒水点，没有问过服务员价格，可能怕掉价吧。某些大连人的虚荣心再次抽风。账单上除了3万多元的菜肴外，就是那瓶近8万元的拉菲红酒。且不说两个人食用的菜肴天价消费令人惊心动魄，这一瓶据说不知真假的20世纪80年代的拉菲红酒就勾画出了一些中国人对洋酒的过度甚至盲目崇拜的抽象面孔。

我曾经仔细问过法国卡斯特红酒中国总经理毕杜维先生，拉菲红酒是否世界红酒第一，法国佬很认真地说，在法国波尔多五大著名葡萄酒庄园，好品牌的红酒何止几款。一九八几年的法国年份红酒储存量很少，在世界上也不多见，不太可能如此繁多地出现在大连这样一个中国的中等城市。

尽管如此，大连人对红酒的认可热情已是爱屋及乌踌躇满志。

2012年7月12日晚上，在亚洲最大的休闲广场流光溢彩的星海湾，中国历史上第一个国家级红酒节——首届中国大连国际葡萄酒美食节隆重启幕，大连市领导与中外嘉宾和市民游客举杯相庆，在清爽的海风中迎来又一个城市节日。中国轻工业联合会会长步正发、国家旅游局副局长王志发、中国轻工业联合会副会长陶小年、法国驻沈阳领事馆总领事孔颂龙和大连市长及各级领导共同出席了开幕式。首届红酒节汇集了来

如今时尚交流的场合永远离不开红酒相伴

自世界各地的240余家酒商、50余家美食展商参节，来参加红酒展示与合作的法国波尔多地区红酒庄园占了酒商近三分之一。主题为“品世界美酒、尝大连海鲜、游滨城美景”的活动，在5天时间里陆续举办了“大连主题推广日”、“法国文化推广日”、“红酒行业开放日”、“中外葡萄酒学术交流”、“世界名酒拍卖会”等20余项专业经贸及大众参与活动。

时任大连市长李万才说，大连有世界上最好的海鲜，但原味海鲜中少许的腥味会影响整体鲜味的口感，搭配葡萄酒就起到了决定性的作用。好的配酒策略，不仅可以将原味海鲜的鲜字全部激发出来，还能很好地融合海鲜中其他矿物质的特殊味道。大连拥有发展葡萄酒产业、建设世界葡萄酒贸易集散地的天然优势。得天独厚的气候和自然环境、现代化的港口集群、高效便捷的商品进出口服务体系，为世界葡萄酒贸易提供了最为优越的条件。目前，大连的“国际红酒产业园”、“红酒小镇”、“红酒博物馆”等项目已经全面启动，国际红酒商品交易所也即将在保税港区设立，大连的红酒事业已经彰显出勃勃生机，未来发展前景将更加广阔。

在2012年3月29日的北京人民大会堂，由大连海昌集团牵头发起的首届中国大连国际葡萄酒美食节的新闻发布会现场，我问法国波尔多工商会主席高盖，怎样评价即将举办的大连红酒节。高盖说，大连这座不冻港口城市，和法国波尔多有不少相似之处，城市到处充满了浪漫时尚气息，红酒一定会满城香溢，对波尔多与大连的合作前景，他信心满满。

女人迷上了面包西点

贾宝玉说，女人是水做的。我发现，女人的灵感魔方来自烘焙散发出来的面香。也怪了，女人一旦爱上了烘焙，就不像一般的家庭主妇了，仿佛一夜间都成了清朝糕点大师董小宛和肖美人，弥香面舞的得意样子与先前真是判若云泥。

大连自制美食成为一种流行，女士尤显风行自如，算是一道风景，没有辜负浪漫大连的美名。

2011年，大连一位暂时赋闲在家的任允兰女士，利用休闲时间在家做起了烤面包。自从买了烤面包机后，几乎每天都不闲着，面包烤得越来越专业，看着像一些艺术品。几位好朋友羡慕赞美她的制作技艺，她大方地把自己的“艺术品”送给大家品赏。看着家人与朋友喜欢得合不拢嘴的样子，她心里高兴极了，一些烦恼事也淡忘了。

任允兰女士的想法代表了相当一部分大连主妇的心声。无心插柳，她的烤面包质量越来越好。大连市一位国家级专业评委和烘焙大师尚远新欣赏后认为，她的作品再完善一下，完全可以跟专业烘焙厨师媲美。

找她做烤面包和蛋糕的人也逐渐增多。因为她做的食品没有任何添加剂、防腐剂、甜蜜剂和色素，完全是面的纯香味道。

喜欢上家庭自制美食，对任允兰女士来说也有几分无奈。一开始她也喜欢到商场超市买方便现成的食品，省时省力。可是后来她发现，市场有一些食品让人有些不放心，在网上她看了多个曝光食品安全的帖子，有的食品全是超量添加剂、色素、甜蜜

像任允兰如此喜欢烘焙的大连女士非常多

剂甚至有害成分。为了家人的健康，她决定自己能做的，就尽可能自己做，将自制烘焙美食进行到底。大连相当一批流行家庭自制美食的主妇，或多或少都有她这种感受。

2012年7月24日，她饶有兴致地参加了《大连晚报》、大连市旅游协会和华润雪花啤酒（大连）有限公司举办的大连“18大菜王”评比活动。她做梦没有想到，参赛的蛋糕作品“蓝莓芝士慕斯蛋糕”竟然获得了“大连蛋糕王”金奖。报纸电视一报道，居然成了一阵小小的名人。如今，她在烘焙厨艺上学得更加疯狂了。

烘焙界大连真的有中国高手，大连良运大酒店西餐总厨宋涛，是中国顶级烘焙大师曹继桐的弟子，也是中国餐饮行业协会西餐专业委员会委员、国家级评委和中国烘焙俱乐部主办的权威杂志《焙棒》副主编，而且还是劳动部中国烘焙教材修改大纲四人专家组组长呢，够范儿吧？他的弟子早在2006年，就拿到了中国蛋糕金奖。每年都会有一批批四面八方的人来到良运大酒店，找他要学烘焙，他常常应顾不暇。

宋涛对烘焙历史自然了如指掌。他说，现代烘焙食品工业的奠基人是古代埃及人。埃及人最早发现并采用了发酵的方法来制作烘焙食品——面包的，当时古埃及人已知道用谷物制作各种食品，例如将捣碎的小麦粉掺水和马铃薯及盐拌在一起调制成面团，然后放在土窑内烘烤，剩余下来的面团自然地利用了空气中的野生酵母产生了发酵，人们用这些剩余的发酵面团制作食品时惊奇地发现，松软而有弹性的面包诞生了。埃及人利用炉内余热烤熟的面包风味纯正，香气浓郁，这种工艺也一直流传至今。

烘焙食品后来传到了希腊。希腊人将烤炉改为圆拱式，上部的空气孔筑得更小而内部容积则增大，使炉内保温性更好。他们在制品中加入了牛奶、奶油、奶酪和蜂蜜，改善了制品的品质和风味。后来，这个技术又传到了罗马，罗马人又将烤炉筑得更大，面包在进炉前需要用木板伸入炉内，将其直接放在隔层上烘烤，待烤熟后再用木板取出，用这种工艺烤出的面包口味更香。

19世纪初，烘焙技术传到了中国。最初制品品种简单，产量低，生产周期长。改革开放前，面包的生产都还很不普及，只集中在大中城市生产，农村、乡镇几乎没有烘焙制品的生产。改革开放后，中国烘焙行业发生了突飞猛进的变化，全国城乡各地制品的品种繁多花色各异，产品质量不断提高，生产设备

大连烘焙权威宋涛

日益更新，新的原材料也层出不穷，面包烤的数量也大量地增加了。

大连烘焙，是在改革开放后的几家五星级酒店开始出现的。现在，大连大小规模的面包房有400家左右，各个饼房生日蛋糕、面包、西点、中点、月饼、冰品已覆盖了大连的烘焙企业，好利来、思味特、爱伦连锁饼房企业占据了大连烘焙市场的主导地位。而富丽华大酒店、香格里拉大饭店、良运大酒店、85℃、精点味道、面包新语、米洛克等抢占了大连烘焙的高端市场，尽管如此，烘焙市场的营销定位、技术支持和人才缺失就目前还是存在一定的问题。

他认为，女人迷上面包西点是社会物质生活飞跃使然。生活富裕了，有了休闲的城市女人爱上烘焙顺其自然。以家庭主妇为主要学员的大连各种烘焙培训班眼下很多，质量较高与良莠不分有时错落无序，烹饪专业学校的烘焙专业也在几倍加大，女人自身的香味与创造美食的香味让女人坚信这两种东西可以拴住老公的胃，各种压力下的女人心态令人同情和理解。真是这一切，才火了烘焙爱好培训业。

“我们可以把大连女人爱上面包西点称为任允兰现象。”我想起了董长作大师曾把国人喜欢大连海鲜称作“大连海鲜现象”。

“这是一个好现象，大连女人如果都是烘焙高手，那不也成了顺德厨娘——成了大连又一个城市美食品牌形象了吗？”宋涛笑得有点眉飞色舞。

蟹子楼有多少蟹子？

郑板桥任潍县知县时，曾拒绝出城迎接一位“捐班出身，光买官的钱，就足够抬一轿子，肚里却没有一点真才实学”的知府大人。知府气得想羞辱他出气，指着一盘河蟹说：“此物横行江河，目中无人，久闻郑大人才气过人，何不以此物为题，吟诗一首，以助酒兴？”

郑板桥已知其意，略一思忖，吟道：

八爪横行四野惊，
双螯舞动威风凌，
孰知腹内空无物，
蘸取姜醋伴酒吟。

知府十分尴尬。

中国人对螃蟹美食最为钟爱，认为它是营养丰富、肉嫩味美的席上佳肴。文人雅士、墨客骚人更是偏爱有加。古书云：“以其横行，则曰螃蟹；以其行声，则曰郭索；以其外骨，则曰介士；

以其内空，则曰无肠。”寥寥数语，便把螃蟹的特性、形状以及别称都尽写出来了。苏轼有云：“不到庐山辜负目，不食螃蟹辜负腹。”螃蟹与庐山相提并论，足见人们对螃蟹爱之深切。

人们常用“第一个吃螃蟹的人”来赞扬一个人敢为天下先的勇气和创造力。据说三皇五帝时，一位叫巴解的勇士被大禹派到江南督查治水，面对沟壑内一堆从未见过且丑陋可怕的“夹人虫”，他果断指挥用热水将其烫死，居然闻到鲜美味道。他干脆大胆品尝，开辟了中国人的食蟹历史，成为世界上第一个吃螃蟹的人。

真正关于“天下第一个吃螃蟹”的史书最早明确记载，只有东汉郭宪撰的《汉武洞冥记》，简称《洞冥记》。其卷三有：“善苑国尝贡一蟹，长九尺，有百足四螯，因名百足蟹。煮其壳胜于黄胶，亦谓之螯胶，胜凤喙之胶也。”善苑国是西域诸国之一，据《太平御览》引用的《岭南异物志》云：“尝有行海得州渚，林木甚茂，乃维舟登崖，系于水旁，半炊而林没于水，其缆忽断，乃得去，详视之，大蟹也。”由此可知，中国人第一次吃的螃蟹，可能是海蟹，而百足蟹也许是海蟹的文学形象。

我国西周时就有关于人们吃蟹酱的记载，世界上第一部《蟹志》写于唐代，这表明中国人普遍食蟹的历史至少也有上千年了。

橙红色的卵块，白璧似的脂膏，软玉般的蟹肉，古往今来多少文人骚

蟹子楼是大连海鲜主题做得最足的一家海鲜家常菜酒店

客为螃蟹的美味吟诗作赋，是有道理的。大连的海蟹种类繁多，最为常见的有飞蟹、赤甲红、花盖蟹等。大连人对蟹子的吃法，多以原汁原味为主。把买来的活蟹洗净，盐水煮或蒸锅蒸，蘸着酱汁，就是一顿鲜透了骨髓的美味蟹子大餐，那滋味就如陆游食蟹之后的感慨："蟹肥暂擘馋涎堕，酒绿初倾老眼明。"再后来，就是把这肥蟹挥刀劈斩剁成块，蘸上淀粉下油锅清炸，再用葱姜丝爆锅快火翻炒，就是一盘大连十分流行的海鲜大菜——姜葱炒蟹。而最早用这种粤菜烹饪方法做大连海蟹的饭店，就是蟹子楼大饭店。

蟹子楼是大连市第一家主题海鲜餐厅。

在大连，人们想要品尝螃蟹的美味，首先想起的就是蟹子楼大饭店。走进店里，在一连串的"大连十大海鲜名店"、"大连菜名店"、"大连百姓最喜爱的饭店"等金光闪闪的牌匾下，那些大大小小的螃蟹让很多慕名而来的食客目不暇接。指甲盖大的小香蟹到几斤重的面包蟹，应有尽有。从2000年蟹子楼大饭店一开业，就给大连人一个眼球上的惊喜：不仅有大连当地的飞蟹、赤甲红、花盖蟹，还有南方的阳澄湖大闸蟹、红花蟹、兰花蟹，日本和俄罗斯的帝王蟹，澳大利亚的皇帝蟹，加拿大的太子蟹，英国的面包蟹等十几种国内外的蟹子。在这之前，大连市民从未见过这么多国内外品种的蟹子。说蟹子楼是大连当地第一家把国内外品种丰富的食蟹引进这座海滨城市的饭店，绝不夸张。

跟着父母做了快30年海鲜供货生意的蟹子楼大饭店总经理孙志刚一手创办了这家店，从来不欠客户账的长期合作美誉，让这一家人时刻具备能保证奇缺货源总是优先到位的资源优势，并且一直为大连和国内十几家生意极好的大型豪华的海鲜酒店做着海鲜供应。童叟无欺的待客原则，让他们成为沙河口区上千家大小社会餐饮酒店中唯有的两家计量信得过单位之一。他是地地道道的大连人，对这座鲜美味道的城市有着深沉的挚爱。20世纪90年代，孙志刚曾旅居美国和德国汉堡，萧条的寂寞让他时而追忆家乡海鲜的美味和营养，也让他意识到了中国美食和大连海鲜的营养健康和发展远景，凭着太懂海鲜养护的水平，他毅然回到故乡大连，创立了大连蟹子楼大饭店。

内行人才能做好生意。北方大连的海蟹适应低温盐分高一些的海水，孙志刚就会在养蟹的海水里多加一些海水晶（由海水盐分中提炼）。南方蟹适应盐度低的海水，他就禁止加海水晶。同一类型的海鲜不同产地，他都有着不同的养护方法。哪里的海域什么样的海鲜食材生长得最好，在他心里早已有了"小九九"。比如，飞蟹必选连着大连的丹东海域东沟蟹。花盖蟹一定是要长海县的。山东与大连之间的海螺皮薄肉大鲜味足。大连最好的蚬子是营城子镇黄龙尾海滩渔民用铁挠子手刨的，机器扒的蚬子他坚持不要，机器扎进滩涂里，蚬子被惊吓后立即用力收缩，把大量沙子都带进了蚬子肉里，吃着牙碜。

2011年深秋某日，孙志刚邀请董长作大师和几位朋友来到蟹子楼，品尝他的新菜。每人一只肥美的飞蟹，一只阳澄湖专供的大闸蟹，然后就是家焖黄鱼、茄子炖鲍鱼、高压海参蘸酱、董大师喜欢吃的干煸大虾炒茧蛹、蚆蛸蘸酱、海肠炒韭菜、清炒时蔬和川菜跳水牛蛙。推杯换盏之间，董大师夸赞起他的饮食谋略，我也颇感新意。

“好饭店会抓主题，大刚你的蟹子是饭店主题，卖的却是大连海鲜，拿着蟹子当由头，卖了一桌好海鲜，太聪明了。大家想一想，这里蟹子品种是大连最全乎的，大连海鲜又不是很贵的，你有大连最好的国内外进货渠道啊，眼球效果立马出来了。没有人会点一桌子蟹子，那也没法吃啊。蟹子楼蟹子楼，蟹子当由头，海鲜吃晕了头，讨了个好彩头，哈哈哈哈，干杯！”

我想起了风靡一时的英国主题餐厅。1971年，英国第一家主题餐厅在伦敦开张，到20世纪90年代，主题餐厅占英国餐馆总数的3%，每年以两位数的速度增长，成为英国餐饮业的重要组成部分。后来英国主题餐厅衰落下去，我一直认为是他们思维不活跃，餐厅的音乐主题、运动主题或影视表演主题，主题文化功夫做得很足，餐饮头脑却是在食材与营销上一成不变地“一根筋”。但愿英国佬不会记恨我的想法。

“做这个饭店前，我就产生了蟹子做卖点带动大连海鲜和大连老菜全面销售的想法。在盘锦开的蟹子楼大酒店，也是这个想法。从效果来看，还算没有跑偏。”孙志刚的话听上去谦和低调。

记得2010年初秋，我们部门AA制休闲去了一趟盘锦市，当晚就在孙志刚的酒店撮了一顿，当地河蟹河鲜与大连海鲜相互辉映，那才叫牛呢。2007年，他在盘锦市开了这家当时是当地最大的海鲜河鲜酒店。盘锦河蟹是东北知名的蟹子，肥膏蟹黄鲜肉美味绝不次于南方河蟹。

“主题餐厅做好了，生命力还是长久的。”我试着谈自己的观点，“英国主题餐厅当时在全世界最厉害，而后却没干过美国主题餐厅。美国主题餐厅是在英国主题餐厅衰败时，蓬勃发展起来的。我注意到，美国佬只是把主题当卖点，满脑子都在餐饮经营上，结果成功了。”

主题餐饮，在今天的大连其实外延已经很广阔了。大连海鲜生意做得最好的十几家大型豪华酒店莫不如此，万宝海鲜舫的主题做的就是大连最好的海鲜食材菜肴，“海鲜酒店万宝第一”的美名无人口水。紫航大酒店紧随万宝海鲜舫其后，略低的价位也要做足大连海鲜华丽大宴。浪琴酒店因为有了国内餐饮专业权威的戴书经大师，大连海鲜老菜品质自然耀眼盘踞全市鲜味头盘。这些品质在大连名列前茅的海鲜酒店，打的都是大连海鲜老菜的主题。

“我的蟹子一天下来卖得再好，也不如大连海鲜老菜卖得多。主要的利润，还是在海鲜老菜上。”孙志刚说得很实在。

“未游沧海早知名，有骨还从肉上生。莫道无心畏雷电，海龙王处也横行。”皮日休这样咏蟹。“怒目横行与虎争，寒沙奔火祸胎成。虽为天上三辰次，未免人间五鼎烹。”黄庭坚这样识蟹。祖先对蟹子的嘲讽和偏爱，在今天生出的却是无尽美意的食蟹文化，正是这个文化，让大连人在生意场上把爱恨交加的蟹子做得风生水起。

山水楼卖什么？

洛阳花柳此时浓，
山水楼台映几重？
群公拂雾朝翔凤，
天子乘春幸凿龙。

初唐诗人宋之问绝不会想到，他这首游兴大发的诗作会成为后人源源不断的美食资源。大连山水楼，当初一定受了梦中诗人的点拨。

20世纪40年代大连最早的天津街上，山水楼原来是吴姓宁波人开的一家宁波家乡小菜馆，原名“山水园”，没敢称“楼”。公私合营后，改为山水楼，名气大振。“文革”期间，改名为延风饭店，20世纪70年代初期，大连商业体制改革，天津街需要丰富多彩的名气餐饮，原来山水楼西侧的“镜庄商店”与民生街的“小三元”进行调换，山水楼扩大了，成为大连商业学校的实验饭店，为青黄不接的大连餐饮行业培养后备力量。商校教育内容变动后的1982年，又恢复了山水楼的名字。几经扩建改造后，变成了大连十分有名的大型饭店。山水楼是那个年代大连宁波菜和大连海鲜菜典型的代表酒店。

说到天津街山水楼，张传本和鲁统贵这两位烹饪大师断然不能忘记。张传本是山东福山来到大连的厨师，20世纪六七十年代是明星级大厨。山水楼那时已经能做浙、粤、鲁菜200多种，讲究原味和食材的严格选择，盐爆双鲜、黄鱼参、松鼠鲤鱼、葱油黄鱼、荷花虾、水晶鱼等名菜让人如数家珍。鲁统贵在1972~1982年，曾先后任大连苏扬饭店和新亚饭店经理；1982年开始，任大连山水楼饭店经理，后来在大连山水楼太子食品有限公司任总经理。大连山水楼

丛氏菜传人丛建新目前是山水楼的大厨兼总经理

饭店曾经以科学严格的管理、精湛的烹饪技艺在大连餐饮市场享有盛誉，而成为大连名店。他们发明了太子包，面皮是发面的，包子馅主要是牛肉馅，其次是芸豆丁和肥瘦相间的猪肉丁，个儿大皮儿薄，软乎乎香润润的，一咬一包汤，大连人每天排着队买。从1996年年初投入市场以来，销售量经年不衰，多次获奖，是大连市名牌产品，被海内外宾客誉为“中华第一包”。

城市改造建设，山水楼和不少餐饮名店一样一度归隐到人的记忆里，直到2010年的天津街重新规划才回到悦泰街里的新天津街。

大连丛氏餐饮传人之一、中国烹饪大师丛建新，目前是这家老店新门面的大厨。提到餐饮红火的大连老天津街，没有人不知道老四川饭店的，丛建新的爷爷丛贤芝就是当时大名鼎鼎的“丛大勺”，父亲丛培忠也是当时大连饮食公司有名的“大勺”，到了丛建新这一代，他又成了山水楼的烹饪大师兼总经理。丛氏家族的鲁菜海鲜和川菜，在当时大连街名气很大。丛建新从小就跟着爷爷和爸爸学习烹饪，老辈人优秀的烹饪技巧和良心做菜的美好品德，他都继承了下来。许多食客大都是扑他的菜而来，因为他的菜不仅有老菜味儿，而且鲜美安全时尚，有经典私家菜风范。

丛建新的山水楼菜品讲究老菜尽量原味口感，新菜注重鲜美清淡，时尚菜肴融合走势，特色风味当地接受。他的熘肝尖口感挺嫩，味道厚重。松鼠大黄花鱼比起老菜的颜色厚重大甜大酸，有了颜色清淡几分小甜小酸的咸鲜。熘虾仁的天然纯咸鲜口味，只有活虾剥皮后才能炒出这个感觉。有的菜肴做得味好的同时，起了个吉利名字卖得也好，像“官至三品”这道菜，鸡冠子将辽参、渤海湾大虾、大连鲍这三种一款比一款贵重的食材围裹起来，中间再围油菜胆，出品关注盘饰的装点，鲜味厚实，寓意深刻，有些想当官的或请当官的人都点这道菜。传统海味全家福完全按照老鲁菜做法，就是为了满足大连人的怀旧意识。在大连许多老菜馆嫌工序烦琐已不制作老鲁菜九转大肠的时候，丛建新专推这道菜，他知道有很多上了年纪的大连人一直怀念这道菜，鉴于这道老菜比较油腻的因素，他在保持九转大肠原味的同时，将原来做成柔软的大肠经过烘炸烹汁改为外酥里嫩，香脆可口。老鲁菜的渤海湾刀鱼原来的做法是家焖，他创新改成了盐水蒸，让抽调鱼骨鱼刺，鲜嫩原味，清鲜宜人，有海里的原生态滋味。老菜半煎半炸的黄花鱼，经他改成锅塌香煎后，鱼身酥脆，鱼肉柔软，现代人很喜欢。

丛建新说，山水楼现在卖的不只是当年的宁波菜和大连海鲜，在老牌子菜做出品质的同时，卖的是现代菜的流行趋势，融合概念，私家风尚，大连经典。

山水楼的当代菜品理念，代表了一批大连餐馆酒店。

今天新天津街上的山水楼

街头外来的味道

外来的味道易入口，外来的和尚好念经。不过，容易入口的外地美食味道真正想有立锥之地也需要费尽周折。

1994年，大连人张嘉树把第一个正宗东北菜馆咕嘟炖引进了大连桃源街。哈尔滨东北菜大厨史上第一次将正宗黑龙江菜引到大连，扒猪头、熏酱菜、得莫利炖鱼、鲇鱼炖茄子、红颜知己等菜品十分新颖，餐馆非常火爆。张嘉树是个文化人，开餐馆的文化意识也很强，他现在是东北之窗杂志社总编辑，曾在1994年到1996年和2012年两次被大连市体育局选为秘书长和会长。他曾在自己的餐馆留下了“鲇鱼炖茄子，撑死老爷子”、“红颜知己”（红心萝卜拌糖醋）、“嘟嘟嘟嘟天下第一炖，浓浓烈烈人间不了情”等菜品顺口溜、菜名和店门对联。1996年这家店关掉后，仍有许多人提起便留恋不已。

1997年，对大连餐饮业来说是外来餐饮大量进驻大连的伊始年。大连第一家上海菜馆浦江餐饮、第一家川菜馆川外川、第一家湘菜馆潇湘酒店、第一家活鱼锅店四同活鱼锅相继诞生。随后的几年时间里，外来主题餐馆开始了向大连味道汇合的快乐之旅。

1997年6月，在五四路126号，大连人经营的上海菜馆浦江餐饮开张了。

当年的咕嘟炖饭店成为大连街一道亮景，左二为张嘉树

这是大连历史上第一家上海菜馆，引来许多大连人前来品尝。从开业第一天起，他们就坚持正宗上海老菜经营不动摇。在已经良好地运营了16年上海老菜和部分大连海鲜的漫长岁月里，他们经历了上海老菜在大连的艰辛发展阶段，不仅挺了过来，也成为大连市迄今为止运营时间最长久、菜品销售最稳定、上海老菜最正宗的一家上海菜馆。后来几家在大连新开的上海菜馆，从开业到关门，有的只有三四年。上海老菜“糖醋小排”、“红烧肚档”、“糟熘鱼片”、“响油鳝糊”、“红烧甩水”、“豉汁百叶包”、“油面筋塞肉”、“扬州蒸干丝”、“酱爆猪肝”等这些上海老菜，卖得一直很好。浦江餐饮的客人大致分两类：在大连工作的上海人和在上海生活工作过的大连人。在制作这些上海老菜的过程中，张世晋要求上海来的厨师减少浓油赤酱的大甜大腻，少盐少油少糖，但不能丢失上

浦江餐饮是大连街头生命力旺盛的象征

海老菜的本味。有时候到大连办事的上海人被朋友邀请来到浦江餐饮，都惊呼起来：“这样原汁原味的上海老菜，在今天的上海也很少能吃到了，现在上海的餐馆基本都是粤菜淮扬菜的混合菜，那样能卖出价来。”开业同时，还把阳澄湖大闸蟹历史上首次引进了大连。

浦江餐饮曾在大连做过两家分店，第一家从1998~2001年在港湾桥与三八广场的五五路上，第二家从2003~2006年在连山街上，都因为租房的房东摆出新的理由不再与其续约了。

总经理张世晋说，浦江餐饮这么多年在大连运营稳定，坚持正宗上海老菜营销是主要原因。他在2011年去上海出差时，看过当地报纸一篇文章，呼唤上海老菜归来。联想起大连多年前的媒体呼唤大连老菜归来的情景，他笑了：坚持城市老菜，是餐饮界一条长久的生存之道啊。

1998年10月，在港湾桥时代大厦上，一家装修档次较高的上海菜馆——上海滩大饭店开业了。他们秉承着上海海派菜的理念，把淮扬菜、杭帮菜和西餐

融合起来，推出了少油少盐的创新概念浓油赤酱菜肴“草头圈子”、“稻草大肉”、“红烧鲥鱼”等，清炒系列包括“清炒马兰头”、“清炒水晶河虾仁”、“清炒鸡丝”等，以糟味为主的冷菜有“糟鸭舌”、“糟钵头”等。店老板黄里年轻时就是个上海菜迷，对烹饪也有多年的研究，他把自己的上海菜馆定位“赌”在了海派菜上，结果赢了。直到今天，这家菜馆经营比价稳定。他的妻子吴慧是营销海派菜的高手，对回头客打出的“亲情牌”总是那么好用。她说，融合菜是挡不住的餐饮营销趋势。

在2000年年初开业到三四年间关门的几家上海菜馆中，小南国最为典型。2001~2004年，上海小南国总部看好大连市场，派了一位张姓总经理，在胜利路上开业了小南国大连分店。一开始，饭店生意令人振奋，后因内部管理出现了问题，不得不关闭了这家地道上海菜馆。2010年，随着人民路的改造整合，富丽华大酒店旁盖起了世界名牌商场时代广场，小南国再次瞄准日益繁荣的大连人民路市场，将分店搬了进去。目前来看，生意一片大好。

位于中山广场万达大厦于2000年年初开业的老正清饭店，是大连最昂贵的上海菜馆。因是香港大厨主理沪菜，带进了一些港式色彩，不过经典的蟹粉鱼翅等菜品做得的确正宗精致。我曾在2007年9月底请一位给过我婚宴帮助很大的人吃饭，去的就是老正清，3个人点了一只2斤半的龙虾，3盅蟹粉鱼翅，一段长江鲥鱼，1斤半虾爬子，一碟广东青菜，一盘三生（黄瓜条、萝卜条和西芹段）蘸酱，两屉小笼包加4瓶黑狮金冠，一结账吓了我一跳：5300元。幸亏我提前有所准备，不然就会出大笑话了。可能是消费价格偏高的原因，2009年老正清就歇业了。

上海滩大酒店把新派沪菜做得很成功

大连史上规模最大的上海菜馆，是上海城大酒店。上海城目前有三家上海菜酒店，一家温泉宾馆，一家高级火锅会所。上海城三家酒店总面积达1万余平方米，最大的店是2006年年底在雍景台开办的上海城大酒店，营业面积达5600平方米。第一家的同泰街上海城于2003

雍景台上海城目前是大连规模最大的上海菜“航母”

年5月开业，达2000多平方米。第二家的星海湾上海城营业面积有1000多平方米。从规模来看，上海城大酒店可以称作大连上海菜的“航母”。他们的经营卖点打在海派菜上，淮扬菜、杭帮菜、阳澄湖大闸蟹和大连海鲜，是他们适应大连人饮食风味的主要特点。董事长王懿震的餐饮理念就是不断地适应市场的需求。

1997年夏天，几个来大连打工的成都小伙子合伙开起了川菜馆，川外川餐馆在沙河口区白山路上成立，预示着大连川菜市场繁荣的到来。“川外川”本属他们在大连自创的品牌，大连人却把这个名字当成了四川来的名店。富有四川地方麻辣特色的民间时尚菜品如“飘香水煮鱼”、“毛血旺”、“九九龙虾”、“口水鸡”、“夫妻肺片”、“香锅鸡杂”、“香辣鸡脆”、“酱肉小包”等，很快征服了大连人。川外川酒楼后来相继在中山区、沙河口区、西岗区开设了四家分店，始终坚持以品质创新与优质服务并重，不断提升就餐环境，浓郁的四川本土文化与大连现代时尚休闲元素结合起来，将餐饮文化尽可能完美地体现出来。

2008年以后，川外川主题菜肴迈向新的探索领域。目前保持当年原味的川外川只剩下了一两家店，难免有些可惜。

在大连川菜一片红的美食美景下，大小几十家川菜店于十几年间片片露出锋利的尖角。川味当家、皇城老妈、重庆小天鹅、巴国布衣、川江号子、巴

皇城老妈港湾桥店夜景

蜀人家、蜀乡情等特色不同规模不一的川菜店，此起彼伏，生龙活虎。有的深沟高垒，升堂入室；有的生于忧患，死于安乐。一时火爆的重庆小天鹅、巴国布衣、川江号子等川菜店因为与业主合作不稳、效益飘忽不定等，忍痛弃之而去，一去不返。川味当家、皇城老妈、巴蜀人家、蜀乡情等川菜店，励精图治地打造自己的良辰美景。巴蜀人家和蜀乡情的老板是两位大连人，做起川菜馆来一点都不比成都人和重庆人差。巴蜀人家老板范斌，在大连已经有了6家生意比较稳定的连锁店。蜀乡情老板申强的川菜店，从太原街到星海湾南大亭再到联合路，开到哪儿，那些老客户就跟到哪儿，就像高尔基路的牟传仁老菜馆一样，每天都得提前预订，每天总是有人在那排队吃饭。我曾经把他的川菜店在报纸上称为一种“蜀乡情营销现象”。

同样的川味火锅，2003年开业的皇城老妈成了大连川味火锅的标杆。可以说，皇城老妈是第一个把星级川味火锅和火锅文明带到大连的店，在此之前，大连火锅几乎和脏乱差同出一语。作为总部在成都市获得中华餐饮名店和全国百强名店的皇城老妈，他们第一个把蜀地蜀风文化带到了大连，第一个把大连海虾做成了可以涮着吃的虾滑，第一个把竹荪、牛肝菌、羊肝菌等四川高山菌类介绍给大连人，第一个让大连人见识了为客人泊车、送客人眼镜布和餐桌用的手机套等前卫营销理念，老妈牛肉，白汤红汤，火锅伴侣花生冰沙，这些新鲜特色的美味和川人蜀地的餐厅环境，成为大连人心中的“五星级火锅”。

另一家辣菜馆就是颇有名气的湖南菜馆大连潇湘酒店。1997年9月26日是潇湘酒店开业的日子，我被湖南妹子张建军请到了开业现场。这是湖南菜首次碰触大连人的味蕾。开业当天，当时的湖南省人民代表大会的领导都到了。我对张建军说，你这是第一个来大连的毛氏湘菜馆，得进入大连史册啊。她笑着说，我不想做第一个吃螃蟹的人，如果算第一个，我也是碰上的。我还是第一次看到大连人对湘菜接受的速度如此之快，剁椒鱼头、竹香酱板鸭、毛氏红烧肉、山豆角肉末、干锅黑山羊、干锅煮鸡、明炉煨干笋、湘潭水煮鱼等久负盛名的湖南名菜，在短短的两个月时间内就成了大连人谈资的　美味。

一晃在大连做了16年湘菜后，张建军的湘菜馆调整了经营战略，立足湖南省的同时转向富有市场前景的海南省，湖南妹子的正宗湖南菜馆大连潇湘酒店宣告了大连旅途的结束。

湘菜在大连开始走红，在这之后，大连又有湘港红馆、湘溪人家、湘溪小镇等十几家湘菜馆开业，湘菜也随着川菜的红火在这座海鲜城市燃烧起来。不能不提的是湘港红馆，目前已是大连规模最大、融合大连海鲜最成功的一家湖南菜酒店。

湘港红馆的前身就是前面讲过的专营西餐的红馆西餐。老板马绍德和合作伙伴店面经理邢红云，是两位市场前瞻的高手。当他们发现自己做的正宗俄式和法式西餐短时间内难以在大连打开市场局面时，就把目光投向了市场一片火红的湘菜馆。装修如此高档豪华的西餐店做起了价格本身不贵的湘菜，生意前景可想而知。2007年1月17日，既是七一街中山区公安分局旁的红馆西餐在大连消散的日子，也是湖南菜馆——湘港红馆诞生的时刻。一家具有大连海鲜色彩的湖南菜馆，让大连湘菜有了历史性的开拓与融合的可能。他们的剁椒鱼头依然让

湘港红馆目前在大连是规模最大的新派湘菜馆

东北第一家休闲概念餐馆，当时叫休闲小站，现在叫阿罗哈

大连人爱不释口，酱板鸭因为选择了南方1至2年肉感厚实的“洋鸭”而声誉鹊起。2008年7月24日，随着城市动迁建设速度的加快，湘港红馆搬到了民主广场电车道边的长江路51号。这家餐馆，目前在民主广场食客点击率和回头率最高。

大连海鲜和南方新菜在这家湖南菜馆，结合得最为成功。湘港红馆总经理邢红云告诉我，剁椒鱼头他们有时候用大连的海鱼头，卖得挺理想。他们试着用大连的黄鱼、牙片鱼、多宝鱼来做湖南的剁椒蒸鱼，咸鲜与微微香辣的口味很是迷人。一道豉椒炒大连鲍，放进嘴里是好刺激好过瘾的鲜、香、辣，迷了很多大连人，一个多月后就被许多厨师“偷艺”遍及了多家大连餐馆，不做川菜湘菜的馆子也在做。用大连海虾海蟹做的新派湘菜干锅香辣虾、干锅香辣蟹，一天至少卖几十份。砂锅土豆大连鲍和毛氏红烧肉“联姻”，恐怕您想一想就会品出那香而不腻的红烧肉味道和鲜美的鲍鱼滋味以及蒸熟的土豆条口感。豆豉炒蛏子则是另一种荤鲜的特别味道。南方小炒烹饪方法做的辽参扣小炒，只放一点点干辣椒味觉特别丰富。独家经过特别处理没有黄油很有嚼头的野生花蝶（甲鱼）、清鲜爽辣的砂锅菜花、别于安徽风格的香煎臭鲑鱼，极受欢迎。大连餐饮业内人士没有人否认，湘港红馆是融合大连海鲜最为成功的一家湘菜馆。

大连第一个结合台湾休闲概念创意的下午茶式休闲概念餐厅，当时叫休闲小站，建成于2003年9月初，也是东北三省第一个休闲概念餐厅，在青泥二街19号，2009年后改成了新的休闲餐饮品牌阿罗哈，目前遍布全市14家。大连下午茶式休闲餐厅目前有多家，阿罗哈、尖沙咀、千日贺等做得目前最有特点，港式茶餐厅、港式奶茶、粤菜小炒、绿色冰沙下午茶等时尚休闲主题很浓。“阿罗哈”是夏威夷土著人打招呼的意思，有亲切的情调。阿罗哈品牌是由大连人与深圳商鼎有限公司创办。以餐饮为主的壹菜壹餐馆2005年在大连两家大型超市连续登陆，2012年的高端品牌壹菜壹味强势登陆大连，首次落户东北，纯正粤菜、新派川菜、大连海鲜时尚美食及意大利专业冰激凌大师中外混合元素的高端美味，在大连商业购物中心出现还是历史首次。

火锅是大连永远热烈的风。

从火锅起源中我们发现，最早的火锅在商代就以大鼎煮肉时有之，到唐宋时已经盛行，官府和名流家中设宴多备火锅，到五代时还出现了将火锅分成五格供客人涮用的五格火锅。那时的火锅又称暖锅，有铜制的，有陶制的，无论是器皿还是涮食材料都引领着当时的饮食热潮。到清朝嘉庆皇帝登基时，在盛大的宫廷宴席中，除山珍海味水陆并陈外，特地用了1650只火锅宴请嘉宾，成为我国历史上最盛大的火锅宴。

火锅从达官显贵飞入寻常百姓家，在清末民初，从重庆的毛肚火锅开始，是重庆码头和街边力工流行吃的街头“水八块”。水八块全是牛的下杂（毛肚、肝腰和牛血旺），生切成薄片摆在不同的碟子里，食摊泥炉上砂锅里煮起麻辣牛油的卤汁，食者自备酒，自选一格，站在摊前，拈起碟里的生片烫着吃，吃后按空碟子计价。价格低廉，经济实惠，吃得方便热乎，所以受到码头力夫、贩夫走卒和城市贫民的欢迎。尔后，火锅开始风靡大江南北的市民店铺，价格便宜，人气颇旺。

大连的火锅，在改革开放前没有什么记录，直到20世纪90年代，才开始逐渐兴旺起来。

记忆中，野力肥牛是大连第一家肥牛火锅店，成立于1994年，总店位于大连市新开路99号，多年来已经成为大连肥牛火锅业的“领头羊”。不但受到新老顾客的青睐和厚爱，还先后被省市区政府评为各种荣誉。 蘸料是肥牛的灵魂，野力肥牛用38种原料，按秘方熬制精心配制而成，深受顾客欢迎。2005年，他们在友好广场原来的太阳城餐饮店老窝子上装修开业了连锁店。太阳城曾经是大连刻骨铭心的一家中餐店，红火了几年后，三位合作伙伴大连人李永夫、于东升、曲涛，因各自追求自己的事业而曲终人散。李永夫目前在大连做着渔人码头的高端餐饮生意。于东升在千山路继续保持太阳城餐饮的同时，还做了一个好吃的米线品牌——灵芝妹子，天然绿色的食材，不油炸的理念，在喜爱米线的大连群体中很是叫座。

大连后来的肥牛店几年内基本遍地开花。

1997年11月28日，在大连二七广场鲁迅路上，四同活鱼锅开业，大连第一家活鱼锅正式载入餐饮史册。这个长春的老品牌绿色健康火锅一进入大连，就很受宠。大连人对鱼有着不一般的理解，他们认为，鱼代表吉祥的意思，年年有余嘛，水生鱼，鱼生财，常吃鱼的人格外聪明智慧，所以这个活鱼锅得宠就不奇怪了。生意好的人都会想到扩大生意场，1999年，四同活鱼锅总经理谭

原汁原味的牛尾菜

广伟在大同街开了连锁店。这两家分店都因城市动迁改造和地角不理想问题相继关闭。2000年，她把店迁到了黄河路盖州街，一直做到现在。因为做得太累，她正在寻找合作伙伴。

四同活鱼锅之后，不少想做火锅的人都看中了鱼锅生意，从2000年开始，无论哪路英雄，都从四面八方向大连靠拢，沸腾鱼锅、酸菜鱼锅、鱼头锅、活鱼锅、斑鱼锅、炒鱼锅等各式鱼锅，都扛起“绿色、健康、聪明”的大旗，空运江湖淡水鱼，利用大连海水鱼，把关于鱼的火锅故事做得精彩绝伦如鱼得水。十几年中，有的在热闹过后苦笑或是无奈而去，落得个“花自飘零水自流”；有的越做越潇洒，赚了个盆溢钵满，财神爷冷不丁给你个“不尽长江滚滚来”的大喜过望。

牛尾火锅成为时尚是从2010年开始的。那年，在紫航大酒店身后的大同街上，出现了一家“马山妹跷脚牛肉”的加盟店，后来为适应大连人口味，以牛尾为主，单挑干了下来。迄今为止，这家的牛尾在全市被誉为“正宗无怪味”的牛尾，并刮起牛尾食尚风。并且，这家火锅还在原味的基础上增加了丰富多彩的大连海鲜涮锅食材，追求时尚的口感

马山妹跷脚牛肉店夜景

十五库上海城火锅观海散台

和热烈的气氛。总经理程广烈是一位地道的大连人，他一生只有一个想法：把“马山妹跷脚牛肉”做成属于大连人喜欢的时尚涮锅。从如今的生意兴隆场面来看，他的确做到了。

重庆火锅自然也瞄准了大连。2000年左右，大重庆火锅、重庆小天鹅火锅、重庆苏大姐火锅都在大连陆续登台。或许是“水土不服”，大重庆火锅、重庆小天鹅火锅变成了“此情可待成追忆”，苟活者从来不分析食材品质与适应市场的关系。

除了被餐饮界人士称为五星级火锅的皇城老妈外，大连火锅一分高下是从2006年开始的。那一年，人民路上出现一家澳门豆捞火锅，是真正的高端消费，三五个人稍微放手一消费就是几千元。2008年，星海湾又出现一家高端火锅——聚宝隆火锅，精美奢华的时尚装修，精致顶级的牛羊肉片，色彩鲜艳的艺术盘式，完全提升了火锅的档次。之后，杭州总部的全国澳门豆捞分店落户星海湾（1年半后撤走），鼎鼎香极品火锅在青云街出现，品上鲜在八一路明星般亮相，莲花街57号的鼎品鱼府成为热闹区域沙河口区解放广场一带最高品位火锅店，大连市第一家火锅会所——十五库上海城火锅会所大师般出境，大连的火锅格局彻底颠覆，高中下之分如此立场鲜明。

“慵倦地倚在海边餐桌的红木绢椅上，吹吹窗外木栈道上的海风，看看游轮进出海港，环视周围古色古香的宋代青花瓷、木花格、小桥流水、精致花鸟工笔画，细品廊角美丽女孩悠扬婉约的现场古筝演奏，涮一片高级肥牛蘸料放进嘴里，那是多么惬意的时光啊——世界上最美妙的火锅享受，原来就在大连十五库上海城火锅会所。

这里的三款养生汤底和一款菌汤，都是精选的食材，5个小时以上的熬制。生来几分雍容韵致，天生一种皇家风范，膳林名厨精心雕琢，色味不与众芳相同，材上乘，质温润，味纯鲜，循东方养生之理。

滑类以手打鲜虾滑为基底，精选海虾，手剥虾仁，经师傅千百次摔打，靠特有的力道打出弹性和Q滑口感，无任何添加剂……”

这是十五库上海城火锅会所一位消费者在网上的感言。

同样是火锅，因为这些时尚高端火锅被赋予了奢华时尚的环境，顶级经典的口味，价值对等的价格，自然会吸引那些追求品质生活的人们。

铁蝈蝈们的赌注哲学

每个人的选择，都有赌的成分。你认为十分有把握的事情，偶尔就可能意想不到地大失所望；你对一种期待心灰意冷时，又可能突然喜从天降。

大连有一批做餐饮的人，是怀着赌注的念头闯进餐饮圈的。有一个叫崔江的吉林四平人，大学毕业不想专心端那只铁饭碗，给自己下了一个赌注，怀揣着一种梦想来到大连。先是给别人打工卖保健品，自己开干洗店，锻炼营销能力。2007年9月，他开始在甘井子区金三角一带开起了铁锅炖江鱼路边店。好家伙，2009年9月又在南关岭开了第二家店。2010年10月，在山东路开了一个铁蝈蝈农家菜馆，专卖吉林四平老家的臭菜等奇珍山野菜和猪血灌大肠等杀猪菜。我还从未见过有那么多人为吃一顿当场灌血肠的杀猪菜等座能等40分钟的。2010年12月一个北风割脸的傍晚，就让我在他的农家菜馆前碰上了。2011年11月，五五路装修品位较高的铁蝈蝈炖江鱼开业。2012年夏天，他在日航饭店举办的那个铁蝈蝈手擀面加盟新闻发布会给我镇住了，第一年的目标就是100家加盟店哪，牛气冲天了，当场就有7家上去签合同，我都不敢相信自己的眼睛了。这可真是有点豪赌的感觉了。

我曾拜读过他的一篇叫《我是谁》的自白：

“赌博的人确实有诸多的优点，那些不敢赌、不会赌的人是绝不会创造出什么奇迹的。不赌的人对突如其来的打击会呼天号地、痛不欲生，往往感到前途无量；善赌的人对任何意外都泰然自若、波澜不惊，对胜败早就习以为常。不赌者对送到眼前的好事犹豫不决，善赌者对稍纵即逝的机会当机立断。不赌者更看重眼前利益，善赌者则关注未来走势。不赌者斤斤计较、精打细算，善赌者性格豪爽、出手大方……”

我是第一次看到这个从来不到赌场赌博的人这样的自白，我认真分析他的赌注理论，发现他其实不是傻乎乎地盲目狂赌，而是每次“下赌注”之前有观察有思考有预案有把握地去决定赌还是不赌。他几乎每年开一家店，是看准了市场空间才如此迅速的。再比如他对自己的铁蝈蝈手擀面未来市场的大胆预测是有调查和分析的。他做过一个调查，在2012年的大连面馆市场上，高端拉面占10%，手擀面占10%，其他外来拉面占10%，而中低档拉面占70%。从这个调查中不难看出，大连手擀面市场的潜力巨大。他认为大连人应该用标准连锁方式去做手擀面市场，10年之间将是一个几亿飘红的大市场。

铁蝈蝈炖江鱼

赌开炖江鱼馆是他一个成功的作品。他知道大连人爱吃鱼，有着独特的吃鱼文化的情结。他的老家又有江鱼货源，于是他赌上了。实际上，这是对市场细心分析预测的结果。

吃铁锅炖江鱼是什么感觉?

围着锅坐，热乎；看着锅炖，开胃；守着锅吃，解馋！正是由于和炖鱼锅零距离接触，全过程守候，而且鱼从炖上到入口需要一段时间，所以对于嘴急的人们来说，无疑是一个“严峻的考验”。看着红彤彤的火苗和热腾腾的蒸汽，听着噼噼啪啪的烧柴声和嗞嗞啦啦的开锅声，闻着松香和鱼香，视觉、听觉和嗅觉同时作用于胃里，使灶边的每个人都抑制不住唾液的猛然增加，更控制不了饥饿感的急速膨胀，越是餐饮经验丰富的人越是难耐，越是嘴急的人越是一种折磨。除了此种炖法，还有什么能如此全面、迅速地激活人们的食欲呢？“别为吃啥转磨磨，解馋就去铁蝈蝈”，崔江的广告词设计得可真会折磨人哪。

我发觉，做铁锅炖鱼的人都有这种狂赌的心理。马栏子广场西边有一家老灶台鱼馆，铁锅炖的是千岛湖大鱼头，比崔江早一年做炖鱼店。做了六七年，生意时好时坏，总的来说是平稳渐进地向前发展。一般急性子的人在生意难熬时就顶不住了，这家老板朱先生和妻子小赵坚定信心不动摇，他们夫妻二人早就发现大连人爱吃淡水大鱼头的习惯，谁劝也白搭，最后的成功自然属于坚持到底的人，他们赢了。

三十里堡一个水库边有一家叫黄毛鱼馆的路边店，四方铝制大盘子，一条从水库打上来的三四斤重的淡水鱼，几块老卤水豆腐，一把蒜瓣几块葱白，一块炖好后就这样端上来了。小火炖的时间长，鲜香的鱼味都渗进豆腐里去了，那个美滋滋的味道都没工夫给你描述了。就这家没有什么装修的小店，坚持了十几年，用老板的话说，我也是在赌一把，没想到赌对了。不过，我赌的有道理，农村水库边上的炖鱼馆，哪个城里人不喜欢？这是市场调查分析预测的结果，不能算是真赌。

后大连的大厨味道

人生活着七件事：柴米油盐酱醋茶。古人这句话是说，人活着的基本底线是吃好喝好养生好，才能好好儿活着。我觉得，这话更应该是说给厨师听的，其中盐、酱、醋都是调味品，是人们生活中具有重要意义的东西。单一个“酱”字，在中国就是五光十色，记都记不完全。固态调味品除了食盐、味精、蔗糖以外，还有豆豉、虾籽、各种香辛料等。液态调味品有酱油（生抽、老抽）、鱼露、蛏油、蚝油、糟油、糟卤等。正是这些味道，组成了我们人生尝不尽的各种滋味。从这个意义上讲，厨师这个职业是神圣的。没有味道的人生，活着还有什么意思？

从融合菜开始，大连厨师的味蕾变得更细腻、更专业、更有层次、更有韵味了。从40岁左右的厨师来看，他们的厨艺生涯都在20年上下，拜过一位师傅，少数人拜过两位以上师傅，有过多家酒店、其他省市或是国外从厨的经历，也有一部分人就在一两家酒店一直在做一种当地区域认可的菜肴。与以往相比，他们变得更加务实，饭店老板的节约成本想法须顾及，怎么能让客人喜欢自己的菜品是最重要的事情。

大连小平岛有一家叫蓝堡的精品酒店，总经理和大厨是一个人，叫徐孝刚。酒店老板给他这个“双枪老太婆”的双职位，看中的就是他的精湛厨艺。蓝堡酒店做的主要项目是餐饮，又守着海边，他想到的就是把海鲜这桌大菜做好，老板很支持他，让他放开去做。他听说旅顺盐场海鲜一条街有位当地老爷子鱼炖得好，就去试着品尝，果然让他惊叹。鱼的火候、味道与口感都把握在刚刚恰好之间，似乎再多炖一分钟那刚好的鲜口就咸了似的，少炖一分钟那鱼肉肯定不熟。他把老板拖去海鲜一条街品尝。老板品尝后也连连叫绝，他就请老板聘请炖鱼的老爷子。老板根据他的建议，给那老爷子月薪万元。后来证明了老爷子给酒店带来的效益是完全对得起万元月薪的。

徐孝刚研究菜品一直在精品上花力气。血燕面筋丸是他得意的一道菜。将鱼洗净后入锅用油煎黄，加汤，依次放入葱、姜、白胡椒粒，熬制成白汤备用；将制成的油面筋泡备用；鱼肉制成蓉，加入血燕，灌入面筋泡内，入白汤煮透，调味后放入盛器中。出品精美，工艺精细，味道淡鲜淡香，获过全国金奖。另一道全国获奖大菜石榴鲜鲍，是将鱼经加工改成树叶花刀，沸水入鲍汁后用高压锅40分钟以上备

徐孝刚

徐孝刚的菜品

用；用调制好的鲍汁，将预制好的鲍鱼再烹制后围边；扇贝肉制成蓉，入味，放入煨制好的鱼翅制成馅料备用；海胆制成冻备用；鱼面皮包入馅料，放入海胆冻，用香菜茎扎口修饰，入屉蒸5分钟取出，点缀蟹子，放入盘中。这道大菜的口感是一种奇特的美味，评委和回头客都大加赞赏。这些年他的多款菜品获过全国省市大奖，他还是国家中餐资格评委和中国烹饪大师。大家对他的菜品印象比较一致：味道好，很精致。

闻国臣是大连旅顺口宏光好运来集团行政总厨，还是一位获得世界烹饪艺术大师并具备中国中餐评委资格的大厨，曾有菜品获过全国大奖。与旅顺地方菜略有不同的是，他的菜品主要是满足星级大酒店客人的胃口，基于这个落脚点，他把旅顺部分顺菜吸收进来，打成精美的盘式，在营养与口味上注意巧妙的搭配，使他的酒店菜品既有酒店的精美盘式，又有地方特色菜的个性海鲜风格，像小香波螺肉打成西餐盘式就很有意思，“争霸金丝沙律虾”这道全国获奖大菜强调中国传统喜庆色彩的金色与红色，口感讲究鲜香焦脆。闻国臣的菜品代表了大连海边星级酒店一些大厨的追求风格：酒店高档次的精美菜式与地方菜风格想方设法合理地结合在一起。

城乡结合部区域的菜品又是另一种风范。这种区域，一边是紧紧连接着郊区农村，一边是松弛有度地挨着城市中心，甘井子区千山路一带就属于这样一个地方。在这个区域里，盛宴酒店就比较典型。总厨李炻良准备了两套宴席菜单，一套是完全满足郊区农村的

大连名厨闻国臣（右一）在美食大赛现场做评委

农民兄弟，一套是满足周边文化品位比较到位的客人的需要。在农民兄弟的菜单里，颜色鲜艳、充满喜气、传统老菜、菜量实惠是宴席的灵魂，传统宴席的设计场面在他的眼前一一掠过，这样的菜单大家打心眼里喜欢。另一套菜单，以健康时尚为主题，比起第一套来更显精致，注重细节，营养搭配细微到每道菜品内的搭配和整个宴席的菜与菜之间的搭配，菜品色调典雅，较有品位。李炻良说，在这样的区域，你必须有两套以上的菜单预案，如果你把第二套菜单给了农民兄弟，他们有时会觉得华而不实，菜量太小，不等吃饱就没了。大连这种城乡结合部的区域非常多，李炻良这种有特点的菜单被圈内人士常常笑谈为“城乡结合部菜”，看见他老远走过来，就会开玩笑说：“城乡结合菜来了。”他也笑着回答：“关键好用。”

家常海鲜菜，最能反映出大连街头菜馆里人们对大连海鲜的态度。“今天没有‘渤海刀’了，这一阵子货不多了。”“黄鱼眼下正肥，来一条家焖吧。”这就是大连家常菜馆的特征。你在家常菜馆里看见有什么海鲜，就知道大致这个月该有什么样的海鲜上岸了。在西南路尝鲜馆，这样的镜头就很多。这家家常菜馆的主人杨海明，是一位年轻的烹饪大师，他卖的海鲜菜就是海鲜季节表，哪个季

李炻良的代称是“城乡结合部菜王”

杨海明在接受央视采访

于涛

韭菜炒大虾

手掰豆腐炖大蛤

节海上有什么鱼贝虾蟹，他的菜馆就卖什么。他的菜品可以满足不同层次的食客，有时精品菜中来两道土得掉渣的家常菜，有时家常菜中上两道迷醉的精品菜，相互穿插，卖得效果实在不错。大连比较有品位的家常菜馆，和杨海明的店差不多，他的店算是一个缩影吧。

大连海鲜家常菜馆眼下很火的一家，就是于涛的品味居了。于涛，大连人，最早在大连棒棰岛宾馆学习厨艺，对大连海鲜家常菜有一套自己的心得，近年来他的海鲜家常菜馆品味居的菜肴很受大连人的喜爱。2007年和2012年开业的两家品味居，融入时尚菜的元素，把大连海鲜家常菜做得新颖地道，参鲍拌三丁、韭菜炒大虾、茼蒿炖海兔、葱炒鲍片、芹菜拌毛蚬子、手掰豆腐炖大蛤、蛎仔蒸蛋、土豆丝黄瓜丝炒大蛏子等几十道创新菜，让大连人感受到了大连海鲜家常菜的魅力。他现在是中国烹饪大师和国际烹饪艺术大师，菜品曾获过中国金厨奖。

董辉可以看作大连海鲜

意境菜的代表名厨之一。他在意境菜方面，主要下功夫在海鲜意境上，“绣球海带”、“荷花鲍鱼”、“富贵花开”等海鲜意境菜很受同行关注。

徐福财是大连一位有30多年厨艺经历的中国烹饪大师和高级技师，还是国家级中餐评委之一。他很善于将大连海鲜创新，像大连人非常喜欢的老醋蜇头加红烧肉罐头做成的乱炖菜、烤椒海螺和泰椒乳鸽烧海参等菜肴，就是他的原创。像徐大师这样善于创新菜肴的人，在大连还真不少。

大连餐饮这些年似乎在进入又一个繁荣期，说句不是拍马屁的话，真和受到各级领导的重视有关系。

2009年8月，旅顺口区以当地美食名店千品渔港为代表的4位厨师，荣获了中国饭店协会2009年颁发的中国烹饪大师和中国烹饪名师称号，其中有3位荣获中国烹饪大师称号。千品渔港也被评为中国名店。旅顺口区政府有关部门提出，应借这一时机，将代表旅顺口的“顺菜”这一概念提出来并加以推广。中国餐饮协会会长韩明还亲自来到旅顺，指导他们的顺菜推广。施广龙、王克建和当时还在旅顺的杨海明均来自旅顺口海鲜名店千品渔港和千品海参食府6家连锁店，张楠来自特色名店湘海楼，王德君则来自当地特色店广洋酒店。他们5人后来被餐饮媒体界称为旅顺顺菜5位创始人。

5位厨师作为旅顺口顺菜的代表厨

董辉

施广龙是大连顺菜的代表厨师之一

师，近年来对旅顺当地菜做过认真的研究和整理。特别是施广龙，从2000年来到旅顺至今，目前是旅顺连锁规模最大、已经获得中国餐饮名店的千品渔港和千品海参食府的行政总厨和其中两个重要店千品渔港二部和旅顺开发区千品海参食府的总经理，他擅长炒菜，干脆把旅顺特色的海鲜菜和当地家常菜作为主题来进行研究，并融合现代时尚的美食潮流和元素，使当地菜成为大宴名肴。他的“军港之夜”、“梨园春色”等顺菜都在全国拿过大奖，他告诉我，后半生就将和顺菜“过”下去。

千品连锁店董事长张玫是一位大连文化名人，不仅在慈善和支持京剧事业发展方面成为这座城市的重要代表人物，还是大连市政府评出的改革开放30年大连美食领军人物，对旅顺地方菜颇有研究。她经常和施广龙等几位烹饪大师级厨师在一起探讨菜品研发至下半夜，在旅顺口传为美谈。区政府有关领导就是在他们的要求下，提出推广旅顺口“顺菜”概念的。张玫说，旅顺口有着悠久的文化历史，尤其是在中国近代史里占据着一定的分量，其餐饮也和大连市内有所区别。旅顺口的炖鱼系列、渤海湾刀鱼、炒鲜边、功夫菜等一大批当地菜，都是国内外许多客人喜欢的。旅顺海鲜由于自己的独特优势，已成为当地品牌。许多市民和游客来到旅顺口，一定不会忘记吃上一顿美美的旅顺海鲜。

旅顺口千品食府张玫女士拿到全国餐饮名店大奖后，已成为大连顺菜的代表人物

对于旅顺人来说，将现代文化时尚元素和旅顺口当地菜融为一体，从环境、盘式、器皿、色泽、营养到寓意做出一种独有的旅顺菜风格，形成顺菜这一独特的大连海鲜品牌是有必要的。旅顺口区政府也将千品食府6家连锁店、湘海楼、广洋酒店等店为主的十几家酒店餐馆，定位成旅顺顺菜代表菜馆将其顺菜推广下去。

沙河口区西南路767号在2012年初冬崛起的圣裕湾海鲜大

酒店，可以说是在市区领导的积极鼓励下做起来的，是迄今为止西南路最高端的海鲜粤菜餐饮酒店。总经理赵国富慨叹道，没有领导们的支持，我是没有勇气干这个酒店的。4层4000多平方米，装修几千万元，这可不是吹出来的。大连海鲜，高档粤菜，东北小炒，山野珍味，食材必须是一流的。于是，就有了木耳菌类小炒、美国野米炒四季豆、云南小瓜、松茸炖鲍参、岩米海参、石锅海胆豆腐、奇果戏黄金藕苗、水晶鹅肝冻、迎宾三宝（蜜豆丝拌三文鱼、杏鲍菇拌金枪鱼、天目山笋干）等受欢迎的中高端菜品。看到了食客的笑脸，赵国富对餐饮前景信心十足了。

推动大连现代菜品向前发展的，还有两家协会和一家媒体不能忽视。

大连餐饮行业协会是中国餐饮行业协会下属的一家城市分会，近些年来带动大连各大酒店餐馆，举办各种评比和鉴赏菜品活动，会长就是首届中国十大烹饪大师戴书经。这些活动的举办，使大连菜品的质量不断提升。

另一家是大连美食文化协会，这是在大连市商委授意下成立的隶属中国饭店协会下的一家民间协会。会长高成聪带领会员单位经常举办各种美食大赛、厨师晋级和名店评比活动，在大连餐饮业有一定的知名度。他们曾经成功地和市政府一起，举办了改革开放30年大连美食文化界领军人物活动，在大连市产生了一定的影响。

大连晚报社《大美食专刊》1997年在全市平面媒体首家创刊后，逐渐将各种栏目丰富规范起来。从2004年与大连市旅游局和华润雪花啤酒（大连）有限公司共同举办的首届大连“十大海鲜创新菜、十大风味小吃”开始，先后举办了七届美食大赛，从社区市民参与大赛、与市劳动局合作举办厨师晋级评比、厨娘大赛、大连烹饪大师表演赛等，在社会上产生了一定的品牌影响力，客观上推动了大连厨师菜品的创新步伐。

地产啤酒的霸道

美食伴美酒，不妨醉一回。

大连基本是一个不生产白酒的城市，却不乏地产啤酒的盛大。在两支地产啤酒狂风怒吼的激烈竞争后，雨过天晴的彩虹终于由华润雪花啤酒在大连飘动着撑起。

大连的白酒没有厚重历史的积淀，缺少地缘文化的滋养，不具时尚品位的高雅，更无创新理念的培植。大连白酒业尽管有着金州曲酒和雄蚕蛾养生白酒充满希望的国企，有着大连老窖这一相对传统的白酒品牌，有着非得海参酒这一酒业概念的全新炒作，有着冰峪庄园大米原浆酒这一本土白酒文化的毅力传承，但依旧至今仍摇摇欲坠于中国渊源流长、亘古绵延数千年的传统白酒历史长河之中。

随着大连市现代经济文化的发展，大连市场出现了开放式的格局，红酒、洋酒、啤酒等新兴的酒饮全面介入，使得大连市酒类市场百花齐放，但并没有影响到人们对白酒的喜爱。国内许多著名白酒品牌在大连市，依然有着一个相当惊人的白酒消费量。

叶帅曾以一首心潮澎湃、放眼世界的《远望》，使棒棰岛名扬天下。

在党和国家第一代主要领导人中，只有毛主席没有来过大连，但“棒棰岛”三个字却出自毛主席的笔下。1977年4月6日，毛主席手书《远望》在《人民日报》第一版公开发表。其中“棒棰岛”三个字，就是我们在棒棰岛宾馆入口处看到的毛主席亲笔手书。

大连第一个以“棒棰岛”命名的产品商标是“棒棰岛啤酒”，诞生于20世纪80年代末。“棒棰岛啤酒”——当年大连人脱口而出的“大棒”，至今在老大连人心目中时时不忘。

啤酒节

华润啤酒勇闯天涯活动

20世纪80年代末，大连啤酒市场由渤海啤酒厂和大连啤酒厂平分天下，大连大雪啤酒也占据自己的份额。渤海啤酒厂的“大尼根”，大连啤酒厂的“棒棰岛”啤酒，都曾是大连人最宠爱的品牌。在那个啤酒产能不足的时代，逢年过节，大连人甚至要通过啤酒厂的熟人才能排队买到啤酒。

进入90年代之后，大连渤海啤酒厂以年产量2万吨的产量，在同城对手大连啤酒厂13万吨产能的重压下连年亏损，大连大雪啤酒则一度面临破产。而随着全国范围内竞争的加剧，许多地方国有啤酒厂在经历短暂的繁荣后都开始陷入亏损。

1996年，华润雪花挺进大连啤酒市场，收购大连渤海啤酒厂并改为大连华润啤酒有限公司，而其在大连的唯一对手——大连啤酒厂生产的“大棒”、“小棒”，却以大华润五倍的销量，牢牢把握着大连市场。5年后，华润雪花大连啤酒厂奇迹般地完成了中国啤酒史上颇具经典色彩的“蛇吞象”——全面收购了大连棒棰岛啤酒集团旗下的大连啤酒厂。而隶属于两大啤酒厂的一度令大连人引以为豪的棒棰岛、大连啤酒、大尼根等品牌，也彻底被注入了地产品牌新的血统。

大连啤酒市场这块蛋糕，此时由地产大雪啤酒、青岛啤酒和华润啤酒来竞争分享。对大连市场早已“剑出鞘”的青岛啤酒，力求在大连占据最好席地。

也就是在大连啤酒厂被华润雪花收购的这一年，2001年7月，“剥离”出大连啤酒厂的大连棒棰岛啤酒集团与大连食品集团、糖酒副食品集团重组成立了大连棒棰岛食品集团。

2011年2月14日，一个寓意深邃的情人节。全球领先的啤酒酿造商百威英博啤酒集团选择在如此浪漫日子正式对外发布消息称：百威英博与大连大雪啤酒股份有限公司和麒麟（中国）投资有限公司已达成协议，收购大连大雪啤酒股份有限公司100%的股权。大雪啤酒，从此结束了大连北方地产品牌的历史时光。

2012年3月13日，华润雪花啤酒（大连）有限公司发布公告，称其拟吸收合并大连华润棒棰岛啤酒有限公司，已于2012年3月2日获得大连市对外经济贸易合作局初步同意。这意味着，大连的啤酒企业江湖上，将从此再无“棒棰岛啤酒”这个名号了。

随着华润雪花啤酒在大连突飞猛进的市场狂扫，华润雪花啤酒主控大连啤酒天下的鸿鹄之志正显威武雄心态势。目前，华润雪花啤酒（大连）有限公司在大连啤酒市场正牢牢占据着老大的位置。在每一届与大连晚报社《大美食专刊》一起举办的美食大赛中，啤酒菜的创意推出积极影响着酒店餐馆的菜品变化。

不过我更喜欢董长作大师做的那几道啤酒菜。其中用雪花纯生做的一道酒香大肠，啤酒滋润过的大肠口感更加软嫩滋润，细嚼慢咽后吞进胃里特别温润舒适，就像小时候妈妈将一块香喷喷的猪肉塞到我嘴里后又送我一杯温水刚轻轻吞下去那个感觉。

后记

希君兄把电话打到北京来，说写了一部大连美食文化的书，希望我能够给他一些意见，我答应了。从邮箱传过来近 17 万字的书稿我刚读了一部分，就眼前一亮。

我得祝贺他。

祝贺一：他为大连这座浪漫城市提供了第一部美食文化的书。据我了解，在此之前，大连除了部分烹饪大师的一些菜谱与教学材料外，还没有一本比较系统地记载大连餐饮历史文化发展脉络的文化随笔性书籍。应该说，他算是给大连的历史发展具体内容增添了新的一笔，填补了美食文化史料欠缺的一个空白。

祝贺二：将散文、随笔、新闻与史料糅为一体形成的文字风格，使得表现形式活泼新颖多样化，近年还是比较少见。虽然一看就知道里面有文学描写的成分，但在史料的掌控下自由发挥，又不失历史的客观真实与概括性，让本来可能比较枯燥的阅读变得灵活耐读。当然，这里有他多年新闻与文学养分的功底。

祝贺三：从大连美食的发展经络中，把大连文化与历史的变化侧面地展现了出来。大连受山东齐鲁文化的重要影响，我们从书中那些烹饪大师们的表现中，清晰地窥探到了孔孟思想与海岸文化对大连餐饮人和餐饮业发展的深刻影响。山东福山人不仅给大连带来了鲁菜这一重要菜系，也带来了忠孝、继承、创新、发展这样一些积极的儒家思想。大连的牟传仁、戴书经、董长作等国内颇有影响的烹饪大师与我先后都有接触，他们身上优秀的为人品质令我十分钦佩，有这样好的师傅，好的厨艺，大连年轻一代厨师的厨艺与做人都会更好，大连餐饮事业今后自然会更加繁荣发达。从大连美食历史的成长变化中，我看到了属于大连人的那些优秀的城市精神。大连人将鲁菜精髓吸收到自己的城市特色菜肴之中，形成了独特美味的大连菜，将大连海鲜这块品牌做到了全国影响力，这就是大连精神在餐饮业凝练的结晶。

再次祝贺这部书稿的出版。

中国公共关系协会常务副会长兼秘书长
《现代酒店与餐饮》《中国旅游饭店》杂志主编
王大平